U0942163

XIBUDAKAIFA SHIJIAOXIA

QUYU JINRONG YU JINGJI FAZHAN SHIZHENG YANJIU

西部大开发视角下

区域金融与经济发展实证研究

西 部 大 开 发 视 角 下

王文胜 著

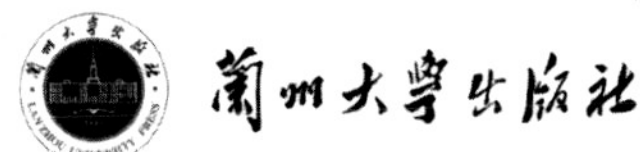

图书在版编目(CIP)数据

西部大开发视角下区域金融与经济发展实证研究/王文胜著. —兰州:兰州大学出版社,2009.12

ISBN 978-7-311-03508-2

Ⅰ.①西… Ⅱ.①王… Ⅲ.①地区经济—金融事业—研究—西北地区②地区经济—金融事业—研究—西南地区③地区经济—经济发展—研究—西北地区④地区经济—经济发展—研究—西南地区 Ⅳ.①F832.7②F127

中国版本图书馆 CIP 数据核字(2009)第 232914 号

责任编辑 郝可伟
封面设计 管军伟

书　　名 西部大开发视角下区域金融与经济发展实证研究
作　　者 王文胜 著
出版发行 兰州大学出版社 (地址:兰州市天水南路 222 号 730000)
电　　话 0931-8912613(总编办公室) 0931-8617156(营销中心)
　　　　 0931-8914298(读者服务部)
网　　址 http://www.onbook.com.cn
电子信箱 press@onbook.com.cn
印　　刷 天水新华印刷厂
开　　本 710×1020 1/16
印　　张 17.75
字　　数 314 千
版　　次 2009 年 12 月第 1 版
印　　次 2009 年 12 月第 1 次印刷
书　　号 ISBN 978-7-311-03508-2
定　　价 43.00 元

目 录

导 论 …………………………………………………………………… 1
第一篇 西部金融发展与区域经济增长 ………………………………… 7
第一章 区域金融与经济关系理论综述 ………………………………… 9
第一节 主要金融发展理论概述 ……………………………………… 9
第二节 区域金融与经济关系国内外研究文献概述 ………………… 23
第二章 西部区域金融发展的现状分析 ………………………………… 30
第一节 西部地区金融发展指标体系的构建 ………………………… 30
第二节 西部地区金融发展的总量状况 ……………………………… 37
第三节 西部地区金融发展的结构状况 ……………………………… 44
第四节 西部地区金融发展的效率状况 ……………………………… 47
第五节 西部地区金融发展的内部差异 ……………………………… 53
第三章 西部区域经济增长的现状分析 ………………………………… 61
第一节 西部地区经济增长指标体系的构建 ………………………… 61
第二节 西部地区经济增长的总体状况 ……………………………… 63
第三节 西部地区消费状况 …………………………………………… 70
第四节 西部地区投资状况 …………………………………………… 77
第五节 西部地区对外贸易状况 ……………………………………… 82
第四章 西部区域金融与经济发展阶段的判定 ………………………… 89
第一节 西部大开发十年金融与经济政策概述 ……………………… 89
第二节 西部金融发展与经济增长的实证 …………………………… 92
第三节 西部金融发展阶段的判定 …………………………………… 95
第二篇 西部金融发展与区域经济差距 ………………………………… 99
第五章 东中西部经济发展的现状分析 ……………………………… 101
第一节 区域间经济增长的差距 …………………………………… 101
第二节 区域间消费水平的差距 …………………………………… 104

第三节　区域间固定资产投资的差距 …… 106
第四节　区域间外贸发展的差距 …… 107
第六章　区域金融与经济发展差距的实证研究 …… 109
第一节　文献概述 …… 109
第二节　指标的选取及研究方法 …… 111
第三节　实证检验 …… 112
第四节　主要结论 …… 124
第七章　区域金融促进西部经济发展的政策建议 …… 125
第一节　区域性金融政策的界定 …… 125
第二节　西部金融抑制经济发展的具体表现 …… 128
第三节　国际发展落后地区经验的启示 …… 132
第四节　西部区域性金融体系的构建 …… 133
第三篇　西部金融发展与区域产业结构优化 …… 143
第八章　西部区域产业结构现状分析 …… 145
第一节　西部地区与东中部地区产业结构的比较 …… 145
第二节　西部地区内部产业结构的比较 …… 148
第三节　西部地区工业化的进程 …… 153
第九章　西部金融发展与产业结构关系的实证研究 …… 156
第一节　文献概述 …… 156
第二节　模型介绍 …… 157
第三节　指标选取及研究方法 …… 160
第四节　实证检验 …… 161
第五节　主要结论 …… 170
第十章　西部金融发展与工业化关系的实证研究 …… 172
第一节　文献概述 …… 172
第二节　金融发展与工业化的作用机理 …… 173
第三节　指标选取及研究方法 …… 176
第四节　实证检验 …… 176
第五节　主要结论 …… 181
第十一章　西部金融支持产业结构优化的政策建议 …… 182
第一节　西部金融发展与产业结构的理论描述 …… 182
第二节　西部金融抑制产业结构优化的具体表现 …… 185
第三节　西部金融促进产业结构优化的途径选择 …… 191

第四篇 西部金融发展与区域城乡差距 …… 205
第十二章 西部地区城乡差距的现状分析 …… 207
第一节 西部地区城乡居民收入状况 …… 207
第二节 西部地区城市化状况 …… 212
第三节 西部地区城乡生产率水平状况 …… 215
第十三章 西部金融发展与城乡差距关系的实证研究 …… 219
第一节 文献概述 …… 220
第二节 指标的选取及研究方法 …… 223
第三节 实证检验 …… 225
第四节 系统Ⅰ的实证分析 …… 228
第五节 系统Ⅱ的实证分析 …… 234
第六节 系统Ⅲ的实证分析 …… 240
第七节 主要结论 …… 245
第十四章 西部金融缩小城乡差距的政策建议 …… 247
第一节 金融抑制与城乡差距关系的理论描述 …… 248
第二节 西部地区金融抑制的具体表现 …… 251
第三节 国际发展农村金融经验的启示 …… 254
第四节 西部地区农村金融体系的构建 …… 259
第五节 西部农村金融体系构建的政策环境 …… 267
参考文献 …… 272
后 记 …… 277

导论

经济增长是社会发展、政治稳定和人民生活水平提高的前提。而金融作为现代经济的核心,又与经济有着不可分割的关系。自从麦金农和肖具有创新性的作品《经济发展中的货币与资本》及《经济发展中的金融深化》发表以来,金融与经济发展之间的关系就逐渐成为重要的研究课题。但此项研究在理论和实证上一直存在着争议,传统经济理论认为金融发展水平是经济增长的结果,其功能就是使自身不断发展以满足经济实物部门的需要与发展。然而现代经济理论认为金融发展对经济起着至关重要的作用,二者之间存在各种可能的关系,既有金融发展促进经济发展的观点,也有金融发展阻碍经济发展的论断,并且在二者的因果关系和因果方向上也存在分歧。从绝大部分理论推导和实践发展来看,金融与经济发展之间存在正向关系,金融发展或停滞对经济发展的速度和形式有决定性影响。

在我国,随着经济运行从财政主导型向金融主导型转变,经济关系日益金融化,金融在资源配置中的作用也得到了越来越多的重视。然而金融体制改革较经济体制改革却相对滞后,两者没有完全实现协调发展,金融的脆弱性给经济稳健发展造成了一定的风险隐患。从区域发展上看,国内西部与东部、中部的经济发展存在较大差距,相对应的金融发展也具有明显差异,无论是资本形成能力、利用外资能力、直接融资能力还是金融创新能力等,东部地区和中部地区都高于西部地区。同时在西部地区内部,区域金融与经济发展也不平衡,金融发展尚不能完全适应经济增长的需要。

为此,国家在1999年提出了西部大开发战略,2000年起全面实施。毫无疑问,西部大开发战略实施十年来,西部地区进入了增长速度最快、发展质量最好的时期。然而,就在西部大开发战略准备迈入第二阶段的关键时期,全球经济遭受了百年一遇的金融风暴,作为西部经济发展动力的对外贸易、消费需求和投资需求出现了增长乏力和结构性错位的问题。可以说,十年来依靠对外贸易、消费和投资带动的西部大开发,正处在一个关键的十字路口。在这种情况下,金融对经济的推动作用引起了高度的关注。下一步如何通过进一步消除金融抑制，充分发挥其重要的作用，为西部地区经济发展提供稳定、持续、有效的金融支持，应当成为学术界深入研究的问题。

但是迄今为止，对此问题的研究文献相对较少，比较具有影响力的是郑长德在2007年著的《中国西部地区金融发展与经济增长》，但也只是探讨了西部地区金融发展与经济增长之间的关系，对于西部地区金融发展与经济系统中比较突出的区域经济差异、产业结构、工业化、城乡差距等问题则没有涉及。本书试图在这些方面进行尝试，努力探讨其内在关系，形成较为完整的金融与经济发展体系，以期获得有益的启示，实现西部大开发战略中金融领域的有效支持，全面推进西部地区经济社会平稳、健康发展。

一、主要理论基础

本书在研究过程中，主要以中国特色的社会主义理论为基础，重点对金融发展理论和区域经济理论进行了分析与实证，并对相关文献进行了引用。

1.金融发展理论

区域金融理论从根本上说属于金融发展理论的范畴，因此研究区域金融问题就必须较大程度地运用金融发展的一般理论和相应的分析方法。从目前的情况看，金融发展理论体系已经比较成熟，这为我们借鉴和运用该理论分析西部金融问题奠定了基础。譬如，帕特里克金融发展的阶段理论对西部金融发展阶段的界定提供了理论依据；戈德史密斯的金融结构理论提供了一系列衡量金融发展规模、结构、效率的指标体系；麦金农的金融抑制理论为消除西部金融抑制、促进经济增长明晰了思路等。

2.区域经济发展理论

尽管区域金融与区域经济是两个不同的概念，但研究区域金融必然涉及区域经济问题，因而在构建西部金融分析研究框架时，借鉴区域经济学的相关理论及某些观点，不仅是不可避免的，也是十分必要的。

二、研究思路与方法

本书侧重对西部金融与经济发展的关系进行经验分析，故在借鉴和引申相关理论的前提下，确定了主要研究思路。

首先，我们运用帕特里克的金融发展阶段理论对西部金融发展阶段进行初步判定，这是分析西部金融问题的起点，同时也是对西部金融与经济发展的总体描述，下文所研究的西部金融发展与区域经济差异、产业化、城乡差距问题都是该阶段特征的具体表现。

其次，集中分析西部金融发展与区域经济差距、产业化、城乡差距的关系问题,这是分析西部金融与经济问题的核心部分。在研究西部金融发展与区域经济差距问题时,通过对东部地区、中部地区和西部地区所组成的面板数据进行定量分析,探讨金融对经济作用的区域差异,为西部地区经济发展未能发挥好金融作用找到充分的经验证据；在探讨西部金融发展与区域产业结构优化问题中,通过采用ADF检验、协整检验、方差分析和格兰杰因果检验方法,对西部地区金融发展和产业结构升级与工业化的关系进行实证研究，明晰西部金融发展与经济结构变迁的关系;在分析西部金融发展与区域城乡差距问题时,分成三个系统分别研究金融发展总量、金融发展结构指标、金融发展效率与西部城乡差距扩大的关系,力求在金融领域找到缩小西部城乡差距的办法。

基于本书特定的研究思路和研究对象，在分析过程中主要选择和运用了以下几种方法:

一是相关理论借鉴与引申的方法。金融发展理论体系已经比较成熟,因而在研究过程中必然要借鉴并作为依托理论加以引申。这种方法本身不仅符合学科内在的规律,也是探索新事物所必需的。

二是比较分析的方法。不同地区、不同时间的金融与经济差异及其变动规律是本书分析和研究西部金融与经济发展的基础。这种地区差异和时间差异只有在进行充分的比较分析之后才能够引起重视和理解。因此,本书较多地运用了比较分析方法,其中既有横向的比较,也有纵向的比较。

三是实证分析与规范分析相结合的方法。关于西部金融与经济关系的完整研究,既要回答西部金融的格局及其与经济的关系是什么样的问题,又要回答西部如何通过金融促进经济的发展问题，这就意味着本书必然要采用实证分析与规范分析相结合的研究方法。

三、基本结构与内容

本书共分导论及正文四篇(共十四章)。各篇章的结构和内容安排如下:

第一篇为西部金融发展与区域经济增长篇。本篇包括四章内容:第一章对主要的金融发展理论及有影响的研究文献进行了综述；第二章从金融发展总量、结构、效率三个方面对西部金融发展现状进行了分析;第三章从经济增长总量及构成(消费、投资、对外贸易)对西部经济的现状进行了分析;第四章对西部金融发展阶段进行了初步的判定。

第二篇为西部金融发展与区域经济差距篇。本篇包括三章内容:第五章对东部地区、中部地区和西部地区自西部大开发战略实施以来的经济现状进行了分析;第六章对三大区域的金融发展和经济增长的关系进行了实证分析;第七章针对国内金融发展与经济增长关系的区域差异，提出了金融体制改革的相关政策建议。

第三篇为西部金融发展与区域产业结构优化篇。本篇包括四章内容:第八章从时空的角度对西部地区产业现状进行了分析;第九章对西部金融发展与产业结构调整进行了实证分析;第十章对西部金融发展与工业化进程进行了实证分析;第十一章从西部金融发展的角度就西部地区如何实现产业结构的优化升级提出了意见和看法。

第四篇为西部金融发展与区域城乡差距篇。本篇包括三章内容:第十二章从时空的角度对西部各省区城乡居民收入、城市化水平和生产率水平的现状进行了分析;第十三章对西部金融发展与城乡居民收入差距进行了实证分析;第十四章从西部金融发展的角度就西部地区如何缩小城乡居民收入差距、实现城乡统筹发展和社会和谐发展提出了一些政策建议，即消除西部严重的农村金融抑制,构建新型农村金融体系。

四、相关结论与展望

本书通过理论分析和实证检验,研究得出以下结论:

首先,西部金融发展尚处于“供给引导”的低级发展阶段,而且西部的金融体系不够健全,其对经济发展的作用潜力巨大。

其次,虽然西部地区经济发展有较大提高,但其增长速度远远落后于东部地区和中部地区,要想逐步缩小西部地区与东中部地区经济发展的差距,就需要改变现有的金融体系格局,使得区域金融能更好地为区域经济的发展服务。

第三,当前西部地区产业结构不合理、工业化进程缓慢的问题已经非常突出,要解决西部地区存在的这些问题,不能只是大力发展经济,同时也要大力发展西部地区的金融。

最后,西部地区现有城乡收入差距问题已经很严重,迫切需要消除西部严重的农村金融抑制,构建新型的农村金融体系,只有这样才能逐步缩小农村居民收入与迅速增长的城镇居民收入之间的差距。

本书的结论基本上反映了西部金融对区域经济差异、产业结构调整、工业化与城乡差距产生的影响,认为进一步研究西部金融与经济发展,可以从下面几个角度进行深入探讨:

一是进一步增强研究的可信度。本研究受西部数据可得性的限制,研究的样本区间较小,另外指标选取也受到了限制,导致考察范围较小,这在一定程度上影响了考察分析的结论。所以笔者认为随着经济体制和金融体制改革的进一步深入,通过增加样本容量和萃取金融与经济发展指标的办法,继续研究西部金融与经济发展关系具有重要的现实意义。

二是进一步从微观的角度进行研究。本研究主要从宏观层面来研究金融与经济发展方面的关系，而没有深入考虑金融机构和金融市场对经济作用的差异性,对不同性质的金融机构对经济作用的差异化关注度还不充分。因此，从微观的角度进一步研究西部金融与经济发展的关系具有相当大的学术价值,尤其是把西部地区的股票市场和债券市场进一步量化,将其作为单独的指标加入模型进行分析,将能更真实地反映金融与经济的相互关系。

三是进一步在计量方法上有所创新。本书所采用的实证方法是建立在双边框架的基础之上的,地区之间相互独立,没有考虑地区之间的相互影响。因此,未来把空间集聚效应或“第三国效应”考虑在内,运用较新的空间滞后和空间误差模型继续进行研究,将是对研究方法的极大丰富和完善。

第一篇　西部金融发展与区域经济增长

长期以来，由于历史、地理等一系列的原因，我国西部地区金融发展与经济增长状况都相对落后。西部大开发战略实施后，西部金融与经济的发展虽取得了巨大的成就，但与全国平均水平相比仍然存在一定的差距。在这种现状下，西部金融发展与经济增长之间存在何种关系，并通过两者关系来分析西部金融与经济所处的发展阶段，从而发现其中存在的问题并予以解决，是本篇重点讨论的内容。同时，作为本书的开篇，对区域金融与经济关系进行了理论综述，以从理论上对区域金融与经济的关系有整体把握。通过本篇的论述，旨在明确西部金融和经济状况以及发展阶段，为后面各篇具体分析和展开论述奠定基础。

本篇从结构上主要分为四个部分：

首先，对格利和肖理论、金融结构论、金融抑制论等区域金融理论进行了全面的介绍，并对国内外关于金融与经济关系的研究成果作了简要概述，以明确西部金融发展与经济增长的关系，为本篇其他各章节及本书其他各篇的分析奠定理论基础。

其次，从西部地区金融发展总量、金融发展结构、金融发展效率的现状和西部地区内部金融发展的空间差异等角度，进一步把西部金融发展水平与东中部和全国进行比较，以对我国西部金融发展的总体情况进行分析，探讨西部地区金融发展在全国的地位以及西部内部各省(区、市)间金融发展中存在的差距。

第三，从西部GDP总量及构成(消费、投资和外贸)两个方面对西部地区经济增长现状进行描述，并遵照可比性原则，分别将西部经济增长水平与全国对比，认为西部地区整体经济发展水平在实施西部大开发战略以后虽然取得了很大成就，但相对仍处于较低层面。同时，西部区域内部，西北与西南两大区域之间的不平衡性也十分明显。

最后，通过对西部金融与经济关系的实证分析，判定了西部处于供给引导型的金融发展阶段，该特定阶段中存在的主要问题如东中西部发展差距问题、产业结构问题和西部城乡差距问题是阻碍西部经济与金融协调发展的重要桎梏，之后对该特定阶段中如何解决这些问题，促进西部金融与经济的协调发展做了概括性的论述。

第一章 区域金融与经济关系理论综述

区域金融与经济的关系自银行产生以来就成为学者、专家们热议的话题,后来对两者关系的研究逐渐发展成为一种独立的学说——金融发展理论。金融发展理论有助于我们理解西部金融与经济发展的关系,因此本章首先重点对区域金融理论的产生和发展作一简要概述,其次将国内外研究中针对金融与经济关系的文献进行简要梳理。

第一节 主要金融发展理论概述

在研究金融发展与经济增长关系的长期历史进程中,金融发展理论已经作为一种独立的学说登上金融理论界的舞台。其主要研究的是金融发展与经济增长的关系,即研究金融体系(包括金融中介和金融市场)在经济发展中所发挥的作用,研究如何建立有效的金融体系和金融政策组合以最大限度地促进经济增长,以及如何合理利用金融资源以实现金融的可持续发展并最终实现经济的可持续发展,其实质是强调货币金融因素在经济发展过程中的重要性。金融与经济的关系问题自银行诞生以来就引起了人们的长期关注,美国的亚历山大(Alexander,1781)曾指出,就刺激经济增长而言,银行是已被发明的最令人愉快的引擎。最早对金融与经济关系进行研究的是英国的巴杰特(Bagehot,1873)。巴杰特(1873)认为金融体系及其运行在工业革命中起到了关键作用,其关注的焦点在于金融体系降低了社会交易成本并提高了社会资本的配置效率。20世纪60年代中期以后,随着发展经济学的发展,新古典主义发展思路处于支配地位,市场作用受到重视,金融产业的发展有了合适的空间,金融发展与经济增长的关系才被人们热切关注,金融发展理论开始真正发展起来。

一、金融发展理论的产生

在金融发展理论出现之前，不少西方学者的货币金融理论中就已经萌生了金融对经济有着重要影响的思想。早在重商主义时期，以英国的约翰·罗(John Law)为代表的重商主义者就认为货币就是财富，货币增加就意味着财富增长和经济增长。此后，以英国的亚当·斯密(Adam Smith)为代表的古典经济学派认为货币只是覆盖在实物经济上的一层“面纱”，对经济发展并无实质性影响，但同时承认，与货币联系紧密的各种金融活动，特别是银行的建立和发展对经济发展具有积极作用。亚当·斯密指出：“慎重的银行活动，可增进一国产业。”到了19世纪末20世纪初，瑞典经济学家维克赛尔(Wicksell)首次认为货币非面纱。他认为，货币的使用可在实际上积极地影响实物交换和资本交易……货币的合理使用，可以积极地促进实物资本的积累和一般生产的增加。维克赛尔的货币非面纱理论隐含了金融的重要因素——货币对经济增长的影响。

在金融发展理论的萌生阶段，最有影响力的莫过于美籍奥地利经济学家约瑟夫·熊彼特(Joseph Schumpeter)的非常信用理论。1912年熊彼特在《经济发展理论》中指出了货币、信贷和利息等金融变量对经济创新和经济发展的重要作用，提出了著名的创新理论和非常信用理论。

1.创新理论

熊彼特认为，银行的功能在于甄别出最有可能实现产品和生产过程创新的企业家，通过向其提供资金来促进技术进步。其阐述了银行信用为生产要素的重新组合提供了必要的购买力，经济发展的实质在于创新的实现，创新需要信用支持，创新的实质是生产要素的新组合。

2.非常信用理论

熊彼特认为，企业家在原则上总是需要信贷，其意义是需要暂时转让给他以购买力，为了使他最终能够进行生产，借以实现其新组合从而成为一个企业家……企业家只有先当债务人，才能成为企业家。银行信用在经济发展中的重要作用就在于为生产要素的新组合提供必需的购买力。而这种购买力并不来源于银行所吸收的储蓄，也不来源于真实票据的贴现和抵押，而是来源于银行的信用创造。所以，熊彼特把银行家视为经济发展的关键人物。他指出，一个银行家与其说主要是商品“购买力”的中介人，倒不如说是这种商品的生产者，因为他使新组合的实现成为可能。该理论指出了这样一个事实：即在经济发展中，尤其是在经济发展初期，银行信用是金融活动的主要形式。

熊彼特的创新理论和非常信用理论在经济理论史上第一次指出了货币因

素对长期经济发展所具有的特殊意义，他把货币理论同经济发展理论结合起来，将货币和信用视为经济发展的重要因素。熊彼特的创新之处在于，他认为银行具有信用创造的能力，并以此推动经济发展。

二、金融发展理论的形成

以上有代表性的金融理论只是在货币和信贷领域进行阐述，仅仅隐含了金融发展对经济增长有重要影响的思想，无论是熊彼特还是亚当·斯密，都没有真正系统地提出并分析金融发展与经济增长的关系。二战后，一批新独立的国家在追求经济发展的过程中，不同程度地受到储蓄不足和资金短缺的制约。因此，20世纪60年代末至70年代初，一些西方经济学家开始从事金融与经济发展关系方面的研究工作，以格利和肖、帕特里克和戈德史密斯为代表的一批经济学家先后出版了以研究金融发展与经济增长为主要内容的专著，金融发展理论开始出现。

1.格利和肖的金融发展理论

1955年和1956年，美国斯坦福大学的约翰·G.格利(John G. Gurley)和爱德华·S.肖(Edward S. Shaw)先后合作发表了《经济发展的金融方面》和《金融中介机构与储蓄—投资过程》两篇论文，系统地剖析了金融发展和经济增长的关系，揭开了金融发展理论研究的序幕。随后，这两位美国经济学家于1960年出版了著名的《金融理论中的货币》一书，将分析的视角从“货币分析”拓展为“金融分析”，将“货币净额论”拓展为“总额货币论”，在新古典的框架中对金融增长问题作了深入细致的研究，并致力于建立促进经济增长的较为完善的解释模型。他们认为，应把金融放在一个分立部门的经济环境中进行研究，“分立”是货币金融理论的本质。若把经济单位拼成铁板一块，其结果必然是从总量经济分析中撇去金融现象。金融问题之所以一直未受到经济学家的重视，基本原因是：在“经济分析中时常把金融部分地或全部地归并掉了或者抵消掉了”。一个经济运行过程如果不存在金融资产，那么，任何经济单位的投资与储蓄都将被迫保持平衡，这种状况很可能导致很低的投资与储蓄水平，进而导致较低的产出增长率并引起资源的无效率分配。而金融结构的改观和金融资产的高度化会促使资源配置效率的提高，从而推动经济发展。同时，格利和肖认为金融增长具有双重内含：它不仅仅是数量上的增长，同时也是质量上的增长，强调了金融技术发展的重要意义，认为它有助于扩大经济社会中可贷资金的市场广度，提高资金分配的效率，从而提高储蓄率和投资水平，最终使经济增长率得以提高。因此，分析金融增长状况除了考察金融资产价值的增长外，更重要的是剖析这些金融资产“随着社会增长的情况而不断变动”的状况。

从西方货币金融理论的发展来看,《金融理论中的货币》一书的贡献主要在两个方面:一是关于银行与非银行的金融机构的异同问题;二是关于"内在货币"与"外在货币"的区分问题。格利和肖试图建立一个以研究多种金融资产、多样化的金融机构和完整的金融政策为基本内容的广义货币金融理论。他们围绕金融在经济中的作用进行分析,建立了关于货币、债务及经济增长的理论模型。他们将以消费者、企业对政府和国外部门的净债权为基础创造的货币称为"外在货币";将以私人国内初级债券为基础创造的货币称为"内在货币"。价格水平波动必然引起货币实际价值变动,"外在货币"会导致私人与政府部门间的财富转移,"内在货币"会导致私人部门间的财富转移,影响经济主体的经济行为,所以货币的作用是非中性的。

格利和肖对金融发展与经济增长之间的关系进行了初步的剖析和总结,提出了一些研究金融发展理论的思想。例如,他们认为,研究金融必须把经济作为部门间的一个联盟而不是一个整体,金融发展的进步得益于金融创新与金融技术,金融创新使得金融制度趋向成熟,随之产生了间接金融机构,金融技术的发展使得银行和各种非银行金融机构都得到了发展,非银行金融机构的发展使得非货币的金融资产种类增多,金融资产的总量扩大,从而提高了储蓄和投资的水平,促进了经济增长。他们首次通过建立基本模型,分析了金融在经济中的作用,即把储蓄者的储蓄转化为投资者的投资,从而提高全社会的生产性投资水平。他们的理论已初步涉及金融制度变革等金融发展的深层次的制度性因素,为后续的研究指明了方向。

2.帕特里克金融发展的阶段理论

在早期金融发展与经济增长关系的研究中,另一位作出突出贡献的是美国耶鲁大学经济学家休·帕特里克(Hughes T. Patrick)。1966年,帕特里克发表了《欠发达国家的金融发展和经济增长》一文,创造性地认为金融发展与经济增长的关系不仅仅是金融发展促进经济增长一种。根据帕特里克的论述,金融发展与经济增长关系的因果方向存在三种可能的答案:(1)金融发展是因,经济增长是果;(2)经济增长是因,金融发展是果;(3)金融发展与经济增长互为因果。帕特里克对金融发展与经济增长关系的表述,引起了经济学家们对二者因果关系方向探讨上的极大兴趣。

随后,帕特里克又提出了金融发展的阶段论(Stage of Development)假说。在该假说中,帕特里克将经济发展阶段分为"需求追随"(Demand-following)和"供给引导"(Supply-leading)两种类型,在不同的经济发展阶段,一个国家或地区的金融发展与经济增长的关系表现不同。在经济发展的"供给引导"阶段,金融发展先于对金融服务的需求,因而对经济增长有着更为积极的影响,金融体系对于动员那些停滞在传统部门的资源使之转移到能够促进经济增长的现代部门并确保投资于最有活力的项目方面起基础性作用。而“需求追随”理论则强调随着经济增长会产生对金融服务的更多需求，由需求拉动的金融发展是实物经济部门发展的结果，这意味着经济的发展需要更有效地分散风险和更好地控制交易成本。因此,经济增长在金融发展过程中起了一个重要的推动作用。

金融发展阶段(Stage of Development)假说认为,供给引导型金融发展阶段出现在经济增长的早期阶段,之后才出现需求追随型的金融发展阶段。因为金融体系能促进实物资本的积累,金融创新(新的工具和金融服务)为投资者和储蓄者提供了新的渠道,金融发展最终会导致自我积累型持续的经济增长,随着金融发展和经济增长的进行，供给引导型模式的特征逐步消失并最终让位于需求追随型金融发展。同时,帕特里克认为,在经济发展的同一阶段,不同部门的情况也会存在差异。帕特里克假定资本存量和实际产出之间存在很强的正相关关系,而金融体系对资本存量的影响体现在三个方面:一是提高了既定数量的有形财富或资本的配置效率，因为金融中介促使其所有权和结构发生变化;二是提高了新资本的配置效率,因为金融中介促使新资本从生产性较低的用途转向生产性较高的用途;三是加快了资本积累的速度,因为金融中介促使人们更愿意储蓄、投资和工作。

帕特里克在《欠发达国家的金融发展和经济增长》一文中还针对供给引导阶段提出了发展金融的政策建议,与需求追随的金融发展政策不同,它不是在经济发展产生了对金融服务的要求以后再考虑金融发展，而是在需求产生以前就应超前发展金融体系。在金融发展的供给引导阶段,由于金融体系可以改进现有资本构成,实现资源的有效配置,刺激储蓄和投资,在欠发达国家,需要采用金融优先发展的货币供给带动政策。

在帕特里克之前，经济学家们的注意力集中在金融发展对经济增长作用的分析上，即在货币非中性及金融非中性的前提下来研究货币金融是如何影响经济增长的问题。帕特里克提出金融发展阶段假说之后,人们把金融发展与经济增长关系的因果方向问题称为“帕特里克之谜”,从此帕特里克之谜成为一种“鸡与蛋”的问题被越来越多的经济学家所关注。帕特里克的论述虽然没有明确金融发展与经济增长的因果关系方向，但却成为金融发展理论的重要思想和理论渊源。

3.戈德史密斯的金融结构理论

1969年,美国著名经济学家戈德史密斯(Goldsmith)出版了《金融结构与金融发展》一书,在这部理论界频繁引用的著作中戈德史密斯提出了“金融发展就是金融结构的变化"这样一个著名论点。以此为主线,该书旨在"找出决定一国金融结构、金融工具存量和金融交易的主要经济因素,并阐明这些因素'如何通过相互作用而促进金融发展'"。戈德史密斯运用翔实的统计资料,讨论了不同经济发展阶段的金融结构和金融发展模式。他从比较金融的角度实证地描述了发达国家和一些欠发达国家的金融结构演变过程,并得出了许多重要结论。诸如:在一国经济发展过程中,金融上层结构的增长速度要大于物质部门的增长速度,表现为金融相关比率(FIR)的上升趋势;随着经济的发展,银行资产在金融机构全部金融资产中的比重趋于下降,非银行金融机构所占比重相应提高;一国经济运行中的外部融资比率可以反映其金融发展水平等。这部著作对金融发展理论的主要贡献体现在一种全新研究框架的确立和一套指标体系的形成上。

具体而言,戈德史密斯的主要贡献是:

(1)提出并系统分析金融结构和金融发展的概念。戈德史密斯指出,一国现存的金融工具和金融机构之和构成一国的金融结构,包括各种现存的金融工具与金融机构的相对规模、经营特征、经营方式、金融中介机构等各种分支机构的集中程度等,而金融发展的含义就是金融结构的变化。在对35个国家的经济和金融状况进行分析后,他认为金融发展应该指金融结构的发展,并首先提出金融相关比率这个概念,以此来衡量金融结构发展的程度。

(2)研究和揭示金融深化的内在路径和规律。戈德史密斯认为各国金融发展虽然起始点和速度各不相同,但是趋势和道路却是相同的,这说明金融的一般规律是存在的。他认为,在这条道路上,金融相关比率、金融机构在金融资产总额中的比重、银行系统的地位等方面的变化都呈现出一定的规律性,只是在发生战争和通货膨胀之时才会出现偏离。在这条道路上,不同国家的起点各不相同。在这里,起点不同有两重含义:一是指起始时间不同;二是指起点所处的经济发展阶段不同。沿着这条道路,各国的发展速度也不一样,但是他们却很少偏离这条道路。"沿着第一条轨迹发展的国家中,实际上所有的金融机构都是由私人拥有和经营的,只是在其金融发展的后期出现了中央发行银行和社会保险组织"。而"沿着第二条轨迹发展的国家中,几种重要的金融机构往往由政府所有与经营,或者是全部所有,或者是部分所有,或者是始于成立之初,或者是始于发展之后"。因此,戈德史密斯认为,各国金融发展虽然起始点和速度各不相同,但是道路却是相同的,金融的一般规律是存在的。

(3)提出金融与经济增长关系问题的重要性和研究方向。戈德史密斯认为,金融与经济发展的关系与研究对象的经济发达程度有关,不同国家或同一国家不同时期的金融对经济产生的影响会大不相同。在实证分析的基础上,他认为,经济与金融的发展之间存在着大致平行的关系,随着总量和人均实际收入及财富的增加,金融上层结构的规模和复杂程度亦增大。而且在少数几个统计资料充分的国家中,经济飞速增长的时期也是金融发展速度较高的时期。但对于经济发展和金融发展之间的因果关系问题,是金融因素促进了经济增长,还是金融发展只是由其他经济因素引起的一种结果，戈德史密斯并没有得出肯定的结论。

戈德史密斯的研究是对金融发展和经济增长关系的首肯，具有重要的历史意义。他对金融发展的定义符合当时的历史现状,19世纪中叶至20世纪中叶是资本主义信用经济的发展时期,金融机构规模小,金融工具匮乏,金融发展表现为金融机构的庞大和金融创新工具的不断出现,即金融结构的发展。

但戈德史密斯的工作也存在几个薄弱点：

第一,研究对象仅为35个国家的情况；

第二,没有系统性的控制影响经济增长的其他因素；

第三,未能确定金融发展与经济增长之间的因果关系；

第四,没有分析金融发展与生产率增长、资本积累间的联系；

第五,没能准确界定度量金融系统功能的金融中介规模。

4.麦金农和肖的金融抑制深化论

20世纪70年代以前的金融发展理论主要是针对市场机制和金融体制都较为完备的发达国家,一般主张通过扩大资本积累来促进经济增长。因此,它们并没有包含对发展中国家市场机制不健全、金融体系发育滞后的特殊经济环境的考虑，过分强调资本积累作用的政策措施导致了发展中国家大量吸收外资,经济虽然有一定的发展,但却容易陷入债务危机和经济停滞的困难局面。因而20世纪70年代以前的金融发展理论缺失了一定程度的现实意义，此时为发展中国家“量身定做”金融发展理论就显得尤为重要。就此,美国经济学家麦金农(Mckinnon)和肖(Shaw)于1973年提出了“金融抑制”(Financial Repression)理论和“金融深化”(Financial Deepening)理论,从实践意义上完善了金融发展理论,标志着金融发展理论的正式形成。1973年,麦金农和肖分别独立发表了《经济发展中的货币与资本》和《经济发展中的金融深化》两本著作。在书中,他们放弃了以成熟市场经济国家金融体系为研究对象的研究方法，转而研究发展中国家的金融问题,创立了现代意义上的金融发展理论。他们分别从金融抑制和金融深化两个角度,系统地阐述了货币金融和经济发展之间的关系。他们的理论克服了一般的货币金融理论对发展中国家特殊经济金融特征分析的狭隘视角,弥补了以往经济增长理论对货币和金融忽视的不足。

麦金农的金融抑制理论的研究对象是发展中国家的金融和经济状况。他认为现代发达国家的经济理论不适合发展中国家，应该从发展中国家的实际情况出发研究金融发展和经济增长的关系，他的《经济发展中的货币与资本》在对阿根廷、巴西、智利、德国、韩国、印尼二战后的金融体系与经济增长的状况进行研究后，提出了著名的“金融抑制理论”。他认为，发展中国家的金融市场是不完全的，这导致了资源配置的扭曲和低效运用，具体表现为货币化程度低、正规金融和非正规金融并存、金融市场不完善和对金融活动进行管制。他指出，对落后经济而言，有限资本得不到有效分配的障碍不是贫穷，而是经济被分割。经济分割使市场不完全，把大量的企业个体排斥在金融发展与经济增长过程之外。尤其是支离破碎的资本市场使企业得不到外部融资的市场机会，由此导致金融萎缩。政府的人为干预和这些国家普遍存在的高通胀率又打击了居民储蓄的积极性，使资本的积累缓慢，这造成了“金融抑制”，严重阻碍了资本积累、技术进步与经济增长。这个结论与凯恩斯的低利率政策完全相反，麦金农认为主流经济学的货币理论是建立在完全市场的基础上的，根本不适合发展中国家的市场和经济特征。那么，弥合“分割”的力量是什么呢？麦金农认为，是建立一个有组织和有效率的金融体系，让企业能够得到外部的补充资金，形成完善的储蓄与投资机制。

与麦金农同时期的肖，他的《经济发展中的金融深化》的研究对象是发展中国家的金融中介机制，在深入分析了政府金融干预对经济的不利影响后，肖认为如果金融本身被抑制，那么它就会成为经济发展的障碍。在落后经济中，由于金融市场不发达，储蓄者的资产选择范围十分狭窄，内源融资占据主导地位。因此，发展中国家追求金融增长的关键在于金融市场的完善。金融增长过程就是市场演进过程，其实质是放松利率管制，使之反映储蓄的稀缺性并刺激储蓄，以提高投资收益率。他特别强调，金融增长本身意味着经济分权，经济分权又意味着突出市场的作用。金融深化就是要用价格机制和分权机制代替金融配给机制，拓展储蓄者对投资机会的选择区间。如果发展中国家能够积极推进金融深化，那么就完全可以依赖国内资金促进经济发展，而不必依赖国外部门的储蓄。同时，他还认为货币并非真实的社会财富，相对于经济活动水平而言，货币的存量越大，银行体系的中介功能就越强。通过金融自由化和金融发展带来金融中介活动的加强，提高居民和企业储蓄投资的积极性。货币在整个社会中发挥着各种媒介作用，流动性偏好、分散风险和获得贷款时的规模经济，降低生产和交易成本而提高生产效率，从而促进经济发展。

然而，不论是“金融抑制论”还是“金融深化论”，虽然研究方法不同，但是麦金农和肖都看到了发展中国家金融发展缓慢、金融市场混乱对经济造成的不良影响，从而提出了相似的政策建议。麦金农和肖同样认为发展中国家应该取消金融抑制政策,通过放松利率管制、控制通货膨胀等措施使利率反映市场对资金的需求水平,使实际利率为正,恢复金融体系聚集金融资源的能力,达到金融深化的目的。除上述显而易见的相似点之外,在利用国外部门储蓄的问题上,麦金农也持有与肖基本一致的看法。同时,他们的不足也是显而易见的,例如他们在研究货币聚集金融资源的同时,忽略了金融体系通过自身的职能有效配置资源、降低交易成本以及管理风险等功能。并且,他们也都认为金融发展只能影响资本形成,而不影响全要素生产力,这大大削弱了其理论的价值。由于两人的理论在内容和缺陷上的一致性,我们把这两个理论并称为麦金农和肖的"金融深化论"。

三、金融发展理论的深化

20世纪90年代以来,金融发展理论出现了较大的发展,一些经济学家突破了"麦金农—肖"的框架,开始进一步对金融发展理论进行补充和完善。其中具有代表性的有内生金融发展理论、金融约束理论、金融功能理论和金融资源理论。

1.内生金融发展理论

20世纪90年代以前的麦金农—肖学派对金融发展和经济增长关系的研究大致停留在经验式的主观判断上。20世纪90年代以来,以托马斯·赫雷曼(Thomas Hellmann)、罗伯特·金(Robert King)和莱文(Levine)等为代表的一些经济学家在内生经济增长理论的基础上开创了内生金融发展理论的研究,第一次从理论和实证两个方面证明了金融发展和经济增长之间的因果关系。内生金融理论之前的金融发展理论以完全竞争为基本假设,使得金融发展理论的现实意义较弱,内生金融发展理论摒弃了完全竞争的假设,引入诸如不确定性、不对称信息和教育成本等与完全竞争相悖的因素,对金融中介和金融市场的形成作了规范意义上的解释。致力于金融发展的经济学家在汲取内生增长模型最新理论成果的基础上,把金融发展置于内生增长模型中,建立了大量结构严谨、逻辑严密的模型,深入分析了金融体系是怎样通过克服金融市场不完全从而促进经济增长的,并且得出了基本一致的结论——金融发展与经济增长的相互促进。

帕加诺(Pagano,1993)用一个最简化的内生增长模型——AK模型推导出了内生金融模型,对金融发展与经济增长的影响关系进行了阐释。假定总产出Y是总资本存量K的线性函数(其中A为系数常量,t为时间):

$$Y_t=AK_t \tag{1.1}$$

为简化分析,进一步做出如下假定:

(1)人口规模静态不变；

(2)经济中只生产一种产品，该种产品可以用于投资也可用于消费；

(3)投资品的固定折旧率为每期δ；

(4)总储蓄中有$(1-\phi)$的部分在金融中介过程中损失掉。那么，总投资

$$I_t=K_{t+1}-(1-\delta)K_t \quad (1.2)$$

在封闭的两部门经济中，资本市场在总储蓄ϕS_t等于总投资I_t时达到均衡，即

$$\phi S_t=I_t \quad (1.3)$$

g_{t+1}为$t+1$时期的增长率，由(1.1)式可知：

$$g_{t+1}=\frac{Y_{t+1}-Y_t}{Y_t}=\frac{K_{t+1}}{K_{t-1}} \quad (1.4)$$

利用(1.2)、(1.3)两式，去掉时间下标，则均衡状态经济增长率为：

$$g=A\frac{I}{Y}-\delta=A\phi s-\delta \ (\text{其中} s=\frac{S}{Y}) \quad (1.5)$$

在这一模型中，可以看出，金融发展影响储蓄转化为投资的比例ϕ、资本边际生产率A或私人储蓄率s来影响经济增长率g。

金融发展水平通过以下三个方面影响经济增长：

一是对储蓄率的影响。影响一国储蓄率的因素包括居民可支配收入水平、实际利率水平等多方面，但主要是取决于金融发展的规模水平。金融发展的结果是可以创造更多的金融工具、信贷与证券市场的规模增大，以及金融中介机构的增加，这些可以大大降低储蓄搜集成本和克服信息不对称，使人们可以更放心地暂时放弃货币的使用权，促进储蓄的积累，提高储蓄率。

二是对储蓄投资转化效率的影响。一国的金融发展水平和金融系统的效率决定了该国储蓄投资转化的效率。首先，高效的金融体系可以使得金融中介低成本地获得有关企业经理人员和经营环境等信息，从而吸引外部投资者进行投资，完成闲置储蓄资金向运营资金的转化，加速资本的形成。其次，成熟的金融中介体系还可以提供不同的风险项目组合，减少流动性风险和个体风险，使人们获得更稳定满意的回报率，从而更乐意去投资。再次，完善的金融合同、金融市场和金融中介机构加速企业所有权和经营权的分离，改进对公司监督和控制的途径，使外部投资者不必时刻直接监管企业，从而能降低投资鉴定的成本，提高资本的形成。此外，资本市场的高度发育和高效率会使投资者在利益的驱动下积极主动地运用储蓄投向资本市场，增加全社会的资本积累。

三是对资本产出效率的影响。金融发展使得金融中介发达，金融市场更加透明完善，再加上信贷规模的扩大、银行机制的健全和发达、流动性高的证券

市场,可以更迅速、高效地调节资金的余缺,可以使投资者获得充分的信息来确定最有效的资产投资组合,从而使资本向优秀的企业和项目流动,大大提高资本的产出效率,还能在总体上提高社会的总回报率,加速财富的积累和经济的增长。

金融发展对经济增长的影响,正是通过影响一个国家的储蓄率和资本配置效率而影响其经济增长的。金和莱文利用80个国家1960—1989年间的数据,在系统地控制了影响长期经济增长的其他因素后发现,金融中介的规模和功能的发展不仅促进了经济中的资本形成,而且刺激了全要素生产力的增长和长期经济增长。因而金融发展是因,经济增长是果。一直以来,许多金融学家们一直未能找到计量金融功能的指标,金和莱文等人衡量了金融功能在经济增长中的贡献,取得了突破性的进展。这使金融发展理论在沉寂了多年后重返主流学术界,但他们有意无意地坚持了金融发展研究的机构观,从既有的机构出发来研究金融功能,导致其产生、发展和作用于经济的机制,依然具有一定局限性。

2.金融约束论

以美国学者托马斯·赫尔曼 (Thomas Hellmann)、约瑟夫·斯蒂格利茨(Joseph Stiglitz)和凯文·穆尔多克(Kevin Murdock)为代表的新凯恩斯经济学家从不完全信息市场的角度出发,根据有关东亚经济的研究成果,建立了一个用于分析政府在金融部门发挥作用的新政策框架——金融约束论。

金融约束论的核心论点是:对金融发展水平较为低下的发展中国家而言,竞争性银行体系会促发银行体系内在不稳定性,且银行在开拓新市场方面的相关信息具有公共产品性质,导致银行自身没有动力,即使是自由竞争也达不到社会的最优结果。因此,政府此时可以发挥积极作用,采取一定的政策为银行体系创造条件鼓励其积极开拓新的市场进行储蓄动员,从而促进金融深化。因此,“给定宏观经济环境稳定,通货膨胀率较低且可预测、金融发展水平较低等前提条件,由存贷款利率控制、市场准入限制等组成的一整套金融约束政策有助于促进经济增长,其中政府把实际利率控制在竞争条件以下,但仍是正的”。

金融约束的实质是政府通过一组金融政策以便在私人部门内创造租金机会。这里的租金不是指属于无供给弹性的生产要素的收入,而是指超过竞争性市场所能产生的收益。这种租金在减少与信息相关的、妨碍完全竞争市场的问题方面能起到积极的作用,特别是租金诱导民间部门当事人增加在纯粹竞争的市场中可能供给不足的商品和服务。其主要政策手段是控制存贷款利率、对市场准入实行严格控制、限制资产替代政策、限制居民将金融部门中的存款转化为证券、国外资产、非正式金融部门的存款和实物资产等。为了说明金融约束的作用,赫尔曼等人把租金效应划分为两大类:第一,金融机构和生产企业所得到的租金使它们的自有资本有所增加,从而使它们更像业主那样行事;第二,租金不是指财富的转移而是指创造财富的机会。租金机会把当事人的行动和资源的获得联系起来,政府为私人部门创造租金机会,诱使私人当事人采取对社会有益的行动,而在私人市场上,这些行动无从产生,这是因为私人收益和社会收益之间存在差异。当政府创造租金机会,然后让利润最大化的企业或银行主动去追逐这些租金时,私人信息就会并入配置决策中,从而使效率最高的企业或银行获得的利润最高,增长速度也最快。

金融约束论指出了政府制定、实施有差别的金融政策对处于发展中地区经济的重要性。赫尔曼认为金融约束应随着金融发展程度的加深而放松,正是因为该理论将政府与民间部门收集、掌握和处理信息的能力看成一个动态过程,所以是符合发展中国家经济发展内在要求的。

金融约束本身是金融发展的一部分。不过,金融约束并不是静态的政策工具,它应该随着经济的发展而不断调整。在金融发展的初级阶段,金融约束的程度可以高一些,可以同时采取多种政策。在金融发展的高级阶段,金融约束的程度可以适当减轻一些(如放宽或取消某种政策,尽管来自既得利益集团的压力可能不小),直至金融约束过渡到金融自由化。因此,金融约束是发展中国家从金融抑制状态走向金融自由化过程中的一个过渡性政策,它针对发展中国家在经济转轨过程中存在的信息不畅、金融监管不力的状态,发挥政府在市场"失灵"下的作用,因此并不是与金融深化完全对立的政策,相反是金融深化理论的丰富与发展。

金融约束论是在金融发展理论存在了20年之后出现的,是赫尔曼等人为实现金融深化提出的一种新的思路,对金融理论的发展和深化起着重要作用。

3.金融功能论

由于社会经济发展的差异,即使是同一国家,金融工具和金融机构也不尽相同,所以仅从金融结构的角度来衡量金融发展,缺乏历史比较和国际比较的说服力。相反,可以用金融功能这一概念来衡量金融发展的程度,它最早是由美国经济学家博迪(Bodie)和莫顿(Meton)等人提出并加以系统化的。金融功能理论认为,由于金融功能在一定时期内具有相对稳定性,而金融机构则会随着金融发展的初始条件(如经济发展水平、市场化程度以及制度和技术条件等)和环境的不同而不断发生变化,因而导致金融功能发挥作用的方式、绩效和行使基本功能的机构主体的性质和组织结构也随之发生变化。金融发展对经济增长的影响关键不是金融规模的增长和金融体系是市场主导型或银行主导型,而是在于通过金融机构和金融市场之间的动态演进来不断提高、完善和发展金融体系的功能。

从现实角度来看,各国的金融结构各不相同,这与各国政治、经济、文化与历史背景的差异以及政策导向、技术水平等有很大关系。即使同一国家,金融机构的名称、业务范围、规模、执行能力也不大相同。因此,仅从金融机构和结构角度衡量金融发展,缺乏历史比较和国际比较的说服力,但用金融功能来衡量金融发展的程度则可以达到这两个目的。金融功能论的观点是从现代信用经济的发展情况角度出发的,因而更具有现实意义。

博迪和莫顿将金融系统的核心功能划分为六类:

第一,在不同的时间、地区和行业之间提供经济资源转移的途径;

第二,提供管理风险的方法;

第三,提供清算和结算支付的途径以完成交易;

第四,为储备资源和在不同的企业中分割所有权提供有关机制;

第五,提供价格信息,帮助协调不同经济部门的决策;

第六,当交易中的一方拥有另一方没有的信息,或一方为另一方的代理人时,提供解决激励问题的方法。

以上六类核心功能是围绕进行高效资源配置这一核心职能进行的。为减少交易信息、成本,金融体系发挥的主要功能是:在不确定的环境中,便利资源在不同时空的配置。博迪和莫顿(1995)利用金融功能来考察金融发展,具有两大优势:一是金融功能比金融结构更为稳定;二是金融结构的形式随功能而变化。

金融功能论进一步揭示了金融发展对经济增长的作用机制及其差异,即由融资合约、金融市场和金融中介体所构成的金融安排,通过提供一定的金融服务削弱了市场不完全性所造成的不利影响。金融安排的形成和演进有利于评估潜在投资机会、实施公司控制、便利风险管理、增强市场流动性和动员储蓄资金,通过效率或高或低的金融服务,不同的金融体系对经济增长所产生的促进作用亦有大有小。金融功能论的另一代表人物莱文(Levin,2000)从实证的角度考察了金融机构孰优孰劣,得出了与莫顿同样的观点,美国学者艾伦和盖尔(Allen & Gale,2000)的研究也阐述了金融体系是通过提供一定的金融服务来对经济增长产生影响的这一思想。

金融功能观为我们认识金融与经济发展问题提供了很好的视野, 它有助于超越具体的金融工具、金融机构,超越纷繁复杂的现代金融景象,顺着一个相对清晰的脉络把握金融体系的演变。尽管金融功能观是在对发达国家的金融经济进行研究后得出的, 但它对发展中国家金融体系功能的完善和发挥仍具有重要意义。

4.金融可持续发展理论

20世纪90年代以后，经济、金融全球化趋势加强，现代金融表现出与传统金融极为不同的特点，给传统金融理论带来严峻的挑战。在新的现实与理论背景下，国内外学者开始更加深入地思索金融发展理论的变革。我国学者白钦先教授在国内外首次提出金融资源理论学说，并且以金融资源理论学说为基础，首次将可持续发展的思想理念创造性地扩展运用到金融领域，在此二者结合的基础上，提出的金融可持续发展理论与战略，为我们研究金融发展理论和中国金融发展问题提供了一个有效的研究框架。

(1)金融资源论——金融可持续发展理论的理论创新

传统的金融理论是一种狭隘的、静态的金融资源观，因为它将资本或资金简单地视为一种生产要素。而白钦先认为金融是一种资源，是一种稀缺资源，是一国最基本的战略性资源。金融资源具有二重性，从其自然属性上看，是一种稀缺的社会性战略资源，这种一般属性使得金融资源自动进入可持续发展函数之中；从其社会属性来看，它又是一种可以对其他所有资源包括自然资源和社会资源具有配置功能的资源，这一特殊属性使金融资源构成了经济发展的生态环境——金融生态环境。这就决定了要实现经济和社会的可持续发展，必须首先实现金融本身的可持续发展。白钦先教授认为，金融资源有三个层次：广义的货币资产(资金)，这是第一层次基础性核心金融资源；金融组织体系和金融资产(工具)体系即第二层次实体中间性资源；第三层次为整体功能性高层金融资源。该理论通过揭示金融资源的“一般资源与特殊资源二重属性”，以及“功能性高层金融资源”这两条通道，保持了与西方经济金融学理论视角的平滑连接与过渡，被认为不仅是国内而且也是世界金融科学研究的重大创新。

(2)从货币分析到金融分析——金融可持续发展理论的方法变革

白钦先教授提出，首先，金融分析研究经济过程中与金融及其金融过程有关的各种经济关系。金融分析既是货币分析的逻辑延伸，更是对货币分析的必然拓展和超越。其次，金融分析的基本问题是研究金融的内生性问题。最后，金融分析与金融可持续发展理论之间存在密切的关系：①金融可持续发展问题是金融分析的基本问题。②金融可持续发展不是金融分析的唯一目标，但却是金融分析的首要目标。③金融分析是构建新金融学的途径。金融分析方法本身则直接体现了金融可持续发展理论“金融非中性”的模式要求。沿着金融分析，就有可能把金融有机地融入一般经济过程，提出系统化的命题和原理，完成新金融学的理论构建。④金融分析方法的运用，有助于经济分析从“孤立主义”研究传统向“关联主义”的研究方法转变，推动金融学研究从封闭走向开放。

(3)金融功能演进观——金融可持续发展理论的研究视角

白钦先指出戈德史密斯的金融结构理论是一种特指的金融结构理论，只包括“金融工具与金融机构”两大要素，其“金融结构变迁即是金融发展”的金融发展观也仅是一种数量型的片面金融发展观。作为对戈氏理论的修正、补充与发展，他提出了金融相关要素的组成、相互关系及其量的比例的一般金融结构观，并提出了金融结构变迁并不必然就是金融发展，金融发展应看做金融功能的扩展与提升，即金融功能的演进。金融功能扩展体现为量性金融发展，金融功能提升则更多体现为质性金融发展，金融功能的扩展与提升体现了从量变到质变的统一。因此，从功能的角度观察金融发展或者说金融发展的功能观正是体现了质的发展和量的发展的相互统一。

(4)全新的金融效率观——金融可持续发展理论的战略目标

以往的金融发展观都未能揭示金融的资源属性，因此未能明确金融发展的目标体系。而金融资源学说通过对金融资源属性的揭示，赋予了金融发展以全新的金融效率观作为目标体系。在充分考虑资源的长期有效利用和金融资源的脆弱性的前提下，通过提高金融效率和降低金融资源的脆弱性来推动金融发展，维护金融生态的良性循环，以此实现金融和经济的可持续发展，这些都构成了金融可持续发展理论的目标体系。

金融可持续发展理论是在总结先前理论的基础上提出来的，是金融发展理论的又一次创新和发展，它以金融资源学说为基础，已经具备了比较系统的理论框架，即以金融资源学说为出发点，引申出金融倾斜论、金融功能观、金融效率论、金融生态论等并列发展又相互融合且层层递进的理论体系，初步形成新的发展金融学的理论与学科框架，为进一步深入探讨明确了研究方向与创新空间，为转轨时期的中国金融改革与经济发展提供一个能充分适应本土环境的理论指导，并对其他发展中国家的金融发展具有一定的借鉴作用。

第二节　区域金融与经济关系国内外研究文献概述

一.国外关于金融发展与经济增长关系的研究

自1966年美国的帕特里克提出金融发展阶段理论后，“帕特里克之谜”引起了经济学家的极大关注。这一领域的开创性研究始于美国的戈德史密斯的金融结构论,他认为金融发展与经济发展水平之间存在着大致平行的关系。美国的麦金农和肖的金融抑制论和金融深化论认为，金融发展与经济增长之间存在相互促进和相互制约的关系。内生金融理论以及之后的金融发展理论都从不同角度承认金融发展对经济增长的促进作用。本章第一节对金融发展与经济增长关系的理论文献做了较详细的描述，这里主要从实证的角度分国家层面和区域层面两个部分对国外学者在该领域的研究进行概述。

1.国家层面的研究

国家层面对金融发展和经济增长关系的研究，主要是以规范研究和实证研究相互结合为特点。其代表性的研究成果,有以下几个方面：

美国经济学家戈德史密斯(Goldsmith,1969)首次应用跨国数据进行实证研究。在金融系统规模与金融服务工具和服务质量正相关的假定下，构造了“金融相关比率”(即金融中介的资产/GNP)来代表金融发展水平,利用35个国家1860—1963年的数据进行实证分析后发现：经济增长迅速的时期总是伴随着金融的快速(超过平均速度)发展。该项研究的重要意义在于指出金融发展水平和经济增长率之间存在较强正相关关系。但也存在一些不足,主要是缺少对金融发展与经济增长关系的理论证明,没有明确指出两者因果关系的方向。

美国学者金(King)和莱文(Levine)于1993年使用80个国家的样本期为1960—1989年的数据,在巴隆(Barron,1991)增长回归方程中引入金融发展指标进行模型扩展,为熊彼特(Schumacher)“金融系统会促进经济增长”的观点提供了跨国实证证据。研究发现，金融发展水平的各种测度指标都与人均实际GDP增长、物质资本积累率和各经济体利用人力资本效率的提高之间有很强的关联。而且,金融发展的前定成分与未来的经济增长率、物质资本积累率和经济效率改善率之间具有稳健的相关性。

国外学者迪玛特里德(Demetriades)和侯赛因(Hussein)于1997年使用指标——货币/GDP衡量金融发展,对16个发展中国家进行了研究,发现金融发展与经济增长之间存在因果关系,发展中国家尤其如此。

国外学者卢梭(Rousseau)和瓦赫特尔(Wachtel)于1998年采用误差修正模型对1870—1929年美国、英国、加拿大、挪威和瑞典的金融中介和经济绩效之间的关系分国别进行了考察。研究发现,金融中介和人均实际GDP以及基础货币之间存在长期的关系。格兰杰因果检验表明金融中介变量在实质经济活动中扮演着重要角色,而实质经济对金融中介的反馈效益大但不显著。

国外学者莱文(Levine)和贝克(Beck)于2000年使用传统的OLS估计法、工具变量估计法和近期开发的动态面板数据分析技巧，发现金融中介发展的外生成分与经济增长正相关。他们评估了金融中介发展分别与经济增长、全要素生产率增长、物质资本积累和私人储蓄率之间的关系。他们使用纯粹的工具变量估计法提出了金融中介发展的外生成分，发现金融中介对全要素生产率有较大的正向影响，进而促进GDP增长。

国外学者Choong于2003年通过自回归滞后模型，采用1978—2000年的年度数据，从股票市场的角度研究了马来西亚金融发展与经济增长的关系。通过用名义人均GDP代表经济增长，用股票总市值和交易量与名义GDP的比例作为股票市场发展的代表变量，以中央银行的贴现率和开放度作为控制变量，研究发现股票市场发展对经济增长有显著的正向长期影响，同时格兰杰因果检验指出股票市场发展是经济增长的原因，据此认为马来西亚经济增长属于"金融引导型增长"(Finance-led Growth)。

国外学者Liu和Hsu于2006年考察了中国台湾、韩国和日本三个亚洲经济体金融发展与经济增长之间的因果关系。他们强调了金融发展和金融结构(包括银行和股票市场)、货币和金融政策以及国际资本流动程度在经济增长过程中的作用。他们使用GMM和主成分分析法，发现金融总量对中国台湾经济有积极影响，但对日本和韩国有负面影响。

2.区域层面的研究

区域金融的研究在欧盟和美国已经有相当长时间，原因在于美国各州和欧盟一体化后各成员国对金融发展和本地区经济增长的关注，但从金融和经济增长关系的角度进行的研究较少。目前区域金融的研究集中于区域金融的有关要素和区域金融市场建设等方面。

国外学者Luigi Guiso(2002)从统一的金融市场出发，在区域经济层面对金融发展和经济增长关系进行了研究。该项研究考虑了区域金融和国家金融的不同特点，即区域金融以服务中小企业为主的特征。通过构造反映地区差异的指标，发现地区金融发展能够在提高当地企业存贷率、增强竞争力和促进中小企业成长方面发挥重要作用，但在为大企业提供金融支持方面不明显。该项研究使用意大利家庭申请贷款被拒绝的数据，从间接金融的角度研究了区域金融发展和经济增长的关系。尽管使用的指标具有特殊性，并且其实用性值得进一步探讨，但研究结论关于金融发展过程对企业规模的划分仍具有重要意义。

二、国内关于金融发展与经济增长关系的研究

最早提出区域金融概念的是张军洲(1995)，他认为区域金融是指一个国家金融结构与运行在空间上的分布状况，在外延上表现为具有不同形态、不同层次和金融活动相对集中的若干金融区域。区域金融与区域经济一样，是现代市场经济条件下大国金融发展的一种客观现象。金融系统作为国民经济体系

的重要组成部分,不仅直接反映经济的区域性特点,其本身的运行和发展也呈现出明显的区域性特征，并且金融的区域化运行在很大程度上决定了经济的区域性。支大林(2002)提出了与张军洲(1995)类似的概念。自张军洲后,国内学者对区域金融与经济关系的研究主要分以下三个方面。

1.以东部、中部、西部三大区域为研究对象

(1)谈儒勇(2000)效仿Levine模型,使用1993—1998年有关中国金融发展和经济增长的季度数据，运用普通最小二乘法来对我国金融发展和经济增长的关系进行线性回归，以检验金融发展理论的核心——金融发展和经济增长相互促进是否适用于我国，并得出存款货币银行在配置国内信贷过程中相对于中央银行的重要性和经济增长之间有显著的、很强的正相关关系。我国金融发展的重心应放在大力促进存款货币银行的发展上，但这并不排斥对资本市场的扶持,因为金融中介机构与股票市场的发展也具有正相关关系。

(2)殷德生和肖顺喜(2000)较为系统地研究了区域金融的一般理论,从分析区域金融主体行为特别是体制转轨中的地方政府金融行为入手，研究了我国货币金融区域的特征以及区域金融与宏观经济的波动，对我国区域金融结构进行了实证研究,进而对我国区域金融的改革与发展提出了建设性意见。

(3)汪兴隆(2000)认为货币资金区域配置失衡是东、中、西部地区经济发展差异的重要原因。他从金融层面考察，分析了区域货币资金失衡的具体原因,得出调整区域货币失衡的金融政策有:差别存款准备金政策、货币政策和利率政策、优化区域金融组织体系、促进西部资本市场发展、发展区域投资基金、政策性金融、利用外资金融等。

(4)范方志、张立军(2003)首先从理论上探讨了金融结构转变与实体经济部门产业结构升级之间的关联机制，然后具体实证分析1978—2000年中国东部、中部、西部地区的金融结构转变与产业结构升级以及经济增长的关系,得出我国中部、西部地区金融结构水平落后,金融结构转换速度不快,妨碍了中部、西部地区产业结构的升级和经济增长;同时,中部、西部地区产业结构升级的滞后,又导致金融业发展缓慢和当地经济发展水平的落后。应该采取积极措施大力促进我国中部、西部地区金融业的发展和产业结构升级。

(5)周立(2004)遵循Goldsmith指标体系,跨越中国改革开放整个历程(1978—2000年),涵盖中国东部、中部、西部三大区域,研究了金融发展与经济增长的关系,并立足政治经济学分析框架,批评了中国“高增长、低质量”的数量型发展路径,倡导重建金融功能,选择质量型金融发展路径。

(6)陈刚、尹希果、陈华智(2006)利用1979—2003年的省级面板数据,将我国分为东部、中部、西部三大区域,考察了金融发展对经济增长的影响,表明把国有商业银行贷款占GDP的比例作为金融发展的衡量指标，其与三大地区人均GDP均具有显著的正相关关系，金融发展促进经济增长的理论在我国同样成立；但金融发展与实体经济部门之间不存在良性互动的关系，其对经济增长的贡献仅仅停留在增加资本积累上，对资本配置效率的改善作用不大。

(7)刘玄、王剑(2006)根据1997年1月至2004年8月的样本数据对货币政策传导的地区差异问题作了实证研究，利用向量自回归(VAR)模型和冲击响应函数的计量分析手段，分别对全国层面、区域层面以及省级层面的货币政策传导效果进行估计和比较，表明东部地区在货币政策传导速度和深度上都大大优于中西部地区，东部地区的绝大部分省市对货币政策表现出高度的敏感性，而中西部地区大部分省市的反应则相对迟钝。金融发展水平、企业规模和产权性质、开放程度的地区差异是导致货币政策传导存在地区差异的主要原因。

(8)赵伟、马瑞永(2006)依据塞尔指数测度方法，分析了1978—2001年间中国区域金融增长差异，并对总体差异进行了分解。表明从总体上来看，中国区域金融增长差距呈现先扩大后缩小的态势，即"倒U"形变化态势，区域金融增长差异主要来源于区域间金融增长差异。

(9)马正兵(2007)研究了区域金融作为金融结构与运行在空间上的分布状况，通过聚合区域经济发展的各种因素而影响区域经济成长及其差异演变，认为推进资本市场发展，统筹金融开放，充分发挥金融在统筹区域、城乡发展中的支撑作用，是构成今后我国区域金融发展的重点。

(10)伍海华(2002)通过运用多变量因子分析法对中国31个省(区、市)的金融发展状况进行定量评价。认为金融区域二元结构的存在是因为经济差异、金融政策差异、金融机构布局差异、资本市场发展差异，与东部相比，中西部地区的资本市场仍处滞后状态。

2.以各省为研究对象

(1)陈守东、杨东亮、赵晓力(2008)通过应用门限回归模型，对中国31个省(区、市)的数据进行实证分析，得出地区的金融发展速度是影响该地区经济增长速度的重要因素，其影响大小受到该地区金融发展水平的制约，在理论上存在着门限效应。

(2)王爱俭、庞镭、林楠(2008)综合运用了系统控制理论，参考了生物演化思想，提出了应该强化金融产品和金融机构的创新。

(3)王晋斌(2007)使用不同阶段的面板数据，采用动态的GMM方法，依据划分的金融控制程度强弱的不同区域样本，得出了不同金融控制强度下金融发展与经济增长之间存在不同的关系，隐含表明了降低金融控制程度能够降低金融发展对经济增长的负面影响。

(4)阳佳余(2007)基于1990—2003年期间中国30个省份的面板数据,选取了包括存贷款规模,中长期贷款比重以及储蓄—投资转化率等4类金融发展指标,表明与金融发展规模指标相比,金融效率指标能更好地解释我国区域贸易结构的变化特征。

(5)田霖(2005)针对目前区域金融研究现状的不足,建立了全面、客观的金融综合竞争力指标体系,运用主成分和因子分析法对各个区域的金融成长状况进行计量分析研究和排序,并在此基础上进行聚类分析,通过分析解释指标体系的各项排名状况和贡献率的不同,寻找阻碍各个区域金融发展的相对薄弱的成分,从而为提出可行的政策建议奠定了基础。

(6)李敬、冉光和、万广华(2007)通过建立一个基于劳动分工理论涵盖教育和创新的金融发展模型,显示了各省市区之间经济地理条件和国家制度倾斜等方面的差异是形成区域金融发展差异的主要原因。

(7)金雪军、田霖(2004)采用证券市场投资潜力模型对河南、山西、浙江的证券市场发展状况做了比较,通过计算得出造成区域金融发展差异的原因包括地理环境、金融人格和自然组织三个方面。

(8)常海滨、徐成贤(2007)在系统阐述西方区域金融理论研究成果的基础上进行实证研究,得出区域贸易和资金流动能够影响货币政策区域传导效应,同时区域金融资源外流和金融结构失衡相互影响是造成货币政策传导区域失效的主要原因,建议建立综合政策调控机制和区域货币政策体系。

(9)刘仁伍(2003)以海南省的金融结构与金融发展状况为研究对象,从历史角度再现海南金融发展历程,总结了海南金融结构畸形和金融发展不可持续的制度性原因。

3.以西部地区为研究对象

(1)郑琇煦(2000)建议我国西部地区利用西部大开发和入世的机会,确定金融超前发展战略以带动西部地区经济的腾飞。

(2)胡怀邦(2004)从金融支持与西部大开发、货币政策与宏观调控、金融与经济的协调发展、金融风险与金融监管、WTO与中国金融业的机遇与挑战等方面进行分析,提出了相应的政策建议。

(3)孙天琦(2004)从经济增长与结构优化、区域景气与宏观调控、信贷支持扶贫等视角对西部地区经济增长与金融发展问题进行了实证分析,并提出了相应的政策建议。

(4)何德旭、姚战琪(2005)认为当前我国政策性金融体制改革进展迟缓。通过展示国内外政策性金融研究的最新进展,探讨我国政策性金融制度的体制背景、运行缺陷以及改革目标,研究了在"十一五"期间西部开发中政策性金融资金供给和需求,并对比构建西部政策性金融制度的四种模式,进而提出了发展西部政策性金融的具体改革方案。

(5)郑长德(2007)从西部地区金融发展与经济增长、西部地区资本流动、通货膨胀与经济增长、金融中介发展与城乡差距关系、金融发展和经济增长与贫困减缓、金融发展与自然资源开发、股市与经济增长、最优金融结构等角度对西部地区经济发展中的金融因素进行了全面分析，并提出了相应的政策建议。

第二章　西部区域金融发展的现状分析

金融是货币流通和信用活动以及与之相联系的经济活动的总称,广义的金融泛指一切与信用货币的发行、保管、兑换、结算、融通有关的经济活动,甚至包括金银的买卖;狭义的金融专指信用货币的融通。在本书的分析中,我们采用广义金融的概念。而金融发展是相对于实体经济以外的金融活动,具体包括金融中介的发展和金融市场的发展,表现为金融规模总量的增长与金融结构的改善和优化。自规模宏大的西部大开发战略实施以来,在国家资金和政策的有力支持下,西部地区金融和经济社会等各方面都发生了巨大的变化。本章通过对西部地区金融发展现状的研究和分析,明确西部地区内部各省市金融发展存在的差距以及在全国的地位与所占比重,为下一部分的实证研究作铺垫。

第一节　西部地区金融发展指标体系的构建

金融发展指标体系的构建需要一定的理论支持,同时探讨金融与经济发展的关系需要相关的理论基础,对此我们根据帕加诺的内生增长理论进行论证,其经济增长模型可以表述为:

$$g_{t+1}=A\left(\frac{I_t}{Y_t}\right) \tag{2.1}$$

式(2.1)中,g_{t+1}表示$t+1$时间国民经济增长率;A表示社会边际资本生产率;I_t表示t时间的投资额;Y_t表示t时间的GDP。从帕加诺经济增长模型可以看出,经济增长率受社会边际资本生产率和投资—产出率的影响。以(2.1)式为基础,从总体来看,均衡条件要求总储蓄(S)等于总投资(I),但事实上,在金融中介机构的调配下储蓄不可避免地需有一部分转化为投资,因此有:

$$\theta \times S_t = I_t \tag{2.2}$$

金融市场主要是指传统的信贷市场、债券市场和股票市场等，其主要参与者是居民、企业、银行、政府与海外机构等。其中政府和公司是资金的净需求者，居民和海外机构是资金的净供给者。根据(2.2)式，帕加诺内生增长方程在稳定状态下可表示为：

$$g = A \times s \times \theta \tag{2.3}$$

式(2.3)中，$s=\frac{S_t}{Y_t}$。(2.3)式表明，经济增长率是由储蓄率、转变成投资的总储蓄比例与社会边际资本生产率合成的，然而金融系统既能增加储蓄转向投资的比率，也可以提高社会边际资本生产率，还可以影响私人储蓄率。所以说在这些因素的作用下，人均实际收入的增长率上升，从而导致经济的内生增长。

根据上面的理论分析，持续高速的经济增长需要高水平的储蓄与投资，高储蓄率、高投资率以及储蓄向投资转化的能力无疑是经济高速增长的重要因素。下面我们主要从金融总量、金融结构和金融效率三个角度分别选取相应指标具体说明西部地区金融发展现状。

一、指标设计的原则

1.科学性

科学性是指指标体系的设置要具有科学性和合理性，要能全面反映金融发展的客观现实。指标的选取必须有客观依据，能够充分反映和体现西部地区金融发展的现状与内涵，从科学的角度系统而准确地理解和把握金融发展的实质，密切联系西部地区实际情况确定指标含义和统计口径，指标意义明确，内容简单明了，测定方法标准，指标体系的设计要少而精，尽量利用现有统计资料。

2.全面性

全面性是指指标的选取能够全面地反映和测度西部地区金融发展。西部金融的发展现状具有一定的人为性，可以在不同的方面、使用不同的标准来进行评价，因此，存在不同的方法是可以理解和接受的。但是，找出最为合适的、全面的评价指标是研究西部金融发展的首要要求。

3.可操作性

指标的选取就是为了便于体现西部金融发展的现状，因此指标设置应考虑到指标的量化及数据的获取难易程度和可靠性，以及我国现行的统计制度和统计基础，尽量保证指标体系中的指标有可靠的、连续的且权威的数据来源。

4.可比性

用指标描述西部地区金融发展现状的目的之一就是对西部地区的金融发展进行时间和空间上的对比，以观测金融发展的变化状况。因此，保证指标的可比性是选取指标的基本原则，它要求不同时间和空间同一统计指标的计算方法、计算口径等保持可比性，同时尽量采用国内和国际通用的指标，以保证各地区的指标所反映的内容在时间和范围上一致。

二、具体指标的选取

1.金融发展总量指标

一个地区的金融总量就是区域经济系统中所有金融资产的总和，它包括存贷款余额、股票筹资额以及债券发行额等。金融总量是区域经济系统中不可或缺的组成部分，它既作为一个独立的产业对区域经济产生巨大作用，同时又通过自身独特的属性和结构作用于区域经济系统中其他部分，间接影响区域经济的发展水平。白钦先教授(1998)曾经形象地描述了金融总量的重要作用，即从社会属性来看，它是一种可以对其他所有资源包括自然资源和社会资源具有配置功能的关键一环。

对于区域金融发展总量的衡量指标，我们选取了金融业产值贡献率(*FCE*)、金融业从业人员占比、金融相关比率(*FIR*)三个指标，下面将详细介绍各个指标的理论渊源和对金融发展总量的解释力，力求能够全面反映西部金融发展总量。

(1)金融业产值贡献率(*FCE*)

金融业是指经营金融商品的特殊行业，它包括银行业、保险业、信托业、证券业和租赁业等。金融业在国民经济中处于关键的地位，关系到经济发展和社会稳定，具有优化资金配置和调节、反映、监督和服务经济发展的作用。金融业的独特地位和固有特点，使得各国政府都非常重视本国金融业的发展。过去我国金融业发展既缓慢又不规范，经过十几年改革，正以空前的速度和规模成长，同时其对国民经济的贡献也越来越大。

国内学术界在静态定量描述金融发展总量指标时，一般使用金融业产值贡献率*FCE*，该指标也是衡量金融发展总量的最基本和最直接的指标，其公式为$FCE=\frac{\text{金融业产值}}{\text{地区}GDP}$，其中金融业产值我们一般采用金融保险业产值。*FCE*值越大，说明金融保险业的贡献越大；*FCE*值越小，说明金融保险业对国民经济的贡献越小。我们也沿用国内学术界常用的*FCE*计算方法，对西部金融发展总量进行最基本、最直观的描述。

(2)金融业从业人员占比

金融业作为第三产业中一个独立的产业部门，当整体经济达到一定的发展水平时，其吸纳的就业人数从一定程度上也反映出金融总量指标的大小，同时金融业从业人员在一个国家或地区的流动，也体现出该国或地区金融资源的流向。毫无疑问，如果一个地区集中了全国大部分金融业从业人员，则间接说明该地区金融市场相对活跃，金融资源比较丰富。

国内外常采用区域金融业从业人员数与全国之比来衡量一个区域金融发展的相对程度，该比值越大，则该区域金融市场越活跃，金融资源总量越丰富，能够引导更多的金融资源流入该区域，反之亦然。

(3)金融相关比率(*FIR*)

雷蒙德·W.戈德史密斯(Raymond W. Goldsmith，1969)在他的专著《金融结构与金融发展》中，创造性地提出金融发展就是金融结构(金融工具和金融机构)的变化。他通过定性分析和定量分析相结合以及国际横向比较和历史纵向比较相结合的研究方法，确立了衡量一国金融发展水平的基本指标体系：金融相关比率(Financial Interrelation Ratio，缩写为“FIR”)指标。*FIR*指的是一定时期内金融活动总量F_T与经济活动总量W_T的比，用公式表示为$FIR=\frac{F_T}{W_T}$，其中W_T可以直接用*GDP*指标来表示，而决定金融活动总量F_T的因素比W_T复杂得多，戈德史密斯从繁多的影响因素中筛选出五个二级指标决定金融活动总量，它们是：三个流量指标(非金融部门发行的金融工具；金融部门发行的金融工具；国际金融活动发行的金融工具)和两个存量指标(新发行乘数及价格调整系数)。

国内学术界在使用*FIR*衡量金融发展水平时，通常将其简化为金融资产总量与国内生产总值之比。其中金融资产是对未来收益索取权的凭证，从资产流动性的角度看，广义货币、股票和债券也可以构成金融资产。本章沿用周立(2000)的计算方法，用金融机构存贷款额代替金融资产存量来计算金融相关比率，即$FIR=\frac{\text{区域存贷款余额}}{\text{国内生产总值}}$。赵楠(2006)也在他的博士论文《中国各地区金融发展与固定资产投资关系的实证研究》中认为我国是银行主导的金融体系，银行业对各地区经济增长的影响是最直接和最重要的，因此，中国*FIR*指标应集中关注各类金融机构的存贷款在地区金融资产构成中的影响，而不将广义货币、股票和保险类资产纳入地区金融资产。

需要加以说明的是，*FIR*(金融相关比率)是衡量金融上层结构相对规模的最广义最深化的指标，是本书衡量西部金融发展总量最主要的指标，而*FCE*(金融业产值贡献率)、金融业从业人员占比两个指标则是衡量西部金融发展总量的辅助指标。

2.金融发展结构指标

金融结构问题十分复杂,各类结构间相互联系、相互影响。比如,以银行业为主体的金融产业结构必然对间接融资的重要性以及资产结构中货币性金融资产的主体地位起决定性作用。因此,有必要把金融结构作为一个有机整体来进行研究。

金融结构是指构成金融总体的各个组成部分的分布、存在、相对规模、相互关系与配合状态,而一国的金融总体主要由金融各业(银行、证券、保险、信托、租赁等)、金融市场、各种信用方式下的融资活动、各种金融活动所形成的金融资产等部分组成,金融结构显示了金融成长的质量,也直接和间接地取决并作用于经济发展的质量。从现代金融发展的历程来看,经济体在不同经济发展阶段通过直接—间接—中介与市场融合融资已是一般规律,但并不是定律,金融发展水平主要取决于一国一地的经济基础、市场化程度或现实发展条件。因此,通过考察金融各业的产业结构、金融市场结构、融资结构就可以大致立体地反映出一国金融结构的基本状况,并可以从中进行理论抽象与阐释。

金融也就是资金的融通, 按照资金盈余部门与资金短缺部门之间的金融行为是否通过金融中介机构实现, 金融行为可以划分为直接金融方式和间接金融方式, 与此相对应而形成的金融市场分别为直接金融市场和间接金融市场。需要说明的是,无论是直接金融市场还是间接金融市场都很可能存在金融中介机构的参与。划分直接金融与间接金融的关键,不是资金交易的实现是否有金融中介机构的参与, 而是买卖双方是否作为最后的贷款者和借款者而结成直接的债权债务关系。直接金融(Direct Finance)的实现方式,无论是否通过中介机构或经纪人的安排, 最终形成的债权债务关系都由间接金融(Indirect Finance)加以实现。

直接融资和间接融资工具有多种,鉴于西部地区金融市场发展还较落后,商业票据和直接借贷凭证等直接融资工具和存单等间接融资工具的市场占比相对较少,因此将其忽略,只选取了股票和债券作为衡量西部地区直接融资额的工具、贷款作为间接融资工具来大致衡量西部地区直接融资和间接融资的结构状况,用公式表示为融资结构比=$\frac{\text{股票筹资额+债券筹资额}}{\text{贷款总额}}$。

3.金融发展效率指标

金融业除了作为一个产业有其自身的投入产出之外, 还肩负着一国资金融通的职能,它通过资金的配置对宏观经济的运行起关键作用。因此,在考虑金融效率的时候应该把这两方面结合起来加以分析。

我们同意白钦先教授(1998年)关于“金融是一种资源”的提法。金融作为一种资源,在一定的时期内就有数量的约束问题。当金融资源的数量已经膨胀到了极限的时候,我们只有依靠提高金融资源的使用效率,也就是说使金融资源达到最优的配置状态。一国的金融发展不仅包括金融资源数量的增长,也包括金融资源配置效率的提高。只有这两方面的有机结合才能最终推动一国金融的持续稳定发展。

因此,我们认为金融效率应该在金融发展的框架下研究,它的提高体现了金融发展的一个方面。金融效率就是一国金融资源的配置状态,具体来说就是金融资源投入对整个国民经济运行结果的影响。具体含义是:金融资源的配置效率,主要体现在金融资源能否通过金融中介机构和金融市场投放到能最大促进实体经济增长的部门中去。所以金融体系与其他产业的不同之处在于,它还可以通过资金的配置对宏观经济运行起到作用。

(1)储蓄率(CLG)

根据上面对帕加诺内生经济增长模型的分析，持续高速的经济增长需要高储蓄率,否则投资就像无源之水,根本无从谈起。换句话说,随着金融市场的发展,储蓄率上升或下降,经济增长也随之扩张或收缩。同时,我们知道居民储蓄是储蓄的主要来源,居民的多余资金大多通过银行系统聚集起来,所以说储蓄动员能力的高低是金融发展效率高低的体现,金融发展效率高,金融机构的储蓄动员能力就强,反之亦然。

储蓄动员能力总体上可以用储蓄率来反映。其计算公式为$CLG=\frac{区域总储蓄}{GDP}$,它从一定程度上能够反映出一个国家或地区经济增长的后劲，是衡量金融发展效率的重要指标。

(2)金融转化能力(FUE)和存贷比(V)

一个地区的金融资源总量是我们考察该地区金融发展水平的重要方面，同样这些金融资源总量有多少可以转化为促进区域经济发展的生产要素也是衡量区域金融发展的重要因素，因为这种转化是区域金融财富创造能力的直观体现,是金融发展效率的集中体现。为此我们定义新的金融财富创造指数:金融转化能力FUE,其计算公式为$FUE=\frac{资产形成额}{总储蓄量}$。FUE值越大,说明总储蓄中转化成资本形成额的数量越多,区域金融的财富创造能力越强;相反,FUE值越小,则说明区域金融的财富创造能力越差。

需要加以说明的是FUE是一个总体指标,它是对整个经济体而言的,考虑到我国金融体系属于银行主导型，银行业对各地区经济增长的影响是最直接和最重要的,因此需要具体考察信贷系统的储蓄投资转化能力。国内外学术界在衡量信贷系统财富创造能力时,通常采用的指标是存贷比,其计算公式为$V=\frac{金融机构年末贷款余额}{金融机构年末存款余额}$。存贷比代表了银行运营资金的能力,其数值必须保证合适。存贷比过低,意味着银行业资金使用效率低,不仅对区域经济产生不利影响,未能保证足额的投资量,而且影响银行业自身的盈利能力。存贷比过高则一方面意味着各银行流动性出现问题,偿债能力受置疑,从而可能影响企业信誉,对整个市场长期发展不利;另一方面使盈利减少,从而造成资不抵债的困境。

(3)边际资本生产率(*MPC*)

以上对金融发展效率进行描述的储蓄率、金融转化率与存贷比指标主要是考察金融系统在储蓄动员能力和储蓄投资转化效率两方面的能力。然而金融系统的投资投向效率也是我们考察金融发展效率的重要方面，因为如果资本配置是有效率的,那么同样的资本就可以推动GDP增长更快。投资投向效率反映了投资总额带动经济增长的能力,是劳动力、资本、原材料等生产要素作用于国民经济的关键一环。

我们可以用边际资本生产率(*MPC*)这一指标来衡量投资投向效率,其具体计算公式可以表示为$MPC=\frac{\text{GDP}增量}{资本形成额}$，它的含义是一单位资本能够推动经济增长的份额,是一个地区金融发展效率的具体体现。

三、样本数据的来源

1990—2004年,西部区域内各省(区、市)金融机构年末存款额、贷款额、城乡居民储蓄额、股票筹资额、金融业产值等数据来自《新中国五十五年统计资料汇编》;2005—2007年，主要数据来自《中国金融年鉴》(2006—2008各年),1990—2007年的GDP和人口数据来自《中国统计年鉴》(2008年)。此外,还有部分数据来自《证券期货统计年鉴》(2003—2007各年)和《中国区域经济运行报告》。其中对于数据中极少一部分数字印刷错误或统计口径的变化,则根据西部各省(区、市)相关年份统计年鉴和统计局网站以及2008年统计年鉴中的历年数据做出修正。

四、地域单元的划分

“十一五”期间，我国政府明确提出了“东部率先发展、中部崛起、西部大开发、振兴东北老工业基地”的战略，其中东部地区包括北京、天津、河北、上海、江苏、浙江、福建、山东、广东、海南10个省市；中部地区包括山西、河南、湖北、湖南、安徽和江西 6省；西部地区包括西部大开发政策所涵盖的内蒙古、广西、重庆、四川、贵州、云南、西藏、陕西、甘肃、青海、宁夏和新疆12个省市自治区；东北地区包括辽宁、吉林、黑龙江3省。考虑到辽宁、吉林、黑龙江的区位与经济发展水平，我们把辽宁省划入东部地区，吉林省与黑龙江省划入中部地区，在此全国划分为东部、中部、西部三个区域，同时为了更详细地阐述西部地区金融发展的空间态势，把西部内部进一步划分为西北地区与西南地区，西北地区包括内蒙古、陕西、甘肃、青海、宁夏和新疆6个省自治区；西南地区包括广西、重庆、四川、贵州、云南和西藏6个省市自治区。其中，重庆市是从1996年开始设立的直辖市，为了便于数据分析，我们在分析的过程中将重庆市和四川省的数据加和，以增加数据的纵向可比性。

第二节　西部地区金融发展的总量状况

一、金融业产值贡献率较低

西部地区金融发展对该地区经济增长的贡献率即金融业产值贡献率(*FCE*)用金融业产值在第三产业及GDP中占比来衡量，并以此来说明西部地区金融业相对于经济增长的净发展，即剔除经济增长因素的金融发展水平。为了对西部金融业产值贡献率有较全面的把握，分别从时间沿革和空间态势两个角度进行分析。

1.从时间沿革角度看西部*FCE*

西部大开发战略实施前后，西部地区金融保险业得到了较快发展，其产值增长较快，如表2–1所示。从绝对数值上看，西部地区金融保险业的产值呈逐年上升的趋势。1995年，西部地区金融保险业产值只有505.2亿元，然而到2007年，该值竟达到1515.06亿元，短短13年间，西部金融业产值增长了3倍，因而西部地区金融业得到了快速的发展，尤其是随着西部大开发进程的深入，其发展更为迅速。

然而，从相对量的角度看，近年来西部地区金融业对GDP及对第三产业的贡献率的表现却不甚理想。从图2–1可以看出，在1999年之前的年份中，西部地区无论是以FCE还是以金融业/第三产业指标衡量的金融业对经济的贡献率都在下降。金融业对GDP的贡献率由1995年的4.82%降到了2007年的3.17%,金融业对第三产业的贡献率由1995年的15.35%降至2007年的8.5%。虽然自2001年起,金融业对第三产业的贡献率还出现了正的增长,同时自1999年始,下降率开始逐步变小,这说明西部大开发政策实施以来,西部地区金融业发展总量得到了增加,其对经济的贡献率有所增长,下降幅度有所放缓,甚至在近年来开始逐步回升,但西部地区金融发展水平还处于低位运行状态。

表2-1 西部地区*FCE*

年份	西部金融业产值/亿元	西部GDP/亿元	西部第三产业产值/亿元	*FCE*/%	西部金融业/第三产业产值/%
1995	505.20	10470.72	3291.19	4.82	15.35
1998	686.45	14654.68	4904.51	4.68	14.00
2001	588.60	18248.44	6960.24	3.23	8.46
2004	824.86	26394.39	10111.34	3.13	8.16
2007	1515.06	47864.14	17816.68	3.17	8.50

资料来源:根据《中国统计年鉴》1996、1999、2002、2005、2008年各期公布数据整理。

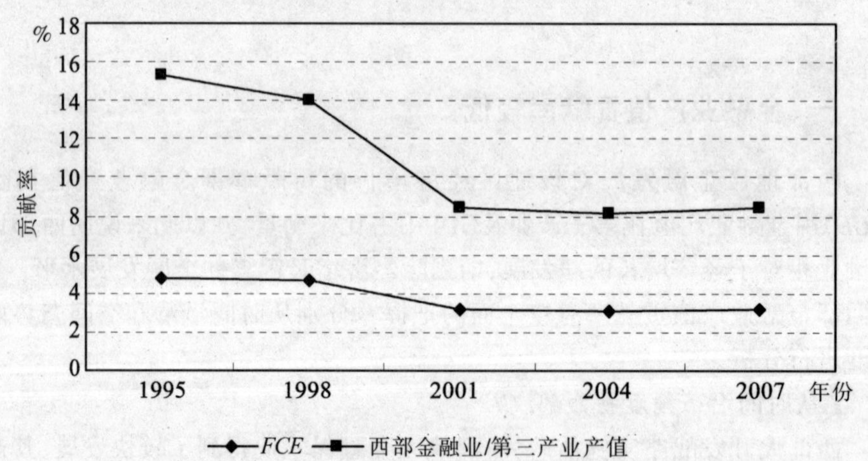

图2-1 西部地区金融业对经济贡献率变动折线图

2.从空间态势角度看西部地区*FCE*

为了更明确地描述西部地区*FCE*的发展状况,深入了解西部*FCE*在全国所处的地位与态势,将其与全国及东中部进行横向比较就显得尤为重要。西部地区*FCE*呈下降趋势,并且与东中部和全国相比均存在一定差距,如表2-2所示。1999到2007年这9年间,西部地区*FCE*一直在区间[0.029,0.035]上波动,在1999年西部地区*FCE*达到最大值0.0353;中部地区*FCE*一直在区间[0.018,0.041]上波动,在1999年中部地区*FCE*达到最大值0.0413;东部地区*FCE*一直在区间

[0.047,0.069]上波动,同样也在1999年东部地区*FCE*达到最大值0.0690;而全国平均*FCE*一直在区间[0.034,0.043]上波动,1999年达到最大值0.0431。

表2-2 东部、中部、西部地区及全国*FCE*

时间＼地区	全国FCE	东部FCE	中部FCE	西部FCE
1999	0.0431	0.0690	0.0413	0.0353
2000	0.0417	0.0677	0.0349	0.0329
2001	0.0403	0.0629	0.0321	0.0323
2002	0.0387	0.0600	0.0304	0.0316
2003	0.0369	0.0566	0.0286	0.0309
2004	0.0338	0.0537	0.0251	0.0288
2005	0.0343	0.0489	0.0184	0.0300
2006	0.0398	0.0524	0.0204	0.0293
2007	0.0400	0.0466	0.0235	0.0317

资料来源:根据《中国统计年鉴》公布数据整理。

从绝对数值的角度分析,西部地区*FCE*值不仅远远低于东部地区,跟全国相比也有一定差距。西部地区金融保险业由于起步晚,市场容量有限,发展相对落后,其对西部地区经济的发展没有发挥出其应有的财富创造功能,这从一个侧面也反映西部地区金融体系和金融机构的创新能力不足。

从动态变动的趋势角度分析, 东中部地区及全国金融保险业产值都呈现不同程度的上升趋势,虽然西部地区金融保险业上升幅度很小,但毕竟是有所发展。然而从图2-2可以看出,各地区*FCE*都呈现缩小的趋势,这说明了虽然各

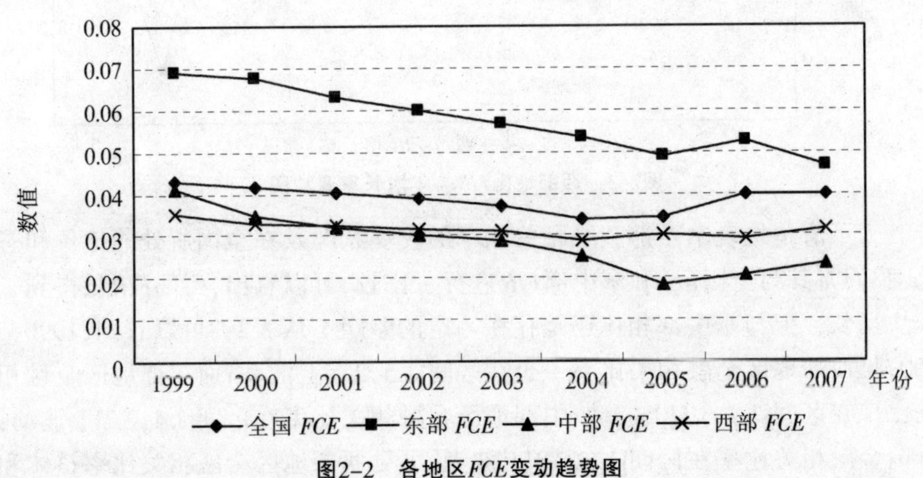

图2-2 各地区*FCE*变动趋势图

地区金融保险业都得到了不同程度的发展,但各地区经济发展的速度更快,金融保险业对区域经济的贡献度不断缩小,西部地区表现得尤为明显。在西部大开发战略实施后,西部地区经济发展速度加快,然而金融保险业作为第三产业的一部分,远远没有跟上经济的发展步伐,发展相对缓慢。

二、金融相关比率较低

自1990年以来,随着西部地区金融深化程度的加强,西部金融业得到了较快发展,金融相关比率也出现了总体上升的趋势,但其间却几经波折,近年来有所下降,如表2-3。自1990年到2007年,西部地区的FIR值几经波折,一直在区间[1.5,2.6]上波动,发展相对缓慢。从变动趋势看,从1991年至2005年西部地区的FIR值保持总体上升趋势,但在1992年和2005年之后的几年中出现了轻微的下跌,自西部大开发战略实施的1999年到2001年西部FIR值增长的三年中,FIR值较前也没有出现明显的拐点,相反,从2005年开始,FIR值不断下降,2005年西部地区的FIR值为2.32,2007年降为2.23。从增长率看,西部地区金融相关比率各年增长率波动较大,如图2-3,除1992年、1993年和2005年、2007年出现了明显的负增长外,西部地区FIR大致保持正增长率,但近年西部FIR的负增长率说明西部地区金融发展状况不佳。

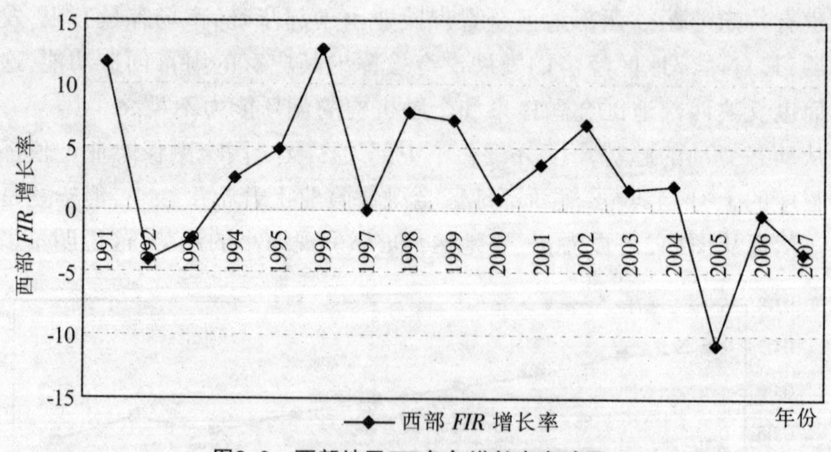

图2-3 西部地区*FIR*各年增长率变动图

为了清楚地表示西部金融相关比率的发展状况及在全国所处的地位和态势,我们将其与全国*FIR*和东中部*FIR*进行了比较,可以看出,西部*FIR*虽得到了较快增长,但与东中部相比还是存在一定的差距。从表2-3可以看到,1990—2007年西部地区金融相关比率一直在区间[1.5,2.6]上波动;而东部地区金融相关比率在区间[1.7,3.1]上波动;中部地区金融相关比率在区间[1.4,2.2]上波动;全国金融相关比率在区间[1.6,2.8]上波动,可见西部地区金融相关比率整体和全国水平持平，相对低于东部地区的*FIR*。

表2-3　全国及东中西部三大区域*FIR*

时间	东部	中部	西部	全国
1990	1.71	1.40	1.54	1.59
1991	1.82	1.57	1.72	1.73
1992	1.90	1.61	1.65	1.78
1993	1.76	1.52	1.61	1.67
1994	1.70	1.44	1.65	1.63
1995	1.75	1.41	1.73	1.65
1996	1.86	1.50	1.95	1.78
1997	2.08	1.65	1.95	1.94
1998	2.22	1.81	2.10	2.09
1999	2.36	1.88	2.25	2.22
2000	2.35	1.89	2.27	2.22
2001	2.29	1.93	2.35	2.21
2002	2.83	2.12	2.51	2.60
2003	3.07	2.18	2.55	2.76
2004	2.76	2.07	2.60	2.57
2005	2.67	1.95	2.32	2.44
2006	2.64	1.95	2.31	2.42
2007	2.52	1.84	2.23	2.31

资料与来源：根据《新中国五十五年统计资料》、《中国统计年鉴》(1991—2008年)公布数据整理。

为了更直观地体现各地区金融相关比率的变动趋势，我们根据表2-3绘制了东中西地区*FIR*变化折线图，如图2-4所示。西部*FIR*与东、中部*FIR*相比，相对

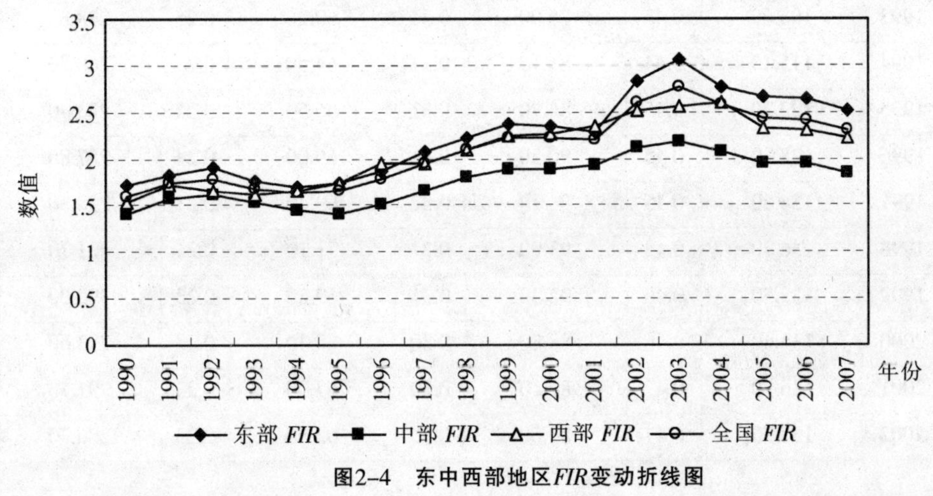

图2-4　东中西部地区*FIR*变动折线图

稳定，处于稳中发展的趋势，同时三个地区*FIR*在2002年至2003年同时达到最大值，其原因要归结到国家的宏观政策上。2003年作为国家全面建设小康社会的第一年，众多行业出现了新的气象，尤其是房地产市场的火爆，导致市场扩张局面的产生，由此银行主导的金融市场资产流动性加强，最终出现三个地区*FIR*在2002年至2003年同时达到最大值。

三、金融业从业人员占比较低

因为金融业从业人员在一个国家或地区的流动，可以体现出该国或地区金融资源的流向，所以西部地区金融业从业人员在全国所占比重的变动也可以反映出西部金融历年发展状况。由于西部金融发展与东、中部存在差距，西部金融业从业人员在全国占比呈现出逐渐减小的趋势。从表2-4可以看出，1990年到2007年间，西部地区金融业从业人员占全国的比重一直在区间[0.22，0.26]上波动；而东部、中部地区金融业从业人员占全国的比重分别在区间[0.42，0.50]和[0.28，0.32]上波动。毫无疑问，西部12省市区金融业从业人员数在绝对数上远远少于东部地区11省和中部地区8省的从业人员数，这说明西部金融资源总量同东中部地区资源总量相比还有一定的差距。

表2-4 各地区金融业从业人员及比重

时间	东部		中部		西部		全国
	绝对人数/万人	比重	绝对人数/万人	比重	绝对人数/万人	比重	绝对人数/万人
1990	82.3	0.42	62.80	0.32	50.40	0.26	195.50
1991	88.10	0.42	66.50	0.32	53.90	0.26	208.50
1992	95.60	0.43	70.50	0.32	56.80	0.25	222.90
1993	103.60	0.43	75.00	0.31	60.20	0.25	238.80
1994	115.10	0.44	81.10	0.31	64.50	0.25	260.70
1995	122.20	0.45	84.70	0.31	66.50	0.24	273.40
1996	128.30	0.45	90.50	0.31	69.00	0.24	287.80
1997	134.80	0.45	94.10	0.32	69.40	0.23	298.30
1998	136.70	0.45	93.90	0.31	71.10	0.24	301.70
1999	138.50	0.46	92.30	0.31	69.20	0.23	300.00
2000	136.40	0.46	88.80	0.30	68.40	0.23	293.60
2001	136.70	0.47	87.10	0.30	67.90	0.23	291.70
2002	135.90	0.47	85.00	0.30	65.80	0.23	286.70

续表2-4

时间	东部		中部		西部		全国
	绝对人数/万人	比重	绝对人数/万人	比重	绝对人数/万人	比重	绝对人数/万人
2003	137.00	0.48	83.70	0.29	65.50	0.23	286.20
2004	138.10	0.48	82.80	0.29	65.70	0.23	286.60
2005	144.90	0.49	83.00	0.28	67.00	0.23	294.90
2006	149.50	0.50	83.90	0.28	66.60	0.22	300.00
2007	155.90	0.50	86.50	0.28	68.60	0.22	311.00

资料来源：根据《新中国五十五年统计资料汇编》、《中国统计年鉴》(2005—2008年)公布数据整理。

不仅如此，从图2-5(三大区域金融业从业人员变动趋势图)可以看出，西部地区金融业从业人员在全国所占比重呈现逐年减少的趋势。在全国金融发展的进程中，西部地区金融发展距东部地区金融发展越来越远，虽然西部大开发战略的初衷是缩小东、中、西地区的差距，但从金融发展总量的角度，并没有从根本上改变西部地区金融资源匮乏的局面，也没有实现缩小东西金融发展差距的目标。相反，随着西部大开发的逐渐深入，全国市场一体化进程加快，行政区之间的壁垒相对减少，这极大促进了生产要素在全国市场的流动，生产要素从环境较差的地区流到环境较好的地区，金融资源作为一种生产要素也不例外，开始从市场环境较差的西部流向市场环境较好的东部，从而一定程度上导致了目前东西差距逐渐扩大的局面。

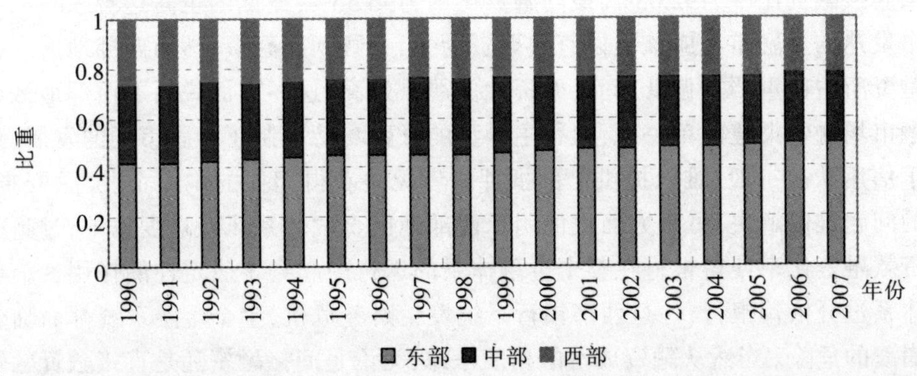

图2-5 三大区域金融业从业人员变动趋势图

第三节 西部地区金融发展的结构状况

一、直接融资与间接融资比例不协调

在西部大开发政策向西部倾斜的背景下,西部金融业得到了长足的发展,非金融机构的发展也较为迅速。非金融机构直接融资和间接融资的比值反映了融资渠道是否健全,风险是否分散化等。自西部大开发战略实施以来,西部地区融资总量增加较快,但直接融资与间接融资的比例不协调。

1.融资总量方面

由表2–5可以看出,西部大开发战略实施以来,西部地区的融资总量从2001年的2225.5亿元增长到2008年的10683.1亿元,足足增长了4.8倍,这充分说明了在国家政策逐步向西部倾斜的背景下,金融业得到了长足的发展,尤其是传统的信贷行业发展更加迅速。

2.融资结构方面

由表2–5可以看出,2001—2008年间,西部地区的直接融资比率平均为7.32%,最高融资比率为2007年的12.67%。其中,股票融资平均占到直接融资比率的45.06%,债券融资平均占到直接融资比率的54.94%。同期西部地区的年平均间接融资比率为92.68%,最高融资比率为96.56%,最低的也高达87.33%。一个发达的金融市场应该是以直接融资为主,兼顾间接融资,然而西部地区直接融资所占比重严重偏低,间接融资比例严重过高,这一方面说明了西部地区金融市场融资渠道的单一化,银行主导型的金融功能限制了金融市场的发展,对于信用状况一般、难以提供足额抵押或者无法获得担保的中小企业"融资难"的问题难以解决;另一方面也说明了西部地区金融体系风险过度集中,过高的贷款融资比率使得银行在整个金融体系的运行中起到了决定性的作用,金融体系过分依赖银行,一旦西部银行系统发生财务危机,整个金融系统都面临着崩溃的危险。当然从融资成本的角度考虑,无论是间接融资还是直接融资融资成本都较高,西部地区过高的间接融资成本无疑是社会资源的浪费。

如果从更深的角度去考虑,无论是股票融资还是债券融资,单纯地以债权人与债务人面对面的直接融资方式越来越罕见。相比之下,金融中介机构的参与度在直接融资的过程中越来越高,比如信用评级机构、信托机构、承销商等在企业发行股票或者债券中的作用越来越重要,金融市场参与主体的专业化,直接融资的信用担保体系、分销体系等直接推动了西部地区金融中间业务的发展,也为培养西部地区健康、合理的金融产业内部结构起到了推动作用。

表2-5 西部地区非金融机构直接融资与间接融资

年份	融资总量/亿元	间接融资		直接融资			
		贷款/亿元	比重/%	债券/亿元	股票/亿元	合计/亿元	比重/%
2001	2225.50	1985.20	89.20	57.73	182.57	240.30	10.80
2002	2897.40	2746.37	94.79	75.20	75.83	151.03	5.21
2003	4501.80	4346.96	96.56	92.45	62.39	154.84	3.44
2004	3920.20	3725.27	95.03	90.45	104.48	194.93	4.97
2005	3955.10	3790.77	95.85	155.47	8.86	164.33	4.15
2006	5627.70	5236.49	93.05	321.65	69.56	391.21	6.95
2007	7423.50	6482.66	87.33	294.66	646.18	940.84	12.67
2008	10683.10	9578.14	89.66	568.88	536.08	1104.96	10.34
累积量	41234.30	37891.84	91.89	1656.50	1685.96	3342.46	8.11

数据来源:西部12省市区《金融运行报告》(2008年),中国人民银行。

二、融资渠道相对不健全

肖(Shaw)在他的著作《经济发展中的金融深化》中认为:一个健全而发达的金融系统应该拥有多层次的金融市场、多元化的金融机构和多样化的金融工具,并以此向企业和居民提供全方位的、多功能的金融服务。资本市场作为直接融资场所和一种更具有市场化特征的交易平台,它的建立和发展对于推进一国(或地区)的金融深化、促进整个金融制度的市场化转变具有重要的意义。下面我们通过表2-6、表2-7和图2-6看西部地区资本市场整体发展状况,通过图2-7看西部地区资本市场的结构特征。

表2-6 上市公司区域分布

2007年	东部	中部	西部	全国
沪交所	531	172	157	860
深交所	423	137	130	690
总　和	954	309	287	1550

数据来源:根据《中国证券期货统计年鉴》(2008年)公布数据整理。

表2-6是上市公司区域分布一览表，从表中可以看出，我国上市公司大部分在东部地区，2007年东部地区上市公司总数比西部地区多667家，中部地区比西部地区多22家，而且目前我国2个股票交易所都在东部地区，资本市场的涵盖范围在区域分布上严重失衡，西部地区融资渠道不健全。

表2-7　各地区A股IPO筹资金额

年份	东部		中部		西部		全国
	绝对量/亿元	比例/%	绝对量/亿元	比例/%	绝对量/亿元	比例/%	绝对量/亿元
1999	313.38	58.49	155.83	29.09	66.54	12.42	535.75
2000	527.18	57.11	218.74	23.70	177.17	19.19	923.09
2001	364.01	61.76	105.79	17.95	119.57	20.29	589.37
2002	140.58	54.49	76.48	29.64	40.94	15.87	258.01
2003	339.45	74.85	78.63	17.34	35.43	7.81	453.51
2004	292.60	68.77	79.06	18.58	53.80	12.64	425.46
2005	46.63	80.91	3.12	5.41	7.89	13.68	57.63
2006	1334.50	84.37	231.79	14.65	15.43	0.98	1581.72
2007	3981.26	86.73	482.55	10.51	126.81	2.76	4590.62
累积量	7339.60	—	1431.99	—	643.56	—	9415.15

资料来源：根据《新中国五十五年统计年鉴》、《中国证券期货统计年鉴》(1999—2008年)公布数据整理。

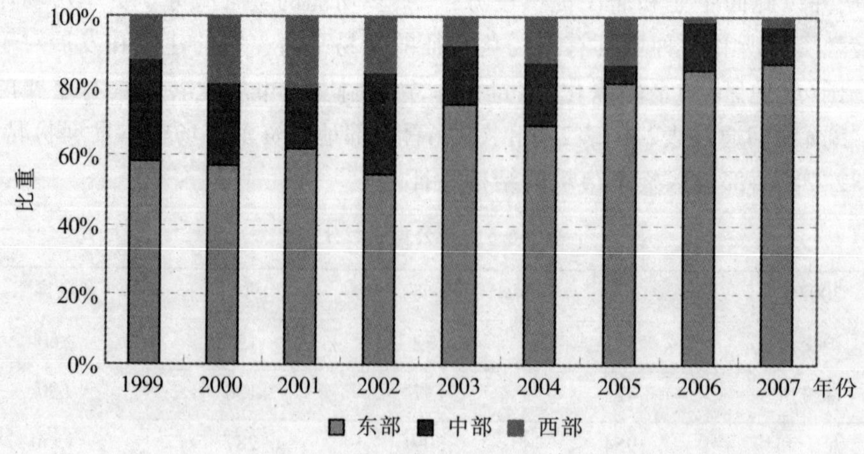

图2-6　各地区A股IPO筹资金额变动柱状图

表2-7和图2-6说明的是各地区A股IPO筹资情况，从表2-7可以看出，西部地区间接融资在全国所占的比重波动性较大，最大在2001年达20.29%，最小在2006年为0.98%。1999年至2007年西部地区国内A股IPO筹资金额与东中部地区存在很大的差距，从累积量来看，西部地区A股IPO筹资金额为643.56亿元，而中部地区A股IPO筹资金额为1431.99亿元、东部地区的A股IPO筹资金额为7339.60亿元，分别是西部地区股票筹资额的2.25倍和11.40倍。图2-6更直观地说明了西部地区A股IPO筹资金额同东部、中部地区的差距。所以西部地区筹资渠道极为不畅，筹资额严重匮乏。

西部地区股票融资和债券融资波动性也相对较大，为了直观地体现出股票融资和债券融资的波动性，以此来说明西部地区资本市场结构，我们根据表2-5的数据资料绘制了图2-7。如图2-7所示，股票融资和债券融资在8年里变化较大，股票融资占比在2001年和2007年远大于债券融资占比，而在2005年和2006年却远小于债券融资占比。这说明股票融资和债券融资受市场运行宏观环境的影响较为强烈，具有较高的敏感性。

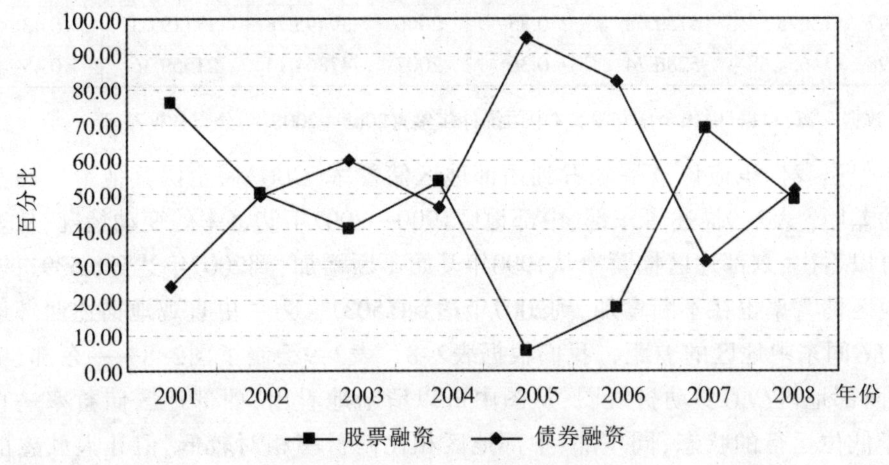

图2-7 直接融资方式波动趋势图

第四节 西部地区金融发展的效率状况

一、储蓄率低位运行

持续高速的经济增长需要有高水平的储蓄与投资，而储蓄的有效动员则是首先需要解决的问题,因为没有高的储蓄水平,投资就像无源之水,根本无从谈起。自1990年起西部储蓄率处于逐年增长的态势。从表2-8可以看出,西部地区自1990年起储蓄率就稳步增长，由1990年的0.28增加到2007年的0.45,18年间足足增加了17个百分点，这对于西部地区这样一个资金相对短缺的地区而言,高的储蓄率为其经济发展提供了一个必要的资金保障。

表2-8　西部地区储蓄率

时间	西部GDP /亿元	西部总储蓄 /亿元	储蓄率	时间	西部GDP /亿元	西部总储蓄 /亿元	储蓄率
1990	3454.86	974.68	0.28	1999	15354.02	5440.38	0.35
1991	3959.06	1152.31	0.29	2000	16654.62	5850.32	0.35
1992	5117.96	1507.87	0.29	2001	18248.44	6593.25	0.36
1993	6518.01	2102.97	0.32	2002	20080.93	7403.49	0.37
1994	8456.74	2684.55	0.32	2003	23696.31	9175.14	0.39
1995	10470.72	3292.18	0.31	2004	26394.39	11787.46	0.45
1996	12295.95	4211.29	0.34	2005	33585.93	14094.00	0.42
1997	13675.53	4789.68	0.35	2006	39495.78	17119.03	0.43
1998	14654.68	5286.74	0.36	2007	47864.14	21559.36	0.45

数据来源:根据《中国金融年鉴》、《中国统计年鉴》(2005—2008年)公布数据整理。

但是我们也应该清醒地看到西部地区储蓄率(*CLG*)同全国其他地区储蓄率的差距。表2-9描述了东部、中部地区1990—2007年储蓄率的变动情况,从表中可以看出,东部地区储蓄率从1990年开始不断增加,到2007年达到0.5391;中部地区储蓄率也在不断增加,到2007年达到0.5031。为了更直观地描述西部地区*CLG*同东中地区的差距，我们根据表2-8、表2-9绘制了图2-8——东部、中部、西部地区*CLG*变动折线图,从图中可以清晰地看出,西部地区储蓄率一直处于低位运行的状态,同东部、中部地区相比储蓄率相对较低,但让人欣慰的是西部地区*CLG*同其他地区的差距不断缩小，如在1990年西部地区*CLG*比东部、中部同期分别低了近17个、7个百分点,到2007年西部地区*CLG*只比东部、中部低了8.9、5.3个百分点,足见西部地区储蓄率增长快于其他地区。

表2-9　东部、中部地区储蓄率

时间	东部			中部		
	GDP/亿元	总储蓄/亿元	储蓄率	GDP/亿元	总储蓄/亿元	储蓄率
1990	9568.57	4328.42	0.4524	5159.84	1807.32	0.3503
1991	11242.42	5208.70	0.4633	5689.66	1960.08	0.3445
1992	13946.68	6937.71	0.4974	6731.65	2524.48	0.3750

续表2-9

时间	东部			中部		
	GDP/亿元	总储蓄/亿元	储蓄率	GDP/亿元	总储蓄/亿元	储蓄率
1993	18835.92	10042.71	0.5332	8784.19	3368.51	0.3835
1994	25283.64	13331.71	0.5273	11643.31	4674.23	0.4015
1995	32009.24	16730.54	0.5227	15034.76	6145.51	0.4088
1996	37834.18	19379.22	0.5122	18182.80	7234.18	0.3979
1997	42636.15	21938.19	0.5145	20543.13	8286.46	0.4034
1998	46167.88	24063.88	0.5212	21679.08	9137.75	0.4215
1999	49610.95	25582.84	0.5157	22706.16	9349.15	0.4117
2000	55689.58	28607.10	0.5137	24865.17	10210.71	0.4106
2001	61393.17	30952.42	0.5042	27124.65	10993.47	0.4053
2002	68055.78	34199.34	0.5025	29290.51	12059.78	0.4117
2003	79283.40	40734.94	0.5138	33301.08	13766.38	0.4134
2004	99494.72	51178.13	0.5144	39488.97	17841.16	0.4518
2005	117795.40	63942.35	0.5428	46362.07	21661.75	0.4672
2006	137542.30	74644.79	0.5427	53446.17	26180.38	0.4898
2007	163369.90	88078.34	0.5391	64390.61	32394.94	0.5031

数据来源：根据《中国金融年鉴》、《中国统计年鉴》(2005—2008年)公布数据整理。

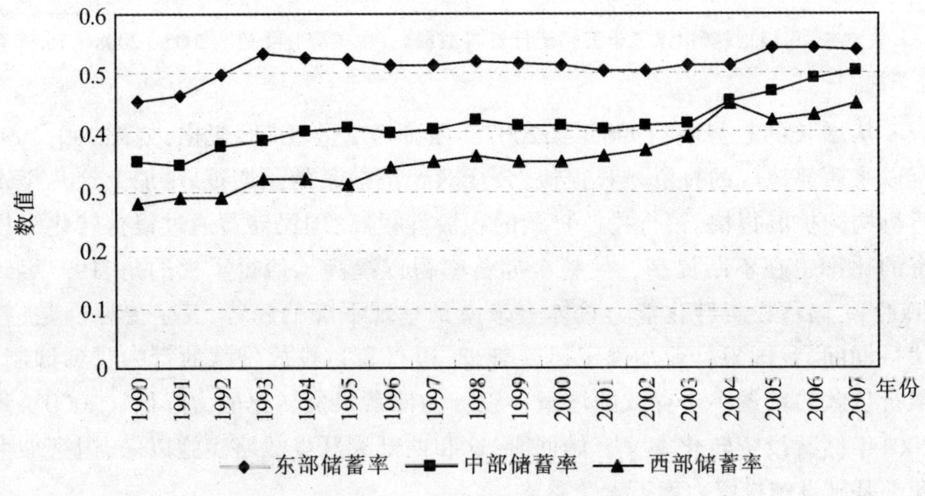

图2-8　东部、中部、西部地区*CLG*变动折线图

二、储蓄转投资能力不足

通过上面的分析，可以看出西部地区拥有高额储蓄是有目共睹的事实，但如果不能将储蓄顺畅地转化为投资，也就不能推动区域经济的增长。储蓄是否顺利地转化为投资由储蓄投资转化能力（*FUE*）来衡量，自1990年至今，西部*FUE*处于一种震荡上升的趋势。从表2-10中可以看出，1990—2007年西部地区*FUE*波动较大，如在投资和经济高速增长、经济过热的1993年和2006年，储蓄投资转化能力*FUE*都达到了1.25以上，而在经济低速增长的1997—1998年，储蓄投资转化能力明显偏弱。

表2-10　西部地区储蓄投资转换能力

时间	总储蓄/亿元	资本形成额/亿元	储蓄投资转化能力	时间	总储蓄/亿元	资本形成额/亿元	储蓄投资转化能力
1990	974.68	1164.63	1.19	1999	5440.37	6291.98	1.16
1991	1152.31	1388.95	1.21	2000	5850.32	6987.96	1.19
1992	1507.87	1821.12	1.21	2001	6593.25	8140.22	1.23
1993	2102.97	2645.86	1.26	2002	7403.49	9247.21	1.25
1994	2684.54	3265.18	1.22	2003	9175.14	11628.54	1.27
1995	3292.18	3904.23	1.19	2004	11787.46	14632.87	1.24
1996	4211.29	4819.51	1.14	2005	14094.00	18354.48	1.30
1997	4789.68	5435.99	1.13	2006	17119.03	22039.19	1.29
1998	5286.74	6149.43	1.16	2007	21559.36	27374.45	1.27

资料来源：根据《新中国五十五年统计资料汇编》、《中国统计年鉴》（2005—2008年）公布数据整理。

从增长的趋势看，1990年至2007年西部*FUE*呈“U”形变化，如图2-9，1999年以来西部地区的投资增长很快，公众对经济前景的预期很好，加上这几年银行机构的扩展很快，银行投放贷款的积极性很高，国民储蓄通过银行转化为投资的比率也在不断提高，使整个储蓄率得以提高。值得重视的是，1993年到2000年，储蓄投资转化能力总体上来说是呈现下降的趋势，其主要原因是，在这一期间，我国银行业加强了风险管理，银行盲目投放贷款的行为受到抑制，银行贷款的增量小于存款的增量，银行的储蓄投资转化能力降低。2000年到2001年储蓄投资转化率又开始回升，这和西部大开发战略实施以来，国家加大西部基础设施投资力度不无关系。

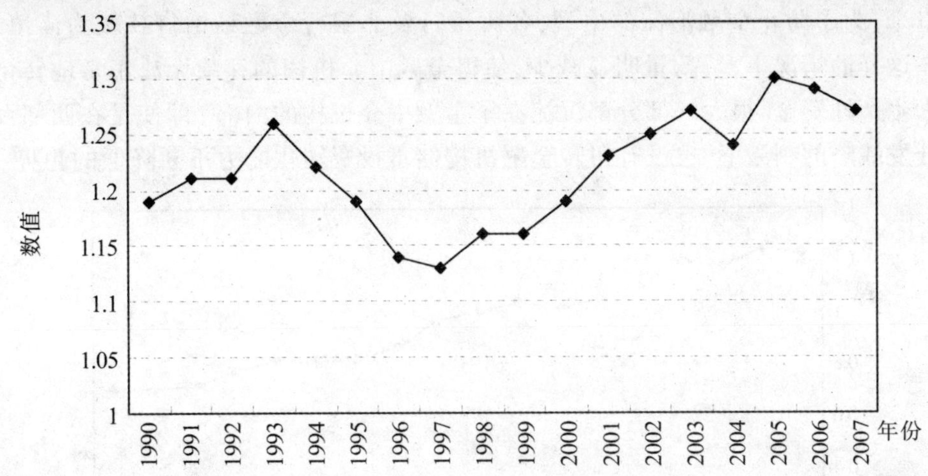

图2-9 西部地区*FUE*变动折线图

在间接融资渠道下，金融机构吸收存款，再按照一定的原则将其贷放出去，储蓄转化为投资的渠道越通畅，效率越高，那么存款就能得到越好的利用。然而从表2-11可以看出，西部地区存贷比普遍较低，这说明西部地区金融机构储蓄转投资渠道不畅，金融机构的金融资源没有发挥它应有的作用。

表2-11 西部地区存贷比

年份	金融机构年末贷款余额/亿元	金融机构年末存款余额/亿元	存贷比	年份	金融机构年末贷款余额/亿元	金融机构年末存款余额/亿元	存贷比
1990	2929.57	2384.34	1.2287	1999	16970.39	17602.20	0.9641
1991	3776.99	3048.52	1.2390	2000	17539.60	20308.60	0.8637
1992	4551.00	3871.67	1.1755	2001	19341.64	23555.43	0.8211
1993	5711.96	4774.80	1.1963	2002	22550.74	27853.96	0.8096
1994	7302.25	6651.14	1.0979	2003	27107.17	33396.01	0.8117
1995	9245.35	8831.01	1.0469	2004	29963.38	38711.70	0.7740
1996	12047.49	11898.55	1.0125	2005	32521.11	45509.21	0.7146
1997	13553.14	13124.38	1.0327	2006	37839.51	53535.56	0.7068
1998	15434.25	15435.20	0.9999	2007	44313.62	62614.95	0.7077

数据来源：根据《中国金融年鉴》中各地金融篇公布数据整理。

从西部地区的存贷比这一指标的变动情况来看，如图2-10，西部地区存贷比呈现出逐渐降低的趋势，到2006年降到了历年的最低点。这在一定程度上说明我国金融中介机构资金贷款投放效率不高。尤其是1997年东南亚金融危机以来,为了防止金融泡沫的出现,各大银行及非银行金融结构贷款较为谨慎,在这样的情况下,贷款量明显减少,使得金融中介机构的存款无法正常地转化为生产性资金,很大一部分都沉淀在了金融中介机构的内部。即使是在西部大开发战略的刺激下,也没有扭转金融机构储蓄投资转化能力不断降低的趋势。

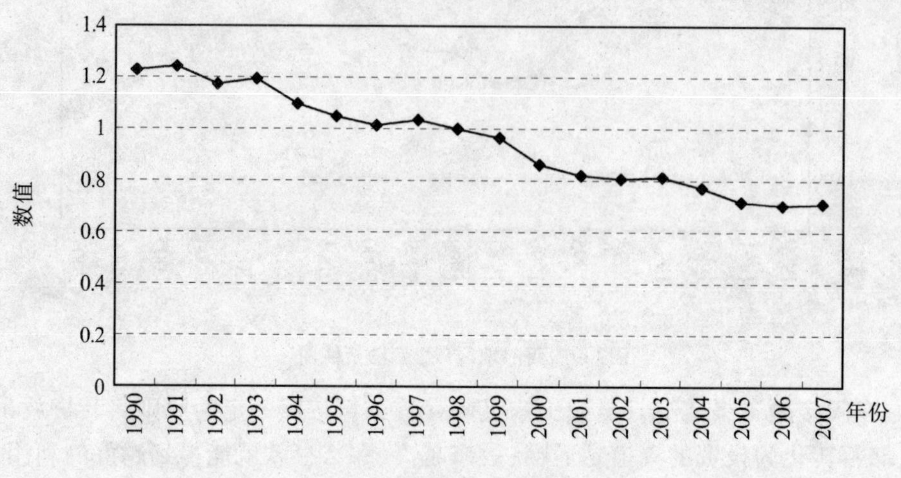

图2-10　西部地区存贷比折线图

三、金融资源配置不合理

金融系统的资源配置效率由边际资本生产率来间接地衡量和反映，如果资本配置是有效率的,那么同样的资本就可以推动GDP更快地增长。但从西部地区的实际情况来看,从1990年开始,我国的金融效率整体呈下降的趋势。从表2-12可以看出，西部地区投资总额不断增加,1990年的资本形成额只有1164.63亿元,然而到2007年达到了27374.45亿元,在这18年间,足足增长了24倍,可见投资对国民经济的持续快速的增长起到了巨大的作用。但是从金融发展效率来看,边际资本生产率普遍较低,投资对国民经济的拉动效率明显比较粗放,没有发挥它本应该有的作用。

为了更清晰地看出西部边际资本生产率变化趋势,我们绘制了图2-11。如图所示,单位投资带动的GDP量从1990年的0.4142下降到了2007年的0.3048,最低竟然低至1999年的0.1202。造成这种现象部分是因为储蓄资源总量增加而带来的资本边际收益下降，但更多的是因为我国的金融体系配置资源的能力低下。从现阶段我国整体的情况来看,投资已经成为拉动我国经济增长的最主要手段,西部也不例外。但近年来,虽然投资的总量不断增大,但GDP的增长速度却没有相应地增加，其中最主要的原因就是大量的储蓄资源没有得到有效的配置。

表2–12　西部地区边际资本生产率

年份	GDP增量/亿元	资本形成总额/亿元	边际资本生产率	年份	GDP增量/亿元	资本形成总额/亿元	边际资本生产率
1990	482.35	1164.63	0.4142	1999	756.13	6291.98	0.1202
1991	514.41	1388.95	0.3704	2000	1324.40	6987.96	0.1895
1992	704.46	1821.12	0.3868	2001	1598.47	8140.22	0.1964
1993	1199.90	2645.86	0.4535	2002	1945.56	9247.21	0.2104
1994	1756.46	3265.18	0.5379	2003	2878.65	11628.54	0.2476
1995	1769.17	3904.23	0.4531	2004	4672.75	14632.87	0.3193
1996	2801.25	4819.51	0.5812	2005	5591.73	18354.48	0.3047
1997	1390.11	5435.99	0.2557	2006	6038.95	22039.19	0.2740
1998	1002.75	6149.43	0.1631	2007	8343.68	27374.45	0.3048

资料来源:根据《中国金融年鉴》、《中国统计年鉴》(2005—2008年)公布数据整理。

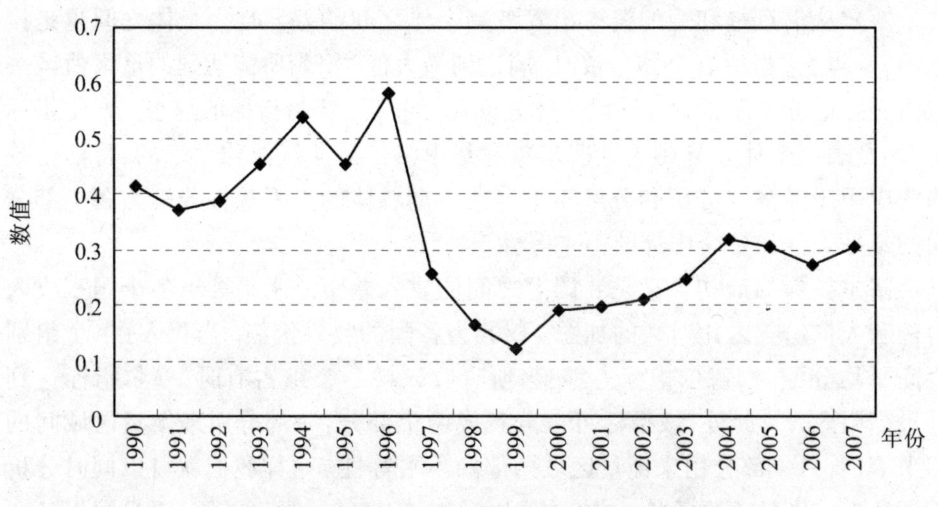

图2–11　西部地区边际资本生产率变动折线图

第五节　西部地区金融发展的内部差异

根据西部地区金融发展现状,本节主要从空间角度进行差异分析,并把西部地区划分为西北地区(内蒙古、陕西、宁夏、甘肃、青海、新疆)和西南地区(广西、云南、贵州、四川、重庆、西藏),利用变异系数与塞尔指标两个衡量区域差异的指标进行分析,从而找出西部金融独特的发展状况。西部可以提供的金融资源总量主要来自传统信贷市场的金融资源,因此本节主要通过计算人均存贷款的变异系数和塞尔指标,来分析西北地区与西南地区的空间差异。

一、衡量方法

1.变异系数

对于具有不同平均水平的数列或总体,比较标志其变异程度的大小就需要将它们与相应的平均数对比,即变异系数。这里采用标准差与平均数之比即标准差变异系数,记为V_σ,其计算公式为$V_\sigma=\frac{SD}{\overline{X}}=\frac{\sqrt{\sum\left(\frac{X_i-\overline{X}}{n}\right)^2}}{\overline{X}}$,其中$V_\sigma$为变异系数,$SD$为标准离差,$n$为地区数,$X$表示第 i个地区的研究指标,$i=1,2,\cdots,n$,$\overline{X}$是 X的平均值。

2.塞尔(Theil)指数

塞尔从信息量和熵的概念出发考察个体之间的差异性。个体之间越是接近,则熵越大。当所有个体一致时,熵达到最大值。用熵所能达到的最大值减去熵的实际值即塞尔指标。所以个体之间越是接近,塞尔指标值越小。塞尔指标越大,则表明个体差异越大。塞尔指标是由洛伦兹曲线演化而来的,将洛伦兹曲线应用于经济中分析和分解不平等性,把总体的不平等性分解为各个部分间的不平等性和各个内部的不平等性。

塞尔指标的最初含义是:国家之间的收入差距总水平等于各个国家收入份额和人口份额之比对数的加总。权数为各国的收入份额。当收入在N个组别之间平均分配时,塞尔指标为零,当所有收入被一个组占有时,塞尔指标达到其最高限$\log N$。此外,该指标可被分解成两个部分:一部分用来衡量区域间的不平等性;另一部分用来衡量区域内部的不平等性。这样我们就可以同时分析不同地理尺度的不平等性。本节使用塞尔指标来衡量地区差距,而且根据各个区域所属的地带,将这种差距分解为区域内差距和区域间差距。

塞尔指数的计算方法如下:U_1、U_2分别是反映西北地区(内蒙古、陕西、甘肃、青海、宁夏、新疆)、西南地区(广西、云南、贵州、四川、重庆、西藏)区域内部不平等性的指标,则U_1、U_2就是西北地区、西南地区内部差异的塞尔指数;U_3是反映这两大区域间不平等性的指标,则U_3就是两大区域间差异的塞尔指数;U_4反映总体的不平等性指标,则U_4就是总体塞尔指数。设N、S分别代表西北地区、西南地区,F_N、F_S分别代表西北地区、西南地区的存贷款余额,P_N、P_S分别代表西

北地区、西南地区的人口数量。计算步骤如下:

第一步:计算反映西北地区、西南地区内部差异的U_1、U_2

$$U_1=\sum_i\left[\frac{F_i}{F_N}\times LN\left(\frac{F_i/F_N}{P_i/P_N}\right)\right],i=1,2,3,4,5,6$$

$$U_2=\sum_i\left[\frac{F_i}{F_S}\times LN\left(\frac{F_i/F_S}{P_i/P_S}\right)\right],i=1,2,3,4,5,6$$

第二步:计算反映两大区域间差异的U_3

$$U_3=\frac{F_N}{F}LN\left(\frac{F_N/F}{P_N/P}\right)+\frac{F_S}{F}LN\left(\frac{F_S/F}{P_S/P}\right)$$

第三步:计算反映总体差异的U_4

$$U_4=U_3+\frac{F_N}{F}\times U_1+\frac{F_S}{F}\times U_2$$

变异系数与塞尔指数这两种方法各有利弊。变异系数采用简单平均法,其优点在于简便易算,缺点在于无法进行区域分解。塞尔指数计算较为烦琐,但具有可分解的优良特性,可以将省际地区总差异分解为西北地区与西南地区两大区域间差异与区域内差异,从而有助于我们了解西北地区与西南地区两大经济区域间金融发展差异的变化趋势及其对总差异的贡献度,同时也可以分析西北地区、西南地区各自区域内的差异情况以及它们对总差异的贡献程度。

二、数据处理及计算结果

我们利用 1999—2007年的相应数据,利用上面的计算公式分别计算了人均存贷款指标的变异系数和塞尔指数(见表2-13、表2-14),对区域金融发展差异的变动格局进行了分析。

表2-13 西部地区人均存贷款的变异系数

年份	1999	2000	2001	2002	2003	2004	2005	2006	2007
V_σ	0.301	0.271	0.286	0.296	0.303	0.278	0.258	0.251	0.256

资料来源:根据《新中国五十五年统计资料》、《中国统计年鉴》(2000—2008年)公布数据整理。

1.以变异系数衡量西部金融发展的空间差距

图2-12表示了西部地区人均存贷款的变异系数在1999—2007年的变动轨迹。如图所示,西部地区人均存贷款变异系数显示出中国西部地区区域内金融发展差距的W形变化形状,差距先缩小后扩大,随后又逐渐缩小,在2003年左

右达到最大值0.303，在2006年左右达到最小值0.251。

表2-14 西部地区人均存贷款的塞尔指标

年份	U_1	U_2	U_3	U_4
1999	0.0172	0.0185	0.0127	0.0307
2000	0.0110	0.0177	0.0093	0.0244
2001	0.0167	0.0200	0.0128	0.0315
2002	0.0173	0.0230	0.0139	0.0347
2003	0.0182	0.0260	0.0129	0.0359
2004	0.0143	0.0227	0.0120	0.0314
2005	0.0128	0.0257	0.0081	0.0287
2006	0.0125	0.0281	0.0061	0.0282
2007	0.0138	0.0297	0.0052	0.0289

资料来源：根据《新中国五十五年统计资料》、《中国统计年鉴》(2000—2008年)公布数据整理。

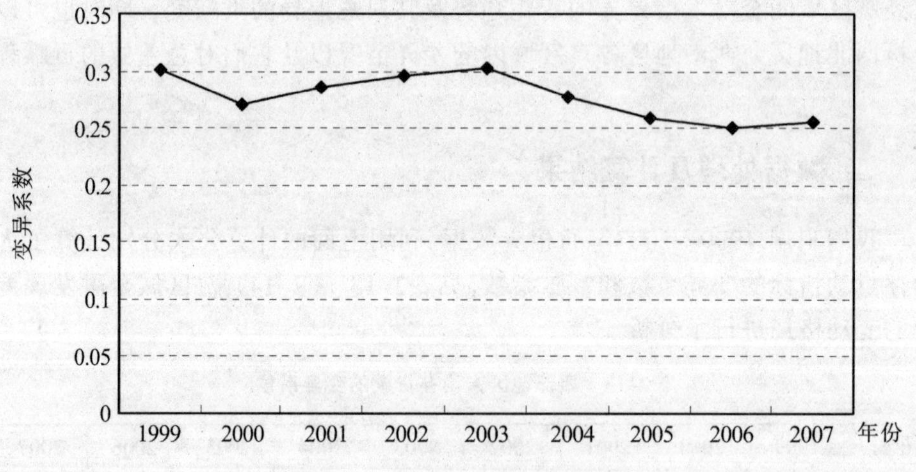

图2-12 西部地区人均存贷款变异系数折线图

出现上面现象的原因则要归结于金融制度资源的不平衡性。西部大开发战略实施以后，西部12省(区、市)的市场第一次紧密联系在一起，行政藩篱不断拆除，区际开放、交流不断深入，金融资源在区域间的流动更为顺畅，西部相对发达的地区(如四川、重庆、陕西等)依靠自身的优势地位吸引了大量的资本，金融得到快速发展，更为重要的是这些相对发达的地方拥有了金融的制度先发优势，如资金清算中心、银行间外汇市场等，这又为吸引西部地区更多的金融资源提供了优越条件，金融发展与金融制度的市场化进入了累积循环的良性轨道；而西部相对落后的地区不仅金融资源稀缺，市场化的金融制度及金融意识更为缺乏，在趋利动机的驱动下金融资源通过种种途径流向投资回报率高的相对发达地区，由此导致了2003年人均存贷款V_σ达到最大值0.303，但此后随着西部大开发进程的深入，中央政府加强了金融管制而且各级政府也不断为金融的发展创造条件，致使区域间金融发展差距不断地缩小，由此在2006年左右人均存贷款V_σ达到最小值0.251。

2.以人均存贷款塞尔指数衡量西部内部地区金融发展差距

图2–13、图2–14分别描绘的是西北地区与西南地区内部差异的塞尔指数变化折线图。从图2–13可以看出，西北地区的U_1从1999年到2007年大体也呈现W形状，在2003年U_1达到最大值0.0182，随后在2006年U_1达到最小值0.0125，出现这种现象的原因也跟金融制度资源的不平衡性有关。图2–14显示，西南地区的U_2呈现不断扩大的趋势，虽然在2003年以后稍微有所缩小，但到2004年又逐渐上升，在2007年U_2达到最大值0.0297，西南地区内部的金融发展差距不断扩大。

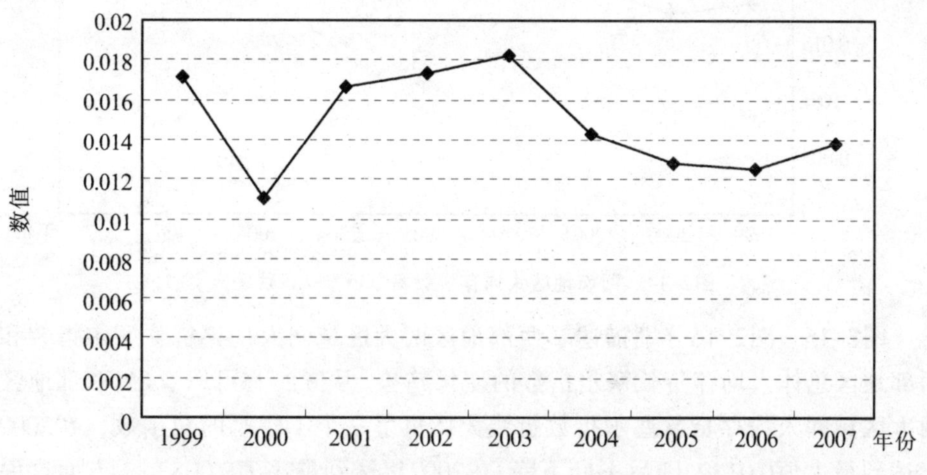

图2–13　西北地区人均存贷款塞尔指数U_1折线图

西南地区的金融发展差距之所以不断扩大，是由其内部经济发展水平差距不断扩大造成的。根据帕特里克的金融发展的阶段理论，“需求追随”的金融发展是指在市场的不断拓展和产品不断丰富的前提下，为了更有效地分散风险以及更好地控制交易成本，提出了对金融发展的需求，是实际经济部门发展的直接结果。因此，金融发展在经济增长过程中起了一个更好的推动作用。西南地区的经济发展水平的差异产生了对西南地区金融服务需求的差异，从而形成了金融发展的区域内部差异，即西南地区经济发展决定西南地区金融规模以及与西南地区经济结构相适应的金融结构。我们以西南各省GDP来代表其经济发展水平，随着西部大开发战略的深入，像四川、重庆、广西等经济发展水平相对较高的省市不仅会扩大对原有金融服务的持续需求，同时还会产生更高层次的金融服务需求。在金融服务需求的不断推动下，区域金融机构、金融工具和金融市场都会随之扩张和发展。不仅如此，由于金融市场和金融交易存在固定的进入费用，在西南地区人均收入和人均财富都很低的西藏、云南、贵州，大多数经济活动主体往往无力支付固定的进入费，因而金融机构和金融市场发展也极为缓慢。随着经济不断发展，西南地区经济相对发达地区（四川、重庆、广西）与经济相对落后地区（西藏、云南、贵州）的金融发展差距不断扩大，由此导致了西南地区的人均存贷款塞尔指数不断增大。

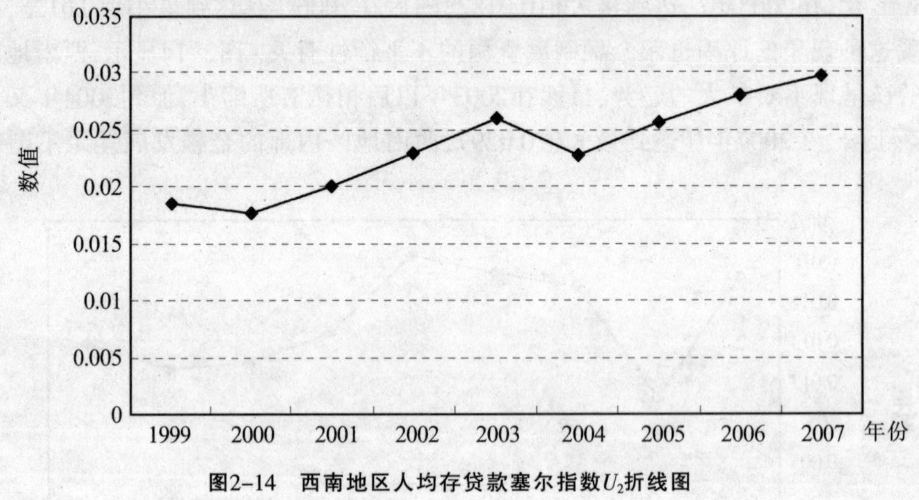

图2-14　西南地区人均存贷款塞尔指数U_2折线图

图2-15、图2-16分别描述了西部地区两大区域间人均存贷款塞尔指数和西部地区总体人均存贷款塞尔指数的变化趋势。从图2-15可以看出，西部地区两大区域间人均存贷款塞尔指数折线大体也呈一个不规则的减函数，在2002年达到最大值0.0139，随后不断下降，在2007年达到最小值0.0052，一方面这说明了从绝对数值角度讲，西北地区与西南地区区域间金融发展水平差距较小，两大区域金融发展水平相似性较高；另一方面从动态的角度讲，西部大开发战略实施十年来，西北地区与西南地区金融发展水平逐渐趋同，金融一体化市场初见端倪。

图2-16显示，西部地区总体人均存贷款塞尔指数折线呈现W状，在2000年U_4达到最小值0.0244，在2003年U_4达到最大值0.0359，这同样说明了两个问题：一方面从绝对量上讲，西部地区金融发展水平差距较大；另一方面从动态变化的趋势看，西部地区金融发展水平内部差异有逐步扩大的趋势。

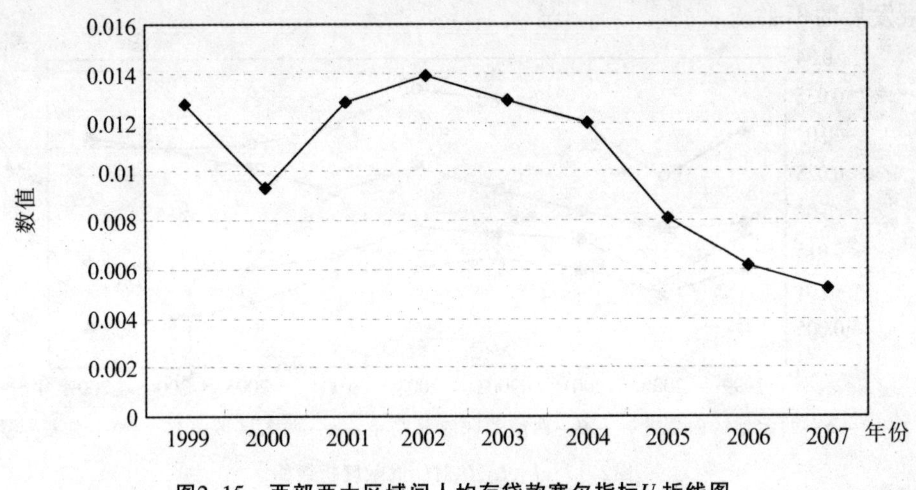

图2-15　西部两大区域间人均存贷款塞尔指标U_3折线图

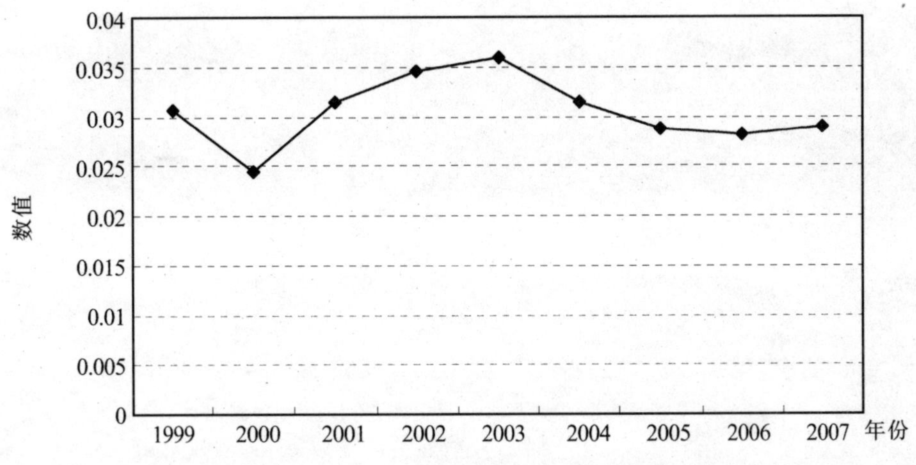

图2-16　西部地区总体人均存贷款塞尔指数U_4折线图

更进一步地，我们可以利用西部地区人均存贷款塞尔指数U_1、U_2、U_3观察到西北地区内部、西南地区内部以及两大区域间金融发展差距对西部地区总体金融发展差距的贡献率。如图2-17所示，西北地区与西南地区区域内金融差距的大小程度、波动程度都有着明显的差别。总体来说，西南地区区域内的金融差距最大，且波动剧烈；西北地区区域内金融差距比西南地区的小，波动的程度也较小，西部两大区域间的金融发展差距不大，且相对稳定。从两大区域内差异及两大区域间差异对总差异的贡献率来看，西南地区的贡献率一直都在1/3以上，特别是在2000年以后，西南区域的贡献率更大，甚至接近1/2，而西北地区和西部两大区域间的贡献率都有所下降，尤其是两大区域间的贡献率更小。这说明了西部金融发展的地区总差距增加很大程度上源自西南区域内金融发展的不平衡。

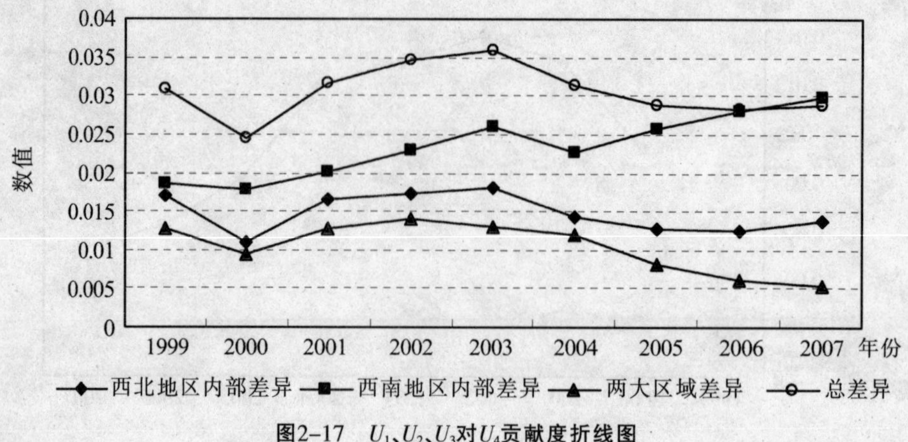

图2-17 U_1、U_2、U_3对U_4贡献度折线图

第三章 西部区域经济增长的现状分析

经济增长与经济发展是不同的一组概念,经济发展是指国民生产总值和人均国民生产总值的可持续、稳定的增长、生产技术的进步以及经济结构的优化、经济制度的完善。为了方便研究,本章将金融体系从总体经济中独立了出来,与实体经济相对。因此,我们提到的经济增长指的是实体经济增长。之所以不使用经济发展作为研究对象的主要原因在于经济发展是一个全面评价体系,涉及经济社会发展的多个方面,对其进行量化分析缺乏确定性。本章主要是从GDP总量及构成(消费、投资和外贸)两个方面分析讨论西部地区经济增长的现状。

第一节 西部地区经济增长指标体系的构建

一、指标设计的原则

为了尽量准确、科学地反映区域经济增长的现状以及决定因素的核心和基本方面,我们在设计区域经济增长指标体系时,主要考虑以下原则。

1.相关性

由于一个指标只能从某一特定角度反映经济综合竞争力的水平,我们所选择的每一个指标至少能够在一定程度上、一定时期内近似地反映区域经济的某一方面的某些基本特征。如果该指标同时还受到其他不相关因素的影响,我们尽可能使用技术手段将这些因素剔除。

2.可靠性

所选择的指标必须是可以度量的,而且能够取得数据。有些指标虽然理论上可行,但是缺乏数据来源,或虽能取得数据,但可信程度较低,则宁可暂缺,尽量避免以主观度量代替客观度量。

3.全面与重点相结合

区域经济发展是一个复杂的动态系统，单一或少量的指标难以准确反映其状况;指标过多又难以抓住本质。所以,在解释变量群的选择上,我们力求全面,同时突出重点。

二、具体指标的选取

1.经济增长总量指标(GDP)

因经济发展指标不便于进行量化分析，本章对西部经济增长状况进行量化和分析,因而选取了衡量经济增长的主要指标——GDP。

2.经济增长结构指标

众所周知,投资、消费、外贸都是拉动经济增长的动力源,俗称是经济增长的“三驾马车”,本章以这“三驾马车”展开论述。我们使用居民消费水平、全社会固定资产投资额、进出口额3个指标来衡量经济增长结构。

(1)选择居民消费水平指标的原因。消费是经济整体增长的最终动力,我国建设与发展的实践也充分证明，居民消费在推动我国GDP增长中发挥了重要作用,消费每增长1个百分点,可以拉动GDP增长0.6个百分点。我国第十一个五年规划中特别指出:“要进一步扩大国内需求,调整投资和消费的关系,增强消费对经济增长的拉动作用。”同时,消费具有独特的检测机制和反馈功能,它是度量经济运行效率和效益的“测量器”,又是引导经济运行不断改善的“指示器”。居民消费水平指标有利于在遵循可比性原则的前提下纵向和横向衡量西部消费状况。

(2)选择全社会固定资产投资额指标的原因。投资对经济相对落后的地区和基础设施比较差的地区来说非常重要,对经济增长的拉动作用十分明显。19世纪下半期，新古典经济学的集大成者——马歇尔认为:“资本家延迟他的当期消费……导致生产率的提高和资本主义社会财富的增长。”他强调了资本家的投资对经济增长的作用,即固定资产投资的增长必会带动经济增长。

(3)选择进出口额指标的原因。自从亚当·斯密在《国富论》中指出“外贸是经济增长的发动机”以来,李嘉图、约翰·穆勒以及纳克斯、劳尔·普雷维什在他们的著作、模型中都把对外贸易作为经济增长的一个重要因素。进口贸易对经济增长的作用已在一些发达国家如美国,发展中国家如韩国、印度、巴西等的研究中得以验证(陈家勤,1999)。而贸易顺差也并非一定会带动经济的迅速发展。在我国贸易顺差的年份,经济增长反而趋缓,“贸易顺差与国内生产总值之间呈一种负相关的关系”(张小济,1999)。因此,考察对外贸易对经济增长的影响,除进口贸易外也不应忽视出口贸易。出口与进口是两个性质相差很大的变量,出口更多地是受到一个经济体外部因素的影响,可以看做一个外生变量,而进口的变动则更多地受到经济体内部因素的影响,主要是一个内生变量。显然,应该全面考虑出口与进口两个变量对经济增长的影响,所以本章选取进出口总额作为对西部对外贸易状况的分析指标。

三、样本数据的来源

数据来自《新中国五十五年统计资料汇编》、《中国统计年鉴》、《中国金融年鉴》, 其中对于数据中极少一部分数字印刷错误或统计口径变化的情况,则依据各省市区相关年份统计年鉴及2006、2007、2008年统计年鉴中的历年数据做出修正。《新中国五十五年统计资料汇编》统计年度较长,口径一致,所以数据可信度很高。《中国金融年鉴》中所载的部分年份间统计口径不尽一致,故数据的质量对分析有所限制。

四、地域单元的划分

我们采取国内外学术界大多选择的“三大区域”的划分方式。三大区域的划分范围历经调整,目前的划分为:西部12省市区,即四川、重庆、贵州、云南、西藏、陕西、甘肃、青海、宁夏、新疆、广西、内蒙古;中部8省,即山西、吉林、黑龙江、安徽、江西、河南、湖北、湖南;东部11省市,即北京、天津、河北、辽宁、上海、江苏、浙江、福建、山东、广东、海南。西北地区6省区为内蒙古、陕西、甘肃、青海、宁夏、新疆;西南地区6省市区为四川、重庆、贵州、云南、广西、西藏。

第二节　西部地区经济增长的总体状况

一、区域GDP总量及人均GDP的比较

1.西部GDP的纵向比较

随着西部大开发战略的贯彻落实,该地区经济得到了较快的发展,GDP总量和人均GDP都出现了逐年增长的趋势。如表3-1中的第二列所示, 西部GDP总量从1990年的3454.86亿元增长到2007年的47864.14亿元,增长幅度较大。如表3-1中的第五列所示, 西部人均GDP自1990年的1209.57元增至2007年的

13940.60元。

具体而言,这种变化可以分为两个阶段:

第一阶段:1990—1998年间,随着经济体制改革的深入,西部经济也出现了较快的增长。西部GDP总量从3454.86亿元增长到14654.68亿元;人均GDP从1209.57元增至4226.53元,无论是GDP总量还是人均GDP增长都较快。

第二阶段:1999—2007年间,随着西部大开发战略的贯彻实施,西部经济的增长速度进一步加快,GDP总量从1999年的15354.02亿元增长到2007年的47864.14亿元;西部地区人均GDP从1999年的4412.30元增长到2007年的13940.60元。

两个阶段相比,1999年西部大开发战略实施以来,西部地区无论是GDP总量还是人均量都出现了逐年增长的趋势,但二者的平均增速都有所减小。

表3-1 西部GDP与全国GDP历年比较

年份	西部GDP /亿元	全国GDP /亿元	西部GDP占比/%	西部人均GDP/元	全国人均GDP/元	西部与全国差距/元
1990	3454.86	18667.82	18.51	1209.57	1632.76	423.19
1991	3959.06	21781.50	18.18	1369.60	1880.59	510.99
1992	5117.96	26923.48	19.01	1596.60	2297.79	701.20
1993	6518.01	35333.92	18.45	1981.15	2981.34	1000.19
1994	8456.74	48197.86	17.55	2532.75	4021.52	1488.77
1995	10470.72	60793.73	17.22	3101.21	5019.26	1918.05
1996	12295.95	71176.59	17.28	3608.57	5815.60	2207.03
1997	13675.53	78973.03	17.32	3970.39	6388.06	2417.67
1998	14654.68	84402.28	17.36	4226.53	6765.12	2538.59
1999	15354.02	89677.05	17.12	4412.30	7129.34	2717.04
2000	16654.62	99214.55	16.79	4770.79	7828.01	3057.23
2001	18248.44	109655.20	16.64	5200.83	8591.85	3391.02
2002	20080.93	120332.70	16.69	5711.47	9367.84	3656.37
2003	23696.31	135822.80	17.45	6516.09	10510.40	3994.31
2004	26394.39	159878.30	16.51	7788.83	12299.47	4510.65
2005	33585.93	183217.40	18.33	9835.81	14012.16	4176.36
2006	39495.78	211923.50	18.64	11555.51	16122.23	4566.72
2007	47864.14	249529.90	19.18	13940.60	18885.32	4944.72

数据来源:根据《中国统计年鉴》公布数据整理。

2.西部与全国GDP的比较

由表3-1可见，自1990年以来西部地区无论是GDP总量还是人均GDP都出现了明显的上升态势；自1990年起西部地区历年GDP总量在全国的占比都未达到20%,在人均GDP上,西部与全国的差距也较大。为了更清楚地描述以上状况,我们绘制了图3-1。自1990年开始,西部地区GDP逐年上升,从1990年的3454.86亿元增至2007年的47864.14亿元。人均GDP上升也较快，从1990年的1209.57元增至2007年的13940.60元。但西部地区GDP快速增长背后却潜藏着差距。

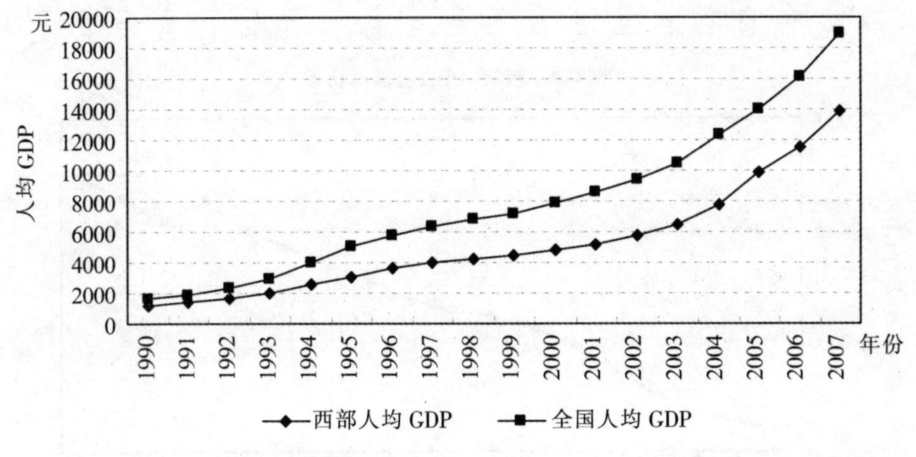

图3-1　西部地区与全国人均GDP比较

从GDP总量上而言,西部作为中国的一个地区,与全国GDP总量水平有一定的差距,2007年仅为全国的五分之一左右；从相对量如人均GDP量上来看,如图3-1所示,西部人均GDP 也小于全国。

因此,西部GDP绝对量和人均量近年来都呈现出快速增长态势,但其与全国GDP人均量和增长率相比,差距还甚为明显。下面具体分析这种差距自1990年以来的变化情况。

由图3-2中可见,西部地区GDP总量在全国占比先减少后增加。2002年之前,占比不断减少,到2001年减至16.64%,自2004年起,占比逐步增加,尤其是近年来增加幅度更为明显。近年来西部GDP在全国占比不断增加的态势与西部大开发政策对西部金融、经济的支持不无关系。而图3-3中西部人均GDP与全国的差距则保持了逐年上升的趋势。这说明西部虽经济总量增加较快,但人均量却赶不上全国平均水平,且与全国的差距在进一步拉大。

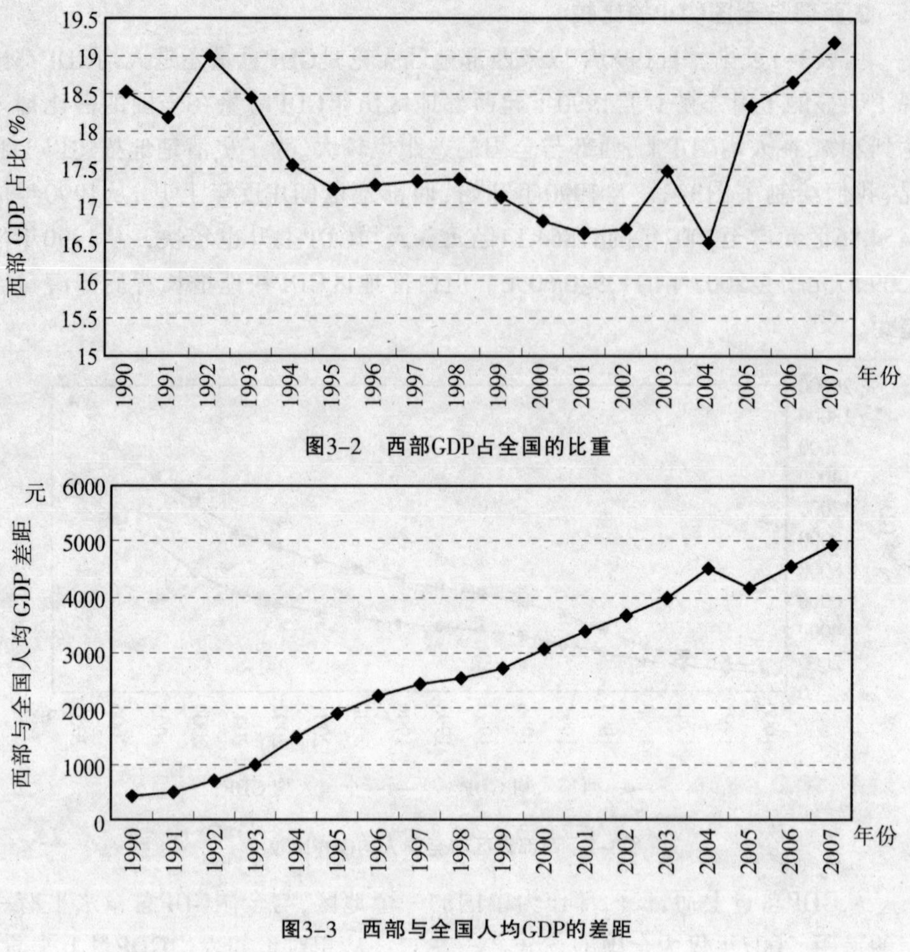

图3-2　西部GDP占全国的比重

图3-3　西部与全国人均GDP的差距

二、区域内部国内生产总值的比较

1.西北和西南GDP增长状况

西部内部从西北和西南两个地区来看，GDP总量和人均GDP的历年变化也有所不同，虽两地区在GDP总量和人均量上都出现了逐年增长的趋势，但二者之间却存在着差距。为了说明西北和西南GDP在总量和人均量上的差距，以下从绝对量和相对量两个角度加以分析。

(1)从绝对量的角度。西北、西南的GDP总量及人均GDP自1990年以来都呈上涨趋势，根据表3-2，我们绘制了图3-4、图3-5，由图可以清楚地看出：一是西北地区虽GDP总量低于西南地区，但人均GDP量却大于西南地区；二是自西部大开发战略实施后的1999年西北地区人均GDP增长率明显大于西南地区。

表3-2 西部地区区域GDP及人均GDP

年份	人均GDP/元		GDP总量/亿元		年份	人均GDP/元		GDP总量/亿元	
	西北	西南	西北	西南		西北	西南	西北	西南
1990	1351.43	1067.70	1375.14	2377.93	1999	4701.00	4123.60	5336.20	10017.80
1991	1532.53	1206.67	1580.70	2718.55	2000	5167.30	4374.30	5938.80	10715.80
1992	1771.23	1421.96	1850.85	3233.66	2001	5657.10	4744.60	6547.50	11701.10
1993	2159.35	1802.95	2285.35	4140.14	2002	6236.70	5186.20	7266.00	12880.60
1994	2699.00	2366.49	2896.05	5491.89	2003	7257.90	5774.30	8506.80	14447.90
1995	3256.58	2945.83	3546.46	6904.78	2004	8713.80	6863.90	10280.70	17304.40
1996	3780.51	3436.63	4164.27	8132.23	2005	11278.50	8393.10	13356.00	20229.90
1997	4171.72	3769.06	4644.26	9001.70	2006	13391.60	9719.50	15989.50	23537.60
1998	4452.78	4000.27	5007.96	9639.52	2007	16176.30	11704.90	19455.30	28408.90

资料来源:根据《新中国五十五年统计资料汇编》、《中国统计年鉴》公布数据整理。

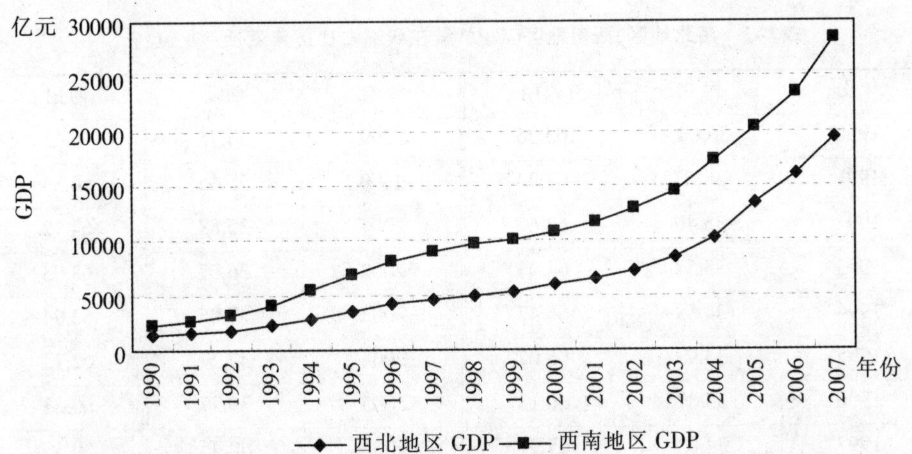

图3-4 西部地区内部西北西南GDP总量比较

由图3-4中可以看出,西南地区各年GDP总量远大于西北地区。自1990年以来,西北地区与西南地区GDP总量上的差距逐步增大,到2007年,两地区GDP总量竟相差9亿多元。但从图3-5中人均GDP量上来看,西部大开发战略实施前,西北地区与西南地区人均GDP一直相差无几,战略实施后,西北地区人均GDP开始超越西南地区,并越来越快地将该差距进一步拉大。到了2007年,西北地区人均GDP比西南地区多出4471.48元。因此,从总量上看,西南地区GDP远大于西北地区,但从人均量上看,近年来西北地区大于西南地区。

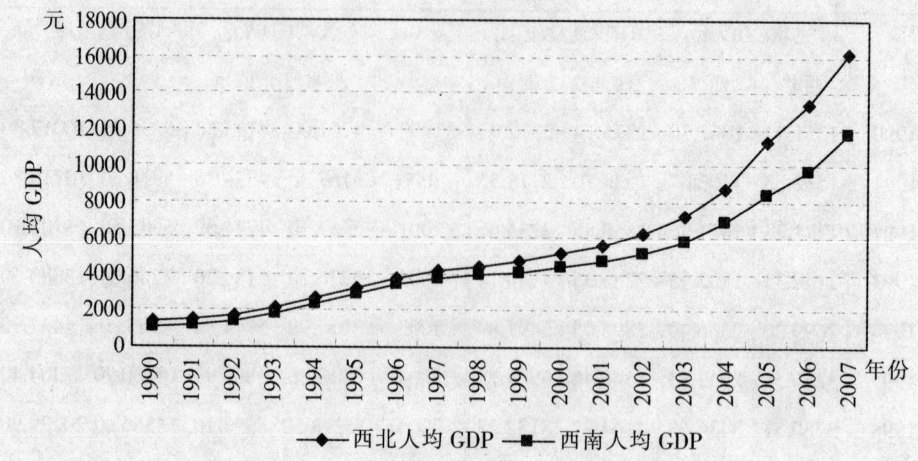

图3-5　西部地区西北西南人均GDP比较

(2)从相对量的角度。西北GDP总量占比在35%左右,西南GDP总量占比在65%左右。

表3-3　西北地区、西南地区GDP总量在西部占比历年变迁　单位:%

年份	西北	西南	年份	西北	西南
1990	36.64	63.36	1999	34.75	65.25
1991	36.77	63.23	2000	35.66	64.34
1992	36.40	63.60	2001	35.88	64.12
1993	35.57	64.43	2002	36.07	63.93
1994	34.53	65.47	2003	37.06	62.94
1995	33.93	66.07	2004	37.27	62.73
1996	33.87	66.13	2005	39.77	60.23
1997	34.03	65.97	2006	40.45	59.55
1998	34.19	65.81	2007	40.65	59.35

资料来源:根据《中国统计年鉴》1991—2007年公布数据整理。

由表3-3可以看出,西北地区GDP总量在西部占比远小于西南地区,大多只为西南地区占比的一半。根据表3-3我们绘制了图3-6,清晰地说明了西北地区GDP总量在西部所占比例较西南地区小,最多约占西部的40%,而西南则自1990年起占比均在60%以上。这种差别反映了西北地区的“天生原因”——经济基础相对薄弱。从图中可以清楚地看到,西北地区GDP占西部的比例出现了先下降后增加的趋势。1990年起,占比由36.64%下降到了1996年的33.87%,而自1997、1998年以来，西北地区占比有所回升，尤其是近年来这种回升幅度更为明显，到2007年，西北占比达40.65%，比最低时高出七个百分点。相应地，西南地区GDP占西部地区的比重出现了先增加后减小的趋势，到2007年其占比小于60%。这说明，西北地区和西南地区GDP虽存在差距，但近年来两地区差距有减无增，形成了一种协调发展的态势。

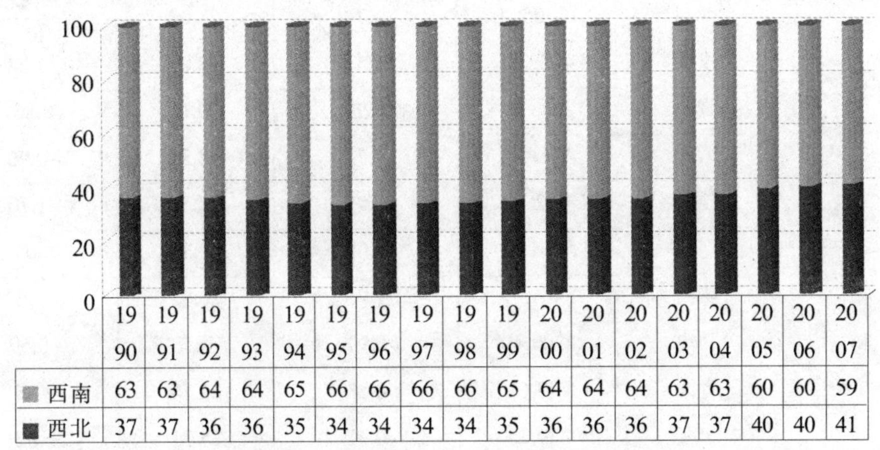

	1990	1991	1992	1993	1994	1995	1996	1997	1998	1999	2000	2001	2002	2003	2004	2005	2006	2007
西南	63	63	64	64	65	66	66	66	66	65	64	64	64	63	63	60	60	59
西北	37	37	36	36	35	34	34	34	34	35	36	36	36	37	37	40	40	41

图3-6　西北西南地区GDP西部占比百分图

2.西部各省(区、市)GDP增长状况

从西部内部各省(区、市)情况来看，由于经济基础和近年经济发展水平参差不齐，各省(区、市)GDP总量和人均量上的差距也较大。表3-4的数据表明，2007年，尽管西部各省(区、市)国内生产总值增长率大多大于全国的国内生产总值的增长率，但由于西部经济总量小，较快的增长率表现的结果仍然是占全国国内生产总值较小的比重。2007年西北地区国内生产总值占全国比重最大的是内蒙古，占2.07%，比重最小的是青海，占0.28%，内蒙古所占比重是青海的7.39倍；2007年西南地区国内生产总值占全国比重最大的是四川，占3.74%，比重最小的是西藏，占0.13%，四川所占比重是西藏的28.77倍。通过分析不难发现，西北的最大比重小于西南的最大比重，但其最小比重大于西南的最小比重。从国内生产总值的增长率来看，西北地区增长最快的是内蒙古，增长率为27.12%，比全国水平高7.83个百分点，也是整个西部增长最快的；增长最慢的是新疆，增长率为15.69%，比全国水平低3.6个百分点；西南地区增长最快的是广西，增长率为23.34%，比全国水平高4.05个百分点；增长最慢的是西藏，增长率为17.59%，比全国水平低1.7个百分点，与比重不同的是，西北的最大增长率大于西南的最大增长率，西北的最小增长率小于西南的最小增长率。

表3-4　2007年西部地区GDP和增长率及其与全国比较

区域	省(区、市)	GDP			
		绝对数/亿元	占全国的比重/%	增长率/%	与全国比较
全国	—	275624.62	—	19.29	—
西部	—	47864.14	17.11	21.09	1.80
西南	四川	10505.30	3.74	21.62	2.33
	重庆	4122.51	1.51	18.07	–1.22
	贵州	2741.90	0.99	20.15	0.86
	云南	4741.31	1.73	18.33	–0.96
	西藏	342.19	0.13	17.59	–1.70
	广西	5955.65	2.09	23.34	4.05
西北	陕西	5465.79	1.96	20.82	1.53
	甘肃	2702.40	0.99	18.7	–0.59
	青海	783.61	0.28	22.14	2.85
	宁夏	889.20	0.31	25.11	5.82
	新疆	3523.16	1.32	15.69	–3.60
	内蒙古	6091.12	2.07	27.12	7.83

资料来源：根据《新中国五十五年统计资料汇编》、《中国统计年鉴》公布数据整理。

通过以上分析，我们可以知道西部地区从人均国内生产总值绝对值增长率看，西部地区省份大多大于全国平均水平，但经济总量占全国比重小，在全国的经济竞争能力不强，大多数省份尚属于不发达区域，发展速度依然很慢，各省份间经济增长差距仍然很大，再者，西北和西南两个区域间的经济增长差距也较为明显。

第三节　西部地区消费状况

消费、投资和出口是拉动收入增长的“三驾马车”，尤其消费需求是推动一国经济增长的主导力量，也是一国发展经济的最终归宿。消费是经济循环的起点与归宿，充分和健康的消费也是实现循环经济与和谐社会的重要基础。但西部最终消费率较低，且西部内部消费水平差距很大，这些都成为西部经济快速健康发展中存在的重要问题。因而如何扩大最终消费需求，改善经济增长的结构、质量和效益,关系到西部经济的持续健康发展和经济安全,也是推动西部经济发展所面临的重大现实问题。

西部大开发战略实施以来,西部居民消费水平整体上有了较大提高,但西部内部各省(区、市)之间无论是从消费总量还是从消费结构上看都存在一定的差距。这种差距目前存在进一步扩大的趋势,将影响西部地区经济的发展。因此,如何选择合理的消费发展战略,处理好地区的消费发展关系,是当前西部大开发战略的重要任务。本节主要以西部消费水平、结构和西部各省(区、市)之间消费水平的差距展开对西部消费现状的分析。

一、区域消费总量的比较

根据凯恩斯的消费理论,消费主要由收入和边际消费倾向决定。西部大开发战略的实施加之西部经济发展基础和后劲,使得西部居民收入水平得到了巨大的提高。收入的增长在边际消费倾向变化不大的情况下直接导致了居民消费水平的绝对增长。

1.西部居民消费水平的总量和增长率状况

自西部大开发战略实施以来,西部居民消费水平出现了逐年增长的趋势,由表3-5中的第二列可见,除1997、1998和2001年消费增长率较小外,其他年份均保持较高的增长率,如1996年高达25.05%,2007年为17.45%。

表3-5 西部居民消费水平及其与全国平均的比较

年份	西部居民消费水平/元	西部居民消费增长率/%	全国平均居民消费水平/元	全国平均居民消费增长率/%
1990	654	12.25	833	10.23
1991	720	10.09	932	11.88
1992	882	22.50	1116	19.74
1993	1008	14.29	1393	24.82
1994	1267	25.69	1833	31.59
1995	1549	22.26	2355	28.48
1996	1937	25.05	2789	18.43
1997	1962	1.29	3002	7.64
1998	1988	1.33	3159	5.23
1999	2092	5.23	3346	5.92
2000	2248	7.46	3632	8.55

续表3-5

年份	西部居民消费水平/元	西部居民消费增长率/%	全国平均居民消费水平/元	全国平均居民消费增长率/%
2001	2302	2.40	3869	6.53
2002	2539	10.30	4106	6.13
2003	2769	9.06	4411	7.43
2004	3144	13.54	4925	11.65
2005	3880	23.41	5463	10.92
2006	4322	11.39	6138	12.36
2007	5076	17.45	7081	15.36

数据来源：根据《中国经济年鉴》公布数据整理。

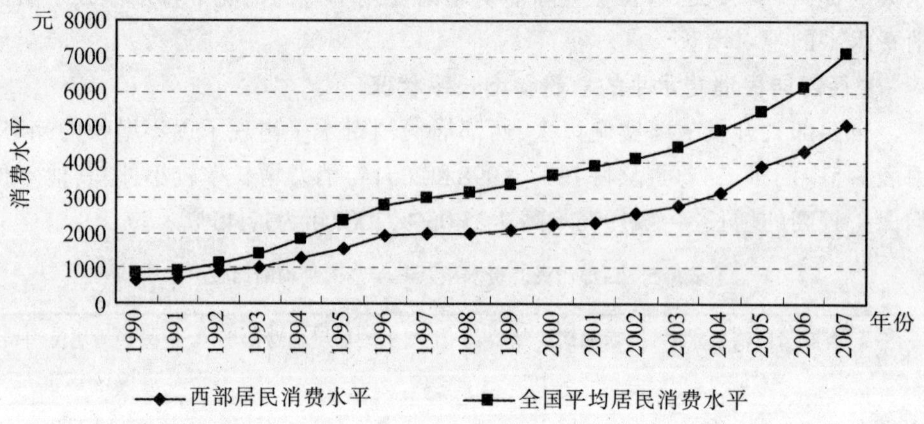

图3-7　西部居民消费水平与全国平均居民消费水平

具体而言，这种变化可以分为两个阶段：

第一阶段：1990—1998年间，西部地区居民消费水平由人均654元增加到人均1988元，增加了1334元。由此可见，实施西部大开发战略以前，西部地区居民消费水平持续增长。这一方面与西部经济逐年快速增长有关，经济增长带来居民收入的增长，在西部居民的边际消费倾向和储蓄意识变化不是很大的情况下，居民消费水平就出现了较高的增长，从图3-7可以看出西部居民消费水平逐年攀升；另一方面也与西部近年来消费意识的转变和消费结构的变化有关，西部居民消费由非耐用消费品占比较多逐步向耐用消费品占比较多转变，从而消费支出出现大幅增长。

第二阶段：1999—2007年期间，西部地区居民消费水平由1999年的人均

2092元增长到2007年的人均5076元，增加了2984元。与第一阶段西部居民消费水平比较，实施西部大开发战略后的第二阶段西部地区居民消费水平增长幅度加大。

2.西部与全国平均居民消费水平比较

自1990年以来，西部与全国平均的居民消费水平均出现显著增长趋势，由表3-5可见，西部平均居民消费水平由1990年的654元增至2007年的5076元，剔除物价因素后增长了1.16倍(以1990年为基期，则2007年的物价指数为3.6)，即18年来西部实际居民消费水平增长不到1.2倍。而全国平均居民消费水平1990年为833元，2007年为7081元，剔除物价因素后增长1.36倍，超过1.2倍。因此，西部居民消费水平虽呈逐年增长趋势，但其不仅在名义量上与全国平均有一定差距，实际量上差距也很明显。这种差距体现为西部居民消费水平还处于全国平均线之下，具体而言，通过西部消费水平与全国平均差距的实际值(剔除物价因素影响)来衡量差距的历史沿革。

表3-6 西部区域居民消费水平与全国平均的实际差距

年份	西部与全国平均差距/元	物价指数	实际差距/元	年份	西部与全国平均差距/元	物价指数	实际差距/元
1990	179	1.00	179.00	1999	1254	1.97	635.46
1991	212	1.09	195.14	2000	1384	2.14	646.05
1992	234	1.23	190.19	2001	1567	2.26	692.28
1993	385	1.33	288.56	2002	1567	2.41	650.06
1994	566	1.40	405.40	2003	1642	2.57	639.50
1995	806	1.51	535.31	2004	1781	2.76	645.59
1996	852	1.65	517.16	2005	1583	2.98	531.77
1997	1040	1.72	604.08	2006	1816	3.26	556.60
1998	1171	1.82	642.40	2007	2005	3.60	557.63

资料来源：由《中国统计年鉴》1991—2008年各年公布数据整理。

如表3-6所示，西部与全国平均居民消费水平的差异在名义值和实际值上相差都很大；转化为实际居民消费水平后，更能体现西部与全国居民消费水平的真实差距。如图3-8，这种差距自1990年出现了先不断增长又小幅波动下降的趋势，2001年达最大值为692.28元(以2007年物价指数折为2492元)。

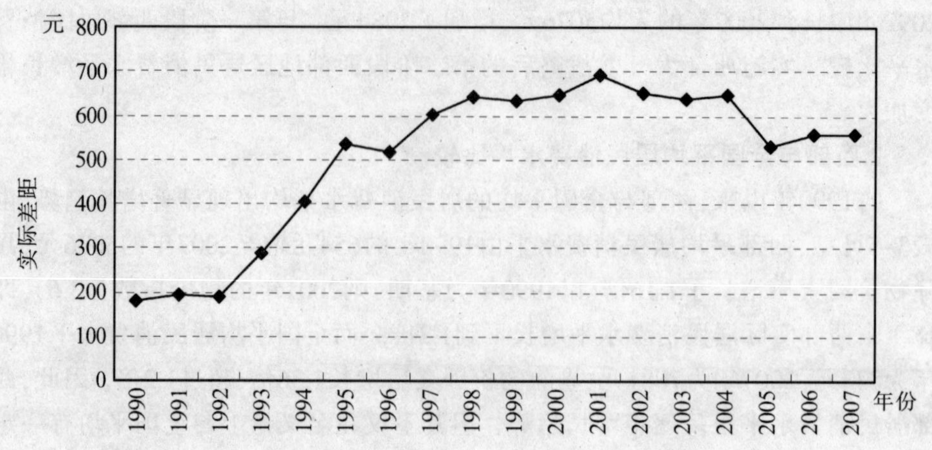

图3-8 西部与全国平均居民消费水平历年实际差距

二、区域内部消费水平的比较

我国从20世纪90年代后期遭遇到了有效需求不足的问题，由卖方市场转向买方市场，严重地制约了中国经济的增长。在这样的经济大环境面前，理论界和实践界通过定性和定量的研究，发现了引致需求，尤其是在消费需求不足的情况下通过引致需求的增加拉动经济的增长和居民收入水平的提高。但是问题的关键在于，西部内部各区域经济发展水平差异非常明显，各种收入差距日益拉大，阻碍了西部"三驾马车"对经济发展的拉动力。因此，政策的重点应该落在经济发展水平相对较高的西南地区还是经济发展水平相对较低的西北地区是值得深思的问题。

西部地区内部省(区、市)之间消费水平分布的不平衡性也十分明显。1999年消费水平平均值最大的新疆是消费水平平均值最小的贵州的1.9倍；2003年消费水平平均值最大的新疆是消费水平平均值最小的贵州的2.11倍。如表3-7所示，就2007年来看，西部各省(区、市)间居民消费水平无论是总量还是所占比例都存在一定的差距。消费水平平均值最大的内蒙古是消费水平平均值最小的西藏的2.2倍，总额相差将近4000元。另外，像四川、陕西等省份消费绝对数也相对较高，而像贵州、甘肃等省份消费水平较低。从2007年各省(区、市)消费增长率来看，差距更为显著。如表3-7，人均消费水平增长率最低的西藏(10.29%)仅为最高的陕西(32.73%)的三分之一左右，其他各省(区、市)增长率更是参差不齐。西部各省(区、市)间消费绝对量和增长率的差距是长期以来各省(区、市)间经济发展水平的参差不齐造成的，也与各省(区、市)长期以来形成的消费习惯不同有关。图3-9、图3-10分别直观地显示了2007年西部各省(区、市)居民消费水平总量和增长率的差距。

表3-7 2007年西部居民消费水平

省(区、市)	居民消费水平/元	增长率/%	省(区、市)	居民消费水平/元	增长率/%
四川	5259	16.84	青海	4978	17.71
重庆	6545	20.82	西藏	3215	10.29
贵州	4057	15.95	宁夏	5816	13.77
云南	4553	11.73	新疆	4890	16.26
陕西	5272	32.73	内蒙古	7062	21.76
甘肃	4274	12.18	广西	4987	15.17

资料来源:根据《新中国五十五年统计资料汇编》、《中国统计年鉴》公布数据整理。

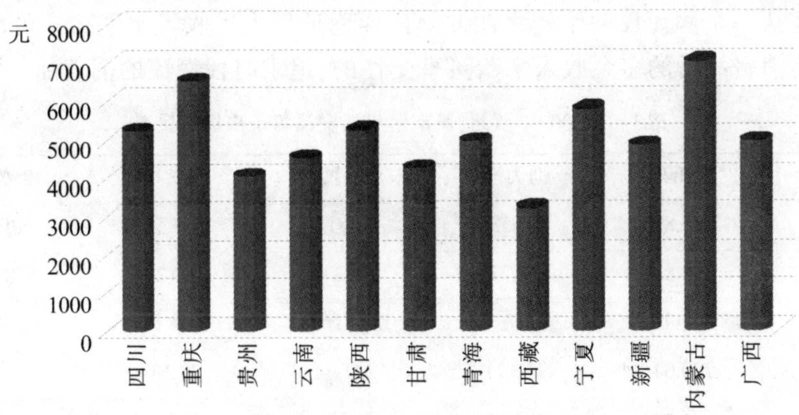

图3-9 2007年西部居民消费水平

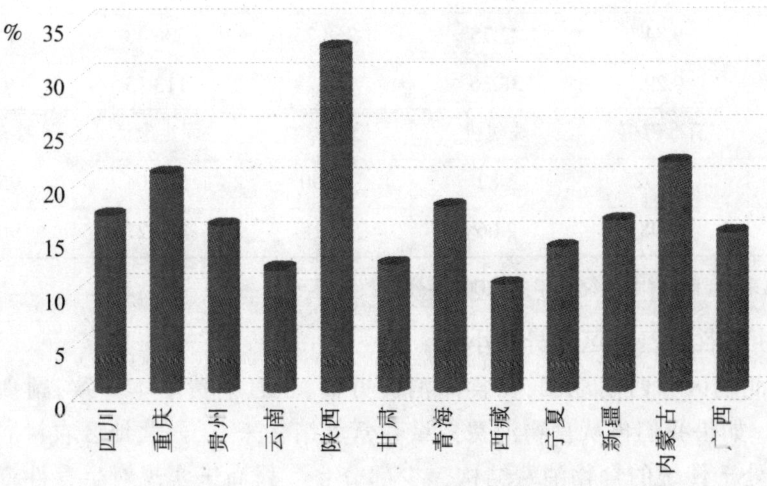

图3-10 2007年西部居民消费水平增长率

西部地区内部各省(区、市)间居民消费水平的差距较大。差距问题将是西部乃至整个中国经济健康发展的桎梏,如何选择合理的消费发展战略,处理好地区的消费发展关系,是当前西部大开发战略的重要任务。西部在培育经济增长极的同时一定要大力关注西北地区和西南地区经济良性互动和共同进步。具体从消费结构上来看,西部内部居民消费水平呈现以下特点。

1. 耐用消费品差距较大

耐用消费品的消费与每家每户息息相关，近年来人们的消费热点已从以往的电冰箱、洗衣机等耐用消费品转向如家用汽车、消毒碗柜、健身器材等。由表3–8可见,较之西北地区,西南地区居民家庭带有消费热点因素的耐用消费品的消费量较多,而其他如电冰箱、洗衣机等虽为家庭必需品但人们对其已司空见惯,西北地区对其消费要大于西南地区。西南地区的这种“紧跟时代”的消费事实从一个侧面反映了较之西北地区西南地区人民收入水平高，可以用购买必需消费品后的多余收入来购买享受性的、追求时代潮流的消费品。

表3–8　2007年西北、西南耐用消费品每千户拥有量表

地区	摩托车	助力车	家用汽车	洗衣机	电冰箱
西南	116.89	51.53	28.07	563.58	529.5
西北	102.83	37.77	14.18	580.22	530.78
地区	彩色电视机	家用电脑	组合音响	摄像机	照相机
西南	790.64	256.71	231.44	28.13	223.26
西北	681.38	205.33	125.27	21.72	209.57
地区	钢琴	其他中高档	微波炉	空调器	淋浴热水器
西南	9.84	22.75	268.73	336.43	447.80
西北	9.29	38.36	220.28	113.75	362.88
地区	消毒碗柜	洗碗机	健身器材	固定电话	移动电话
西南	116.92	5.82	15.90	504.04	956.28
西北	19.98	2.06	12.18	481.27	909.75

数据来源:根据《中国统计年鉴》2008年公布数据整理。

2.生存性消费地区差异较小

西北地区和西南地区,在食品消费方面,主食消费基本一致,副食消费差异较大。如果我们再从食物消费数量和营养结构来看,西北地区农村居民消费生活仍处于传统的食物消费结构，少部分乡、村尚未实现对生存性食品的满足。

3.享受和发展性消费差距较大

西北地区和西南地区，在居住消费方面，西南住房面积大，质量好，在住房宽敞的基础上追求居住舒适，居住条件明显好于西北。在文教娱乐消费方面，交通、通讯消费等方面，西北地区与西南地区差异程度最为显著，尤其在西部农村，西南地区居民文教娱乐支出和交通通讯支出及其在生活消费中的比重大大高于西北地区。

综上，西部大开发战略实施以来，西部地区居民消费水平呈现逐年增长的景象。但是，西部地区各省(区、市)间消费水平的差距，西部地区城乡之间消费水平的差距，以及西北和西南两大区域间的消费水平差距仍是西部经济中存在的一个重要问题，尤其是在这种差距有增无减的情况下，正确处理差距、合理引导消费的地区间平衡是一个重要的现实问题。

第四节　西部地区投资状况

建国以后，随着计划经济体制的建立，国家加大了对中、西部地区的基本建设投资。中央对西部地区投资额占全国的比重，“一五”时期为50.2%，“二五”时期为56.7%，三年调整时期为60.5%，“三五”时期为68.8%，“四五”时期为56.2%。20多年里，投资比例一直保持在50%以上。但是，随着改革开放的进行，国内外环境的变化，中央迅速将投资重点转向东部地区，区域经济不平衡现象日益严重，尤其是东部和西部之间差距更为引人注目。由于投资对经济相对落后、基础设施较为薄弱的西部地区来说非常重要，同时对经济增长的拉动作用亦十分明显，因此，我们选取全社会固定资产投资额作为分析指标。本章提出的固定资产投资是指建造和购置固定资产的经济活动，即固定资产再生产活动。固定资产再生产过程包括固定资产更新(局部更新和全部更新)、改建、扩建、新建等活动。

一、区域投资总量的比较

1.西部区域投资的纵向比

自1990年以来，随着西部经济的发展，西部固定资产投资总量有了明显的增长。尤其是西部大开发战略实施以来，西部固定资产投资出现了更加明显的增长态势。从表3-9我们可以看出，1990—2007年间，西部地区全社会固定资产投资额由802.3亿元增长到了28250.93亿元，增长幅度较大。总体来看西部地区的全社会固定资产投资额在逐年增长，但在增长速度上西部地区在不同时期有所不同。

具体而言，以1999年为分界点大致分成两个阶段：

第一阶段：1990—1998年间，西部地区全社会固定资产投资额由802.3亿元增长到了5245.72亿元，增长幅度较大。由图3–11可看出西部大开发战略实施以前，西部地区全社会固定资产投资额增长速度较快且波动较大，最高时在1993年达到55.82%。

表 3–9 西部地区投资水平

年份	西部投资额/亿元	增长率/%	全国投资额/亿元	增长率/%
1990	802.30	—	4517.00	—
1991	1020.77	27.23	5594.50	23.85
1992	1400.26	37.18	8080.10	44.43
1993	2181.95	55.82	13072.30	61.78
1994	2727.81	25.02	17042.10	30.37
1995	3214.04	17.83	20019.30	17.47
1996	3691.55	14.86	22913.50	14.46
1997	4260.89	15.42	24941.10	8.85
1998	5245.72	23.11	28406.20	13.89
1999	5691.74	8.50	29854.70	5.10
2000	6430.24	12.98	32917.70	10.26
2001	7417.13	15.35	37213.50	13.05
2002	8760.32	18.11	43499.90	16.89
2003	11077.50	26.45	55566.60	27.74
2004	13863.20	25.15	70477.40	26.83
2005	17645.00	27.28	88773.60	25.96
2006	21996.90	24.66	109998.20	23.91
2007	28250.93	28.43	137323.90	24.84

资料来源：根据《新中国五十五年统计资料汇编》、《中国统计年鉴》公布数据整理。

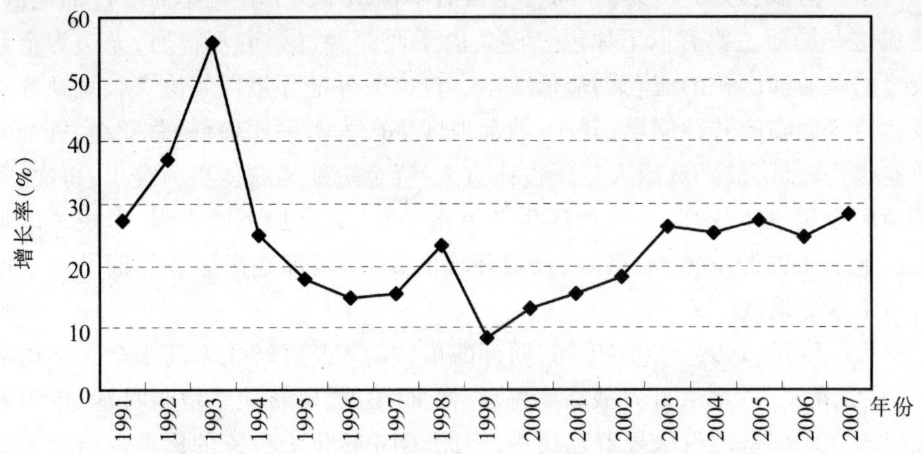

图3-11 西部地区全社会固定资产投资增长率

第二阶段:1999—2007年间,如表3-9所示,西部地区全社会固定资产投资额由5691.74亿元扩大到了28250.93 亿元,增幅同样较大。可看出实施西部大开发战略后,西部全社会固定资产投资额稳步增长。

2.西部与全国投资的比较

(1)西部与全国单位GDP投资转化率比较

考虑到指标设计的可比性,我们采用投资占GDP的比重即单位GDP的投资转化率来衡量近年来西部投资变化与全国的对比情况。由图3-12可清晰地看出,与全国比较西部单位GDP投资转化率呈现出两个阶段。

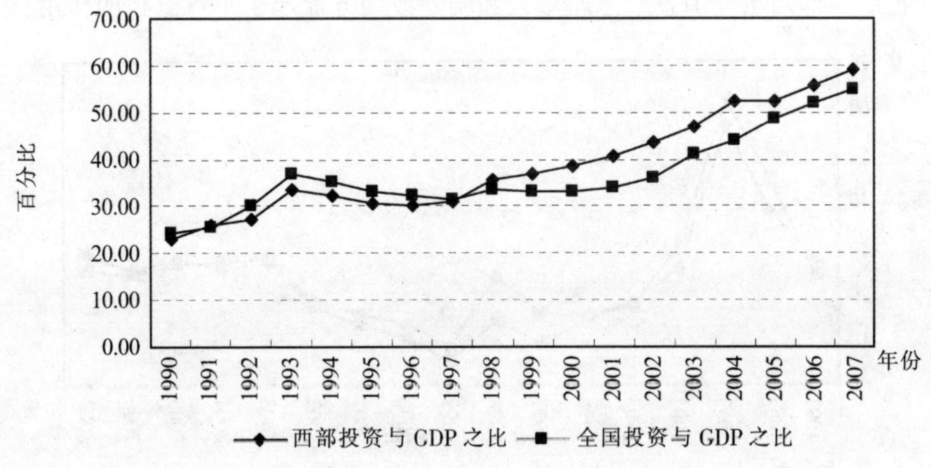

图3-12 西部与全国投资占GDP比值

第一阶段:1990—1998年间，全国的单位GDP投资转化率高于西部地区。造成这一局面主要有以下原因:首先,由于西部融资渠道不畅通,无法为企业资金的融通和产权的流动创造低成本、自由的外部环境以解决资金短缺等不发达地区面临的共性问题;其次,西部地区生产力水平比较低、总量小,资金的效益也比较低,加之贫困人口所占比重大,资金短缺问题就更为突出;再次,西部地区投资成本较高,东部地区生产力水平高,综合加工能力强,形成了以加工产业为主的经济体系;最后,投资环境的差异,西部地区服务外商的水平远赶不上东部地区。

第二阶段:1999—2007年间,西部的单位GDP投资转化率高于全国平均水平。由此可见,西部大开发战略实施后,西部GDP投资转化率增幅明显。政策的重点放在西部基础设施投资建设中,因此,GDP转化为投资的比率也出现了较战略实施前更快的增长。投资是拉动经济增长的基础力量,西部GDP投资转化率这一指标逐年增加的良好态势说明了在西部大开发战略的支持下，西部经济发展的后劲和基础力量在逐步增强。

(2)西部与全国固定资产投资增长率比较

由图3-13可看出,西部地区与全国的固定资产投资额呈逐年上涨的趋势,西部与全国在投资总量上必然存在一定差距，但可以明显地看出两者在增长率上的不同。由图3-13可较清晰地看出,西部投资增长率与全国出现了较好的吻合,在1993年均达到最大:西部为55.82%,全国为61.78%。而在1999年均降到了最低:西部为8.5%,全国为5.1%。1999年后西部与全国的固定资产增长率都较为平稳。由此可以猜测,自1999年的西部大开发战略实施以来,有某种因素在控制西部乃至全国投资急剧增长和剧烈波动方面起了不可忽视的作用,而

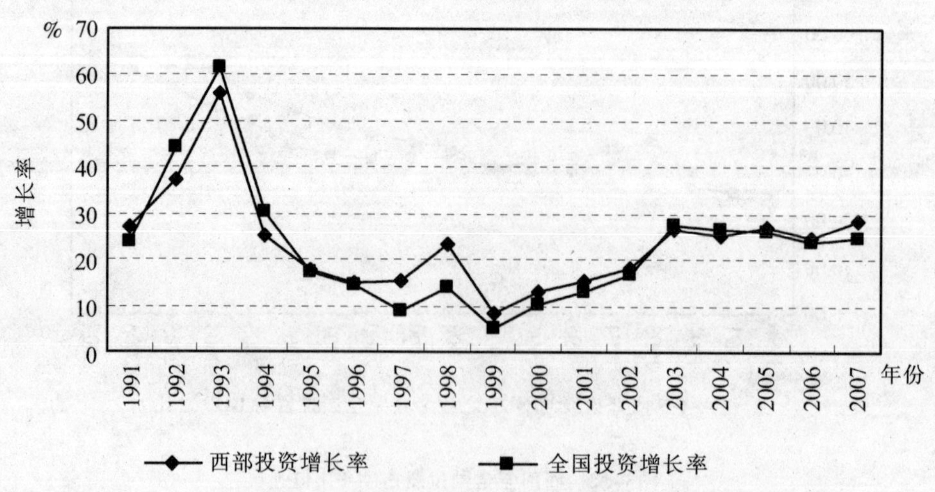

图3-13 西部与全国固定资产投资增长率比较

这种因素很可能即为西部大开发战略本身。因为在全国经济发展愈渐市场化的前提下,区域间的经济金融发展互动增强,西部投资的增长通过价格机制等直接带动了东、中部投资的增长。西部大开发战略实施以来,西部投资的平稳性也从侧面说明了政策在促进西部投资结构优化方面起了重要作用。

二、区域内部投资水平的比较

西部区域内部投资水平也存在较大的差距,如表3-10和图3-14所示,西部地区内部,省区市之间全社会固定资产投资额分布的不平衡性也十分明显。西部地区的全社会固定资产投资主要集中在四川、重庆、广西、云南、内蒙古、陕西6省区市。2007年西北地区内部,所占全社会固定资产投资份额最大的内蒙古是份额最小的青海的9.06倍;西南地区内部,所占全社会固定资产投资份额最大的四川是份额最小的西藏的20.89倍。2007年四川、重庆、广西、云南、内蒙古、陕西6省区市的全社会固定资产投资规模占西部总量的近80%。

表3-10　2007年西部地区全社会固定资产投资水平

区域	省(区、市)	投资额/亿元	增长率/%	区域	省(区、市)	投资额/亿元	增长率/%
西北	陕西	3415.02	37.66	西南	云南	2759.00	24.92
	内蒙古	4372.88	30.02		西藏	270.30	16.96
	甘肃	1304.16	27.53		广西	2939.70	33.7
	青海	482.84	18.19		重庆	3127.70	29.92
	宁夏	599.80	20.26		四川	5639.80	27.8
	新疆	1850.84	18.11		贵州	1488.80	24.33

资料来源:根据《中国统计年鉴》公布数据整理。

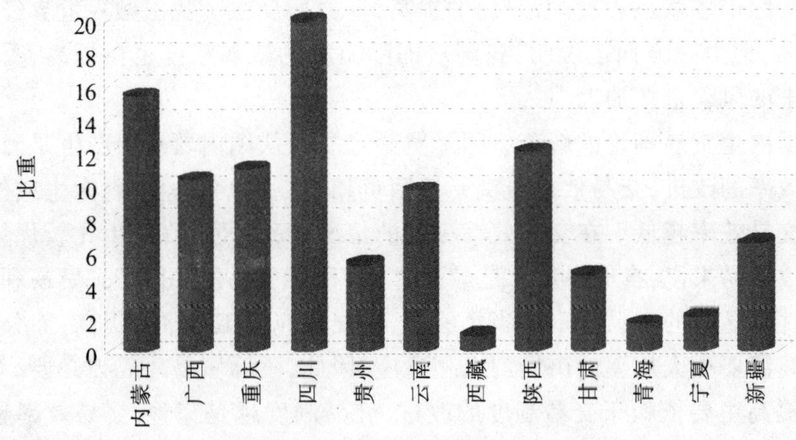

图3-14　西部地区全社会固定资产投资比重

西部12省区市中，四川、内蒙古、陕西遥遥领先，其原因是多方面的，主要是因为这3个省区的投资环境适合资本的生存，对外部资本产生相对较大的吸引力，例如四川、陕西等省份经济发展水平相对较高，人力资源丰富，尤其是在成都和西安，高校的集中度较高，显示出强劲的科技实力，劳动生产率高，工业化速度快，这说明川陕经济创新能力在西部首屈一指。

西部12省区市中，甘肃、宁夏、青海、贵州全社会固定资产投资额相对较少，其主要原因是甘肃、宁夏、青海、贵州是西部相对落后的区域，投资环境相对较差，外部资本进入较少。在这种情况下，改善这些省区的投资环境需要政府大力推动。这4省区突出的问题是：工业化和城市化的水平都很低，且自然环境条件较差，投资环境的改善十分困难。如果完全依赖“自救”，只会导致恶性循环。也就是说，由于西部工业化和城市化的水平都很低，且自然环境条件较差，经济落后，产业竞争力不强，人才外流严重，科技不发达，基础设施薄弱，更需要国家“推动”其发展。具体而言，就是国家要在公共基础设施方面投入大量资金，促进其投资环境的改善，为其经济发展打下良好的基础。

第五节　西部地区对外贸易状况

改革开放以来，我国外贸不断增加，进出口环境不断改善，但区域经济不平衡现象日益严重，尤其是东部和西部之间的差距更为引人注目。我国外贸依存度（外贸依存度是指一定时期内一个国家或地区对外贸易总额相当于该国国内生产总值的比例。它是衡量一国对外开放程度的一个基本指标，也是反映一国与国际市场联系程度的标尺）的提高，一方面反映了我国融入世界经济的程度提高，但另一方面也说明，我国对国际市场的依赖程度也在提高，受世界经济冲击的风险也在加大。

依据内生贸易理论的解释，国际贸易之所以从国内贸易中产生是因为一国交易效率的改进，交易效率与交易费用负相关，各种交易费用(内生或外生)越高则交易效率越低。在交易效率极低的情况下，即便存在外生比较优势，相对于开放贸易来说，自给自足才是最优选择。国际贸易给一国带来贸易利益的前提条件是该国的交易效率应当足够高，以便适应分工水平的提高，而分工水平的提高需要更大规模的市场与之相适应，因此，国际贸易才成为必要。交易效率的提高主要依赖于交易制度的改进，交易制度越是完善，交易效率越高，从而分工的发达将带动国际贸易的繁荣。内生贸易理论有助于解释当今绝大多数贸易和投资活动都集中于发达国家和地区之间而不是发展中国家及落后地区之间的经济现象。

自从亚当·斯密在《国富论》中指出"外贸是经济增长的发动机"以来,李嘉图、约翰·穆勒以及纳克斯、劳尔·普雷维什在他们的著作和模型中都把对外贸易作为经济增长的一个重要因素。对外贸易与经济增长的关系一直是许多学者理论研究与实践研究的一个重要课题。

一、区域外贸总量的比较

1.西部地区对外贸易纵向比

1999年11月,中央经济工作会议确定了进行西部大开发的战略决策,2000年该战略开始实施。中国西部地区12个省、自治区、直辖市拥有686.7万平方千米和3.69亿人口,分别占全国的71.5%和28.8%,其矿产、能源、旅游、土地等资源也十分丰富。但由于客观和历史等方面的原因,西部地区相对闭塞,经济和对外贸易的发展比较缓慢。在西部大开发号角吹响后的十年间,西部地区克服了地理位置偏隅、交通信息闭塞等不利条件,对外贸易得到了空前的迅猛发展。如表3–11,西部地区2007年的进出口总额达到785.89亿美元,是1990年52.24亿美元的15倍,扣除通货膨胀因素为4.18倍(以1990年为基期,由《中国统计年鉴》物价指数数据折算2007通货膨胀率约为3.6)。进出口总额的增长呈现出波动中增加的趋势,增加的速度也由1991年的6.26%上涨为2007年的36.28%,平均每年的增加幅度较大。

表3–11 西部地区与全国进出口水平对比

年份	西部进出口和/亿美元	西部增长率/%	全国进出口和/亿美元	全国增长率/%
1990	52.24	—	1154.40	—
1991	55.51	6.26	1357.00	17.55
1992	92.39	66.44	1655.30	21.98
1993	114.89	24.35	1957.00	18.22
1994	147.62	28.49	2366.20	20.91
1995	164.66	11.54	2808.60	18.7
1996	127.95	–22.29	2898.80	3.21
1997	135.97	6.27	3251.60	12.17
1998	132.79	–2.34	3239.50	–0.37
1999	140.21	5.59	3606.30	11.32
2000	171.66	22.43	4742.90	31.52

续表3-11

年份	西部进出口和/亿美元	西部增长率/%	全国进出口和/亿美元	全国增长率/%
2000	171.66	22.43	4742.90	31.52
2001	173.64	1.15	5096.50	7.46
2002	206.07	18.68	6207.70	21.8
2003	279.30	35.54	8509.88	37.09
2004	367.02	31.41	11545.50	35.67
2005	451.33	22.97	14219.10	23.16
2006	576.67	27.77	17603.96	23.81
2007	785.89	36.28	21737.26	23.48

数据来源：根据《新中国五十五年统计资料汇编》、《中国统计年鉴》公布数据整理。

从西部地区进出口额的变动趋势来看，如图3-15，西部进出口总额自1990年起呈现出逐步增加的趋势，自2000年开始，这种增加的速度明显加快。这说明西部大开发战略实施后，西部地区对外开放的力度也在逐渐加大。

从对外贸易额占国内生产总值的比重来看，西部地区进口依存度除2003年与2000年持平外，2006年进口依存度和出口依存度分别为11%和7%，均比2000年上涨了3个百分点（数据来源：《中国西部经济发展报告2008》）。

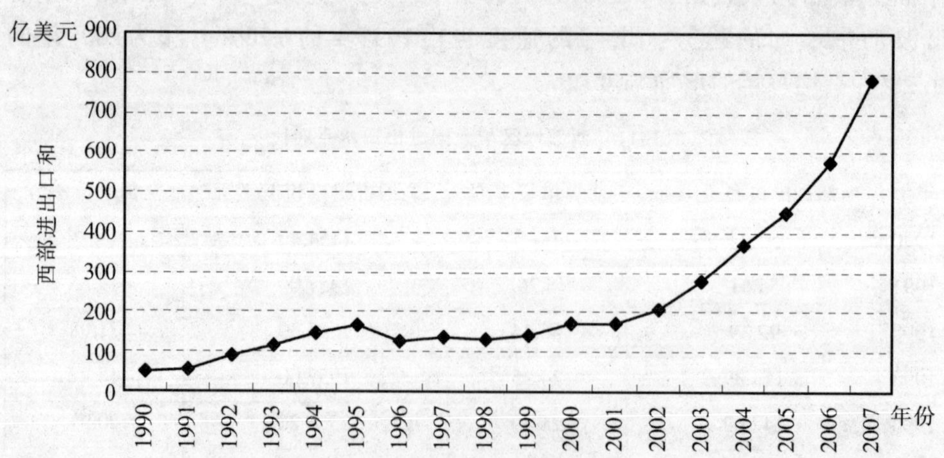

图3-15 西部地区进出口额变动趋势图

就贸易方式而言（以2006年末为例），西部地区一般贸易出口额、加工贸易出口额和其他贸易出口额分别达到154.27亿美元、89.78亿美元和100.29亿美元，同比增长速度分别为15.1%、33.7%和89.2%；其一般贸易进口额、加工贸易进口额和其他贸易进口额分别达到97.28亿美元、37.01亿美元和78.04亿美元，同比增长速度分别为67.8%、59.6%和9.9%(数据来源:《中国西部经济发展报告2008》)。由此可见,虽然西部地区基本上以一般贸易为主,但加工出口贸易和其他出口贸易的增长速度均超过一般出口贸易的增长速度,这也在一定程度上表明其贸易产品结构正在朝着好的方向发展。

再由机电产品和高新技术产品的贸易情况来看,西部地区2006年末机电产品出口额达到64.37亿美元,同比增长21.6%,进口额达到73.47亿美元,同比增长35.7%;2006年1月份,其高新技术产品出口额和进口额分别为0.87亿美元和1.61亿美元,分别同比增长189.7%和143.4%(数据来源:《中国西部经济发展报告2008》)。这说明西部地区外贸产品的结构在优化。

2.西部地区外贸与全国的比较

随着西部大开发的进展,西部对外贸易总量在增加,结构在优化,而在全国这个大营盘上,西部外贸水平处于何种态势,是一个值得商讨的问题。在具体考虑两者的情况时,考虑到西部与全国可比性的原因,我们选取了相对量指标——进出口总额增长率来衡量西部进出口增长率与全国的差别。

如图3-16所示,相对于全国而言,西部进出口增长率在1998年之前波动较大,在区间[-25%,70%]上波动,之后逐步恢复相对平稳状态,在区间[0,40%]上波动,并与全国增长率表现出了相当程度的吻合性。实施西部大开发战略之前西部进出口增长率的极不稳定趋势,从一个侧面反映了战略实施前西部外贸产品的结构欠佳,而之后在西部大开发战略的合理引导下,外贸产品结构得到了优化和升级,使得西部外贸跟上时代的步伐,与全国对外贸易状况"同呼吸、共命运"。但值得注意的是,在绝大多数年份西部外贸增长率小于全国外贸增长率,如1996年西部进出口增长率较全国低25.5个百分点。由此可见,西部外贸结构虽得到了优化,但增长水平与全国相比还存在一定的差距。

综上所述,在国家实施西部大开发战略以来,西部地区由于在自然资源、劳动成本、区位地缘、旅游资源和产业基础等方面的特点,具有独特的经贸发展优势,所以西部地区对外贸易的规模在迅速扩大,增长速度在不断加快,开放力度在明显加大,贸易结构也在逐渐优化。因此,在保护环境和可持续发展的大前提下,西部地区应以国际市场为导向,扬长避短,充分利用自身特点,发挥自身优势,大力发展具有西部区域特色的对外经济贸易,加快资源优势向经济优势的转化。即凭借其自然资源和劳动力成本等优势以及一定的产业基础条件,大力发展能源产品、矿产品、绿色农特产品、劳动密集型产品的出口贸易、加工贸易,创造条件以发展机电产品与高新技术产品的出口;充分发挥和利用区位地缘优势,积极开拓东南亚、中东、西亚市场,大力发展与周边国家的边境贸易。另外,还应大力改善交通、通信、住宿等旅游服务设施建设,加强旅游景点的环境保护，充分利用旅游资源优势大力发展独具特色的“中国西部游”以吸引外国游客,增加旅游外汇收入,促进对外经贸的发展。

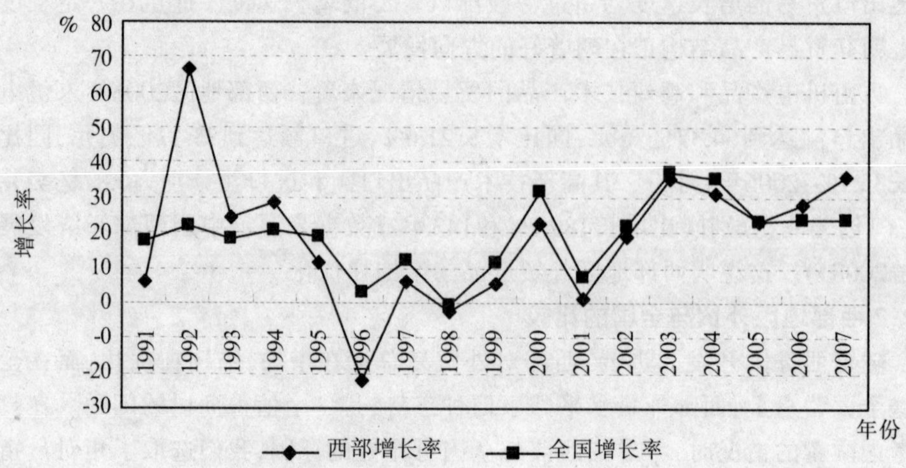

图3-16　西部与全国进出口总额增长率对比

二、区域内部外贸水平的比较

西部地区内部，省区市之间进出口的不平衡性也十分明显，如图3-17所示,2007年西北地区内部,所占进出口额份额最大的新疆是进出口份额最小的青海的22.4倍。西南地区内部,所占进出口额份额最大的四川是进出口份额最小的西藏的36.54倍。

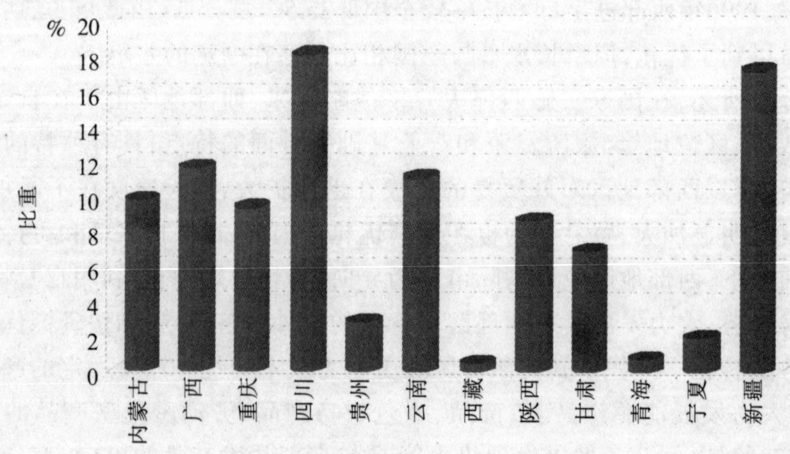

图3-17　西部区域内进出口水平

表3-12 2007年西部地区进出口水平

区域	省(区、市)	进出口增幅/%	与全国比较/%	区域	省(区、市)	进出口增幅/%	与全国比较/%
	全国	23.48	—	—	—	—	—
西北	陕西	28.49	5.01	西南	云南	41.27	17.79
	内蒙古	29.78	6.30		西藏	19.82	-3.66
	甘肃	44.41	20.93		广西	38.87	15.39
	青海	-6.08	-29.56		重庆	35.99	12.51
	宁夏	10.05	-13.43		四川	30.46	6.98
	新疆	50.67	27.19		贵州	40.34	16.86

资料来源:根据《中国统计年鉴》公布数据整理。

西部内部各省(区、市)对外贸易之所以出现如此大的差距,其原因主要有两个:

第一,西部各省(区、市)间经济实力的差距。GDP和人均GDP是能够体现一个国家或地区经济发展水平、经济实力和富裕程度的核心指标。我们必须看到西部地区内部各省(区、市)的绝对差距与相对差距,而且从动态角度分析这种相对差距还正在拉大(西部各省(区、市)在人均GDP上的差距不断扩大的事实,本章第二节已予详述)。总之,由于西部地区相对发达与落后省(区、市)之间的差距在扩大,或者说西部地区贫困地区相对更加贫困化了。由此得知,作为经济发展水平绝对和相对落后的西部地区,其经济增长对外贸的推动力量势必较小,从而其对外贸易比较落后。

第二,西部各省(区、市)需求结构的差距。1961年瑞典经济学家林德尔提出了用以解释二战后发达国家之间产业内贸易现象的偏好相似理论。该理论认为,一个国家的经济增长导致人均收入的增加,收入水平又决定该国的需求结构。不同收入水平的国家,其需求结构是不同的。高收入国家需要的是技术水平高、加工程度深、附加值较大的高档商品;而低收入国家则需要低档商品满足其最基本的生活需求。因此,地区间的收入水平越接近,需求结构则越相似,相互需求面就越广,贸易量就越大。而且,其市场间的隔阂越小,越容易发生彼此间的贸易往来。根据此理论,西部各省(区、市)之间由于收入差距的不断扩大,彼此贸易往来较少,外贸开放度还有待提高。

然而,西部在很多产品的生产上具有独特的外生比较优势,如劳动密集型产品和资源密集型产品,按照李嘉图的比较优势理论,中国西部应该更具有发展外向型经济的潜力。但事实上西部的外向型经济发展水平却相当低,这固然与政策、硬件设施等外部条件有关,但从内生贸易理论的角度来解释却要归因于内部分工的不足和专业化水平的低下。因此西部国内贸易的发展受到相当的制约，而依赖于更高层次的分工即国际分工的国际贸易和投资所受的影响则更大。因而，西部外贸发展战略的选择更多地应依据内生贸易理论所揭示的贸易发展规律，以促进分工经济为目标，积极发展内部的社会化分工，提高专业化经济的发展水平，不断完善市场体系，改进交易制度，促进国内、国际贸易的发展，而不应掉进"比较利益"的陷阱不能自拔。

第四章　西部区域金融与经济发展阶段的判定

西部大开发战略即将走过十年历程，在西部经济金融发展的同时，西部大开发战略本身也在不断完善和发展。我们认为，在具体金融与经济政策的制定过程中，不仅要考虑大力发展金融信贷支持西部大开发的政策，还应重视金融与经济的协调发展，促进西部金融跟上经济发展步伐。在这种猜想下，我们通过对西部金融与经济发展关系的实证分析来判定西部金融发展阶段，如果西部金融处于供给引导型的发展阶段，则说明在西部大开发的历史进程中应更加注重西部金融发展的政策支持，以促进西部金融与经济的协调发展。

第一节　西部大开发十年金融与经济政策概述

20世纪我国的经济体制改革使东部、中部经济发展取得了明显的成效，而西部的发展却相对滞后，区域发展不协调的问题日益显现。与此同时，经过多年的努力我国即将加入WTO，这在促进我国对外贸易、经济发展和增加就业的同时，也对经济社会发展带来了一定的冲击，尤其是对经济基础较为薄弱、对外对内开放程度都相对较低的西部提出了新的挑战。基于上述考虑，1999年6月17日，前中共中央总书记江泽民在陕西省西安市主持召开西北五省区国有企业改革和发展座谈会时向全国全党发出了实施西部大开发战略的号召。同年，党的十五届四中全会和中央经济工作会议正式提出了实施西部大开发战略。自此，西部大开发战略拉开了帷幕。十年来，国家颁布了一系列政策措施，对西部大开发工作的支持和保障起了不可忽略的作用。西部大开发十年之际，西部大开发经济与金融政策主要包括哪些方面，在政策制定过程中是否对西部金融政策性支持引起足够的重视，将是本节所要讨论的问题。

一、西部大开发金融与经济政策的概况

2000年1月，国务院组成了西部地区开发领导小组，随即召开了西部地区开发会议，研究加快西部地区发展的基本思路和战略任务。同年10月26日，国务院批准颁发《国务院关于实施西部大开发若干政策措施的通知》。自此，我国西部大开发战略开始逐步走向深入和完善。2001年9月，国务院发布了《关于西部大开发若干政策措施实施意见的通知》，对相关政策措施进一步予以细化。党的十六大以来，党中央多次强调要积极推进西部大开发，促进区域协调发展。2004年3月，国务院印发了《关于进一步推进西部大开发的若干意见》。党的十七大重申要继续实施区域发展总体战略，深入推进西部大开发。2009年9月30日，国务院又出台了《关于应对国际金融危机保持西部地区经济平稳较快发展的意见》，明确提出要加大对西部大开发的支持力度。至此，通过十年来的政策实施，我国西部大开发战略得到了顺利推进，其中经济和金融方面的政策主要有以下方面。

1.增加资金投入的政策

增加资金投入的政策主要有四个方面：一是加大建设资金投入力度；二是优先安排建设项目；三是加大财政转移支付力度；四是加大金融信贷支持。资金投入的政策为西部大开发进行“供血”，是西部大开发顺利开展的基础和保障。资金投向的主要方面有基础设施建设的资金支持、退耕还林政策的资金支持等。政策实施后，为保障基础设施建设和退耕还林工作等的顺利进行，党和政府又颁布了一系列专项政策措施或法律规定。如2003年1月20日起施行的《中华人民共和国退耕还林条例》，对保证退耕还林工程质量和保障退耕还林者的利益起了重要作用。又如2007年2月26日国家发改委作出的《关于做好“十一五”农村电网完善和无电地区电力建设工作的通知》，对于做好西部农村电网完善和无电地区电力建设工作、解决好农村地区和无电人口用电问题、顺利推进西部大开发政策有一定的保障作用。

2.改善投资环境的政策

改善投资环境的政策主要有五个方面：一是改善投资软环境的政策；二是实行税收优惠的政策；三是实行土地使用优惠的政策；四是实行矿产资源优惠的政策；五是运用价格和收费机制进行调节的政策。改善西部投资环境为西部对外、对内开放奠定了基础。政策对以上五个方面做了具体的规定，并接连颁布了各种法令和条例来保障改善投资环境政策的顺利实施。如1999年12月8日国家税务总局《关于实施对设在中西部地区的外商投资企业给予三年减按15%税率征收企业所得税的优惠的通知》和2004年11月30日国家发改委、商务

部发布《外商投资产业指导目录》(后于2007年12月1日修订)等,都是以具体法令的形式保障了西部大开发政策的顺利进行。

3.扩大对外对内开放的政策

扩大对外对内开放的政策主要包括五个方面:一是扩大外商投资领域;二是拓宽利用外资渠道;三是放宽利用外资有关条件;四是大力发展对外经济贸易;五是推进地区协作与对口支援。扩大对外对内开放政策是西部调整产业结构、发展经济增长的有效对策之一,也是其内强自身、外抵冲击的有力武器。2006年5月22日,国务院西部开发办等六部门印发《关于促进西部地区特色优势产业发展的意见》,对西部大开发政策中对外对内开放的优选方向做了界定。如2003年1月9日,外经贸部与加拿大国际合作部在北京共同签署了中国和加拿大政府之间的发展合作项目协议,涉及西部地区道路开发、基础教育能力两个项目。又如2006年12月27日,继成都市、南宁市与国家开发银行、国务院西部开发办共同签署"全球海外留学人员归国创业专项贷款合作备忘录"之后,重庆市与国家开发银行、国务院西部开发办在重庆高新区签订了总额20亿元的专业贷款合作备忘录。2009年9月30日,国务院办公厅发布《关于应对国际金融危机保持西部地区经济平稳较快发展的意见》,对金融危机下西部如何保持经济平稳较快发展做了战略部署。

十年来,西部大开发战略得到了顺利推进,但这种步伐并没有放缓。国务院总理温家宝于2009年10月16日宣布,中国政府"正在研究制定新的十年深入推进西部大开发的政策"。这是为解决东西部发展不平衡难题而启动西部大开发战略之后的又一重大利好,尽管没有透露新政策的具体措施,但温家宝总理在成都出席第十届中国西部国际博览会暨第二届中国西部国际合作论坛开幕式致辞时强调:"中国政府实施西部大开发战略的决心不会动摇,政策不会改变,力度不会减弱。"

二、对西部大开发金融与经济政策的评述

从1999年西部大开发战略的正式提出,到2000年1月的全面实施,再到2009年西部大开发战略的进一步推进,我国西部地区经济建设、社会建设、文化建设和生态建设均取得了重大成就,进入了增长速度最快、发展质量最好、城乡面貌变化最大和人民群众受惠最多的时期。然而,西部大开发战略在实施过程中仍然存在不完善的方面,诸如产业结构还不尽合理、人口资源与环境发展不能完全协调、城市化水平不是很高等等。但其中一个重要的问题是政策制定过程中忽略了西部金融与经济协调发展,过度关注经济增长和环境建设,尤其是对西部金融发展的政策倾斜涉及较少。比如在《国务院关于实施西部大开

发若干政策措施的通知》及《实施意见》中,并未涉及促进西部金融发展的相关政策,而只是为基础设施建设及其他经济建设“加大金融信贷支持”,至于金融支持的方式,则如2005年西部大开发“十一五”规划所指出:一是鼓励各金融机构采取银团贷款、混合贷款、委托理财、融资租赁、股权信托;二是采取投资补贴、贷款贴息。上述政策措施中都只注重于金融信贷政策对西部大开发的保障作用,而对西部金融发展本身的支持没有提出具体政策。而在西部大开发战略实施过程中关注西部金融发展本身的,仅为2005年2月中国人民银行关于营造西部大开发金融环境而做出的五项举措:一是大力推动西部地区信用体系建设,营造良好的社会信用环境;二是进一步加强和改善货币政策工具的调控和窗口指导,充分发挥货币政策和信贷政策支持西部大开发的作用;三是引导金融机构支持西部地区走新型工业化道路;四是加快西部地区金融市场基础设施建设,培育符合西部地区发展的金融市场环境;五是进一步完善农村金融服务体系,突出加大金融机构对西部地区“三农”的支持力度。这五项举措只是人民银行关于营造西部大开发金融环境的一种构想,并没有在国家层面形成具体的政策措施,以促进西部金融的发展。因而,在西部大开发相关政策及措施中,相对于基础设施建设、环境建设等具体的政策措施,对西部金融本身的支持性政策实为凤毛麟角,对西部金融在促进西部大开发中所起作用的认识也不甚全面,仅认识到金融政策中一个方面,即信贷对西部大开发的支持作用。

当前金融对经济发展的重要性日益显现,尤其是2008年国际金融危机爆发以来,金融的作用更为重要。目前,西部大开发战略实施过程中,金融除了已有的信贷支持外,还有更重要的机制能够发挥更重要的作用。金融与经济应该是一种相互协调发展的关系,一方发展的过度或不足都会影响另一方的发展。西部大开发政策过重强调经济增长,而忽略了对西部金融的政策支持,导致区域金融发展总量相对较小、速度相对较慢,整体水平跟不上经济发展的步伐,从而造成的后果可能是西部金融发展不能对经济增长起到应有的促进作用。由第二章和第三章的分析可知,西部金融落后的现状已是不争的事实,我们的观点将由以下几节关于西部金融与经济发展阶段的判定中进一步证实。

第二节　西部金融发展与经济增长的实证

一、文献概述

金融发展与经济增长之间的密切关系已得到学术界的认可,但是在现代经济社会中两者究竟哪一个是先导性因素，还没有统一的意见。有关金融发展对经济增长作用的研究已经使得人们在实践中进行探索，金融抑制理论导致的金融自由化让一些发展中国家尝到了金融危机的苦果，而金融约束理论正在指导着发展中国家小心翼翼地通过金融约束来发展本国经济。我国经济发展水平东西部差距较大，这也正为我们更好地研究金融发展与经济增长之间的关系提供了良好的机会。因此，国内许多学者对金融发展与经济增长关系进行了分析。其中有代表性的研究有：①谈儒勇(1999)模仿金(King)和莱文(Levine)使用OLS回归方法，首次对中国金融发展与经济增长之间的关系进行了实证研究，他认为中国金融中介体发展和经济增长呈显著正相关关系，中国金融中介体发展和股票市场发展呈显著正相关关系。②李广平和陈平(2002)利用中国1952—1999年的时间序列数据，采用多变量VAR系统，就金融中介发展与经济增长之间的因果关系问题进行了研究。③李广众和王美今(2003)使用协整分析和格兰杰因果检验技术考察了中国金融中介发展与经济增长的作用。④王志强、孙刚(2002)采用带有控制变量的VECM和格兰杰因果检验方法，验证了20世纪90年代以来中国金融发展与经济增长之间存在显著的双向因果关系。⑤丁晓松(2005)通过单位根和协整检验探讨了1986—2002年中国金融发展和经济增长之间的关系，他的研究表明，金融发展对我国的经济增长有积极作用，但是经济增长对金融发展的促进作用不大。除了时间序列数据结构的实证研究外，国内很多学者利用中国的截面数据对我国金融发展与经济增长的关系进行了实证分析。如周立和王子明(2002)利用1978—2000年的数据对中国各地区金融发展与经济增长的关系进行了实证研究，采用金融相关率(国有银行存贷款/GDP)、全部金融相关率(全部金融机构存贷款/GDP)和金融市场化比率(非国有金融机构的资产/GDP)三个指标来衡量金融发展水平，得出了区域金融发展与区域经济增长存在高度相关性，促进金融发展有利于经济的长期增长。还有部分学者将研究域缩小，专门探讨国内某个省或东、中、西某区域的金融发展与经济增长的关系。对西部金融发展与经济增长关系的实证研究并不多见，本节采用最新的数据，借鉴前人的方法对西部金融与经济的关系进行了实证分析和最新探讨。

二、指标选取及研究方法

1.指标选取

我们拟采用$FIR=\frac{区域存贷款余额}{国内生产总值}$作为金融发展指标，$FIR$（金融相关比率）是衡量金融上层结构相对规模的最广义、最深化的指标，是本书衡量西部金融发展总量最主要的指标。采用实际人均国内生产总值作为经济增长指标来衡量西部地区的经济增长,这样做的目的主要是:直接用GDP而不是使用增长率可以保留水平变量所包含的有用信息;选取实际值主要是消除物价变化的因素,保持时间序列数据的可比性,选取人均值的原因是考虑到我国的人口问题,消除人力资本的影响。为了方便起见,我们用G表示人均实际GDP增长率,计算方法是先利用GDP指数把名义GDP折算成实际GDP,再计算人均量的增长率,其中实际GDP=上年名义GDP×按可比价(上年=100)计算的本年GDP指数÷100。以工业化指标即工业产业增加值占名义GDP的比重作为控制变量,记为*IN*。为消除数据的异方差,对三个变量作对数化处理,记为*LIN*,*LFIR*,*LG*。本章中的计量分析均由Eviews 6.0软件处理完成。

2.样本数据的来源及处理

我们收集了1990—2007年中国西部地区国内生产总值数据以及金融机构的存贷款数据,通过计算得到各指标。数据主要来自《中国金融年鉴》、《中国统计年鉴》和《新中国五十五年统计资料汇编》。

3.研究方法

本章是在以上研究成果的基础之上,选取相关数据资料来实证分析西部地区金融发展与经济增长之间的关系。通过对样本数据进行格兰杰因果关系检验,再对样本数据进行最小二乘回归分析。

三、实证检验

对各指标进行ADF平稳性检验,检验结果表明,在5%的显著性水平下,*LIN*、*LFIR*、*LG*均是一阶单整序列,即*LIN*、*LFIR*、$LG \sim I(1)$。虽然变量*LIN*、*LFIR*、*LG*是非平稳的一阶单整序列,但可能存在某种平稳的线性组合,这个线性组合反映了变量之间的长期稳定的比例关系。本章采用协整检验的方法,通过建立基于最大特征值的迹统计量来判断变量*LIN*、*LFIR*、*LG*之间的协整关系,检验结果表明,在5%的显著性水平下,*LIN*、*LFIR*、*LG*之间存在长期稳定的协整关系。

1.格兰杰因果检验

采用格兰杰因果检验方法对两个变量作因果关系检验,如果*F*值大于临界值,或*P*值小于显著性水平,则拒绝原假设。检验结果如表4–1所示。

由检验结果可知,在5%的置信水平下,仅当滞后三阶时,拒绝原假设LFIR does not Granger Cause LG,即仅当滞后三阶时,*LFIR*是*LG*的格兰杰原因。说明西部地区经济发展落后,金融对经济增长的作用存在一定的滞后,这与我们在第一节中的猜想不谋而合。

表4-1 *LFIR* 与*LG*的格兰杰因果检验结果

原假设	滞后期	*F*值	*P*值	结论
LG does not Granger Cause LFIR	1	1.00972	0.33202	接受
LFIR does not Granger Cause LG	1	0.01156	0.91590	接受
LG does not Granger Cause LFIR	2	2.77577	0.10569	接受
LFIR does not Granger Cause LG	2	1.29155	0.31345	接受
LG does not Granger Cause LFIR	3	0.41315	0.74822	接受
LFIR does not Granger Cause LG	3	4.29227	0.04415	拒绝

2.回归分析

对经济增长*LG*、金融相关比率*LFIR*及工业化率进行回归,得到回归方程式为:

$$LG=13.21678+3.249438LFIR+5.427014LIN \qquad (4.1)$$

$$(18.52728) \qquad (10.19823)$$

$$R^2=0.971671 \qquad F=257.2494 \qquad DW=2.028429$$

由回归结果可知,$R^2=0.971671$,方程的拟合优度很高,方程较好地拟合了样本观测值。*F*统计量为257.2494,对应的*P*值为0.00001<0.05,说明总体回归方程是显著的,即经济增长*LG*、金融相关率*LFIR*、工业化率*LIN*之间存在显著的线性关系。并且金融相关比率每变动一个百分点,就会引起经济增长变动3.25个百分点,这说明西部金融发展会对经济增长产生促进作用。

3.实证检验结果分析

综合以上分析我们知道,在5%的置信水平下,仅当滞后三阶时,*LFIR*是*LG*的格兰杰原因,说明西部金融发展对经济增长的作用比较滞后;回归分析显示西部金融发展会对经济增长产生促进作用。即:西部金融对经济有促进作用,但这种促进作用却因某种原因显得较为滞后。

第三节　西部金融发展阶段的判定

一、西部金融与经济发展阶段的考察

根据帕特里克金融发展的阶段论假说，经济发展阶段分为需求追随和供给引导两种类型,在不同的经济发展阶段,一个国家或地区的金融发展与经济

增长的关系表现不同。一般来说,供给引导型金融发展阶段出现在经济增长的早期阶段,此时金融作为外生变量被引入经济增长的模型当中。随着经济的发展,供给引导型金融发展阶段让位于需求追随型金融发展阶段,此时金融作为内生变量被引入到经济增长的模型当中。

通过上一节的实证我们得到,在滞后三阶时,*LFIR*是*LG*的格兰杰原因,说明西部金融发展对经济增长的作用比较滞后。在模型当中,我们把金融的指标作为外生变量引入模型中对经济增长进行解释,并且通过了显著性检验,说明西部地区现阶段处于供给引导型的金融发展阶段。在此阶段,不是在经济发展产生了对金融服务的要求以后再考虑金融发展, 而是在需求产生以前就应超前发展金融体系。由于金融体系可以改进现有资本的构成,有效地配置资源,刺激储蓄和投资,需要采用金融优先发展的货币供给带动政策。

二、西部金融发展对经济增长的作用机制

金融发展对经济增长具有极其重要的作用, 金融市场发育的程度直接影响到储蓄转向投资的效率,进而影响经济的增长速度。通过上一节的实证我们知道,西部地区的金融发展领先于经济增长并且刺激了经济增长,同时金融服务的供给产生对金融服务的需求。因此,在这一时期,西部需要一种直接的刺激来动员储蓄为经济增长提供投资资金。对于西部地区是如何通过发展金融来刺激经济的,我们将从以下三个方面加以论述。

首先, 西部地区金融的发展将导致更高比例的储蓄转化为投资进而促进经济的增长。金融市场和金融中介的第一个重要的作用是把储蓄转化为投资,它们的出现将进一步便利资产交易,避免流动性风险和分散个别风险。与此同时,银行和证券市场还可以提供交易和分散风险的工具。因此,金融系统的发展,通过有效消除投资者面临的流动性风险和个别性风险,促进了闲散储蓄资金向生产性资金的转化,提高了储蓄转化为资本的比率。对于现阶段的西部地区,银行对经济增长的效应要优于金融市场。银行主导型的西部地区金融不仅消除了经济主体面临的流动性风险,增加了资本投资在储蓄中所占的份额,提高了储蓄转化为投资的比率, 而且能将资本配置到资本边际生产力最高的项目上,从而促进了资本积累和经济增长。

其次,西部地区金融的发展将使资本配置效率提高进而促进经济增长。在信息不对称的条件下,获取企业和市场方面的信息需要付出高昂的成本,因而单个投资者没有能力去搜集这些信息。高信息成本不仅挫伤了经济主体的投资积极性,而且妨碍了资本流向边际产出水平较高的项目,从而降低了资源的配置效率,这样就促成了金融中介的出现。至此,金融系统的出现降低了投资

者获取信息的成本,优化了资源配置。从全国来看,西部地区经济处于落后的水平,因此,更应该加快金融系统的构建来优化资源配置,进而促进西部地区经济的增长。

最后,西部地区金融的发展可以通过提高储蓄率进而促进经济的增长。金融发展通过改变储蓄率对经济增长产生的影响是不确定的。金融发展可以通过提高储蓄率来促进经济的发展,也可以降低储蓄率从而降低经济的增长率。随着金融市场的发展,家庭能很好地对禀赋冲击进行保险和对收益率风险进行分散,同时更易于获得消费信贷,金融发展也使厂商所支付的利率和家庭所收取的利率之间的差距缩小。这些因素对储蓄行为产生的影响是不明确的。西部地区由于其特殊的经济发展条件,区域流动性约束存在时的储蓄率要高于信贷市场完善时的水平。因此,西部地区的流动性约束将能提高储蓄率和经济增长率。

总之,西部地区金融的发展能通过提高储蓄投资转化率、资本配置效率及储蓄率的方式促进经济的增长。西部地区简单的金融体系会随着人均收入和人均财富的增加而演化为复杂的金融体系,但诸如投资银行之类的金融机构只能在人均收入达到一定水平之后才有可能形成。因此,西部地区既要尽快发展金融来促进经济增长,同时也要通过经济的发展来促进金融的优化。

三、西部地区金融促进经济增长的途径

通过以上分析,我们知道西部金融正处于“供给领先阶段”,以及西部金融促进经济增长的传导机制。在该阶段,需在“需求产生之前就应考虑超前发展金融体系”。因此,西部经济发展的着力点应放在西部金融的发展上;应放在金融发展的政策支持上;应放在西部金融与经济协调发展上。而面对西部经济发展中存在的三大问题,即:区域差距、产业结构不合理和城乡差距。如何通过金融支持来正确引导或合理解决这三大问题应成为当务之急。

1.努力缩小东中西部区域经济发展差距

自西部大开发以来,西部地区经济增长水平有了明显的提高,但较之东部地区和中部地区经济的增长还是处于落后的水平,这样就使得西部地区资本相对匮乏,经济不能很好地发展。要想改变西部经济落后的局面首先就是要通过西部金融对西部经济的促进作用,来进一步缩小东中西部之间经济的差距。

2.积极调整并优化西部地区产业结构

西部地区三大产业都有待进一步优化,其中最突出的问题是西部地区的工业化问题。西部地区中小企业普遍存在融资困难的问题和农业以及第三产业机械化程度普遍偏低的问题。究其原因还是西部地区工业化程度不高。要想

实现西部经济的发展，还要充分利用金融的作用去实现产业结构的升级和工业化程度的提高。

3.有效缓解西部地区城乡收入的差距

三农问题是中国普遍存在的问题，但在西部地区这种问题表现得更为明显。西部地区要想实现经济的快速增长,城乡收入差距问题是必须解决的。这就要求西部地区在发展城镇金融的同时，更要发展农村金融来缩小城乡的收入差距。

第二篇 西部金融发展与区域经济差距

自从1999年国家提出西部大开发战略以来，西部地区的经济有了很大的发展，但与东中部地区经济发展的差距并没有缩小，反而有进一步扩大的趋势。与此同时，西部地区的金融在资源配置、风险管理、信息提供等方面也并没有发挥应有的作用。其中造成东部、中部和西部之间经济差距金融方面的原因，以及如何更好地发挥西部金融对地区经济的支持作用，不断缩小与东中部经济发展的差距，进一步提升西部地区经济发展的总体水平，是本篇重点讨论的内容。作为本书的第二篇，旨在通过相关的实证分析与政策建议，说明要想逐步缩小东中西部地区经济发展的差距，需要改变现有的金融体系格局，使区域金融能更好地为西部区域经济的发展服务。

本篇从结构上主要分为三个部分：

首先，描述了自西部大开发以来东部地区、中部地区和西部地区经济发展的现状。虽然1999年到2007年西部地区GDP总量、人均GDP总体呈现上升的趋势，但与东部地区和中部地区相比，差距仍在不断扩大。从消费水平来看，西部地区的消费水平也远远低于东部地区和中部地区。同时，西部地区的固定资产投资也与东部地区和中部地区存在很大差距。而外贸水平虽然已经有了很大的提高，但与东部地区和中部地区相比还显得远远不足。

其次，对三大区域的金融发展和经济增长的关系进行了实证研究。基于1999年到2007年东部地区、中部地区和西部地区所组成的面板数据，我们对其进行单位根和协整检验等，并经过具体模型的选择与验算，得出东部地区、中部地区和西部地区金融发展对经济增长具有明显的差异性。

最后，针对国内金融发展与经济增长关系的区域差异，提出了我国金融体制改革的相关政策建议。通过对区域性金融政策的界定和对西部金融抑制经济发展具体表现的分析，并借鉴国际发展落后地区的经验，提出适合西部地区发展的区域性金融体系。该体系主要包括：发展区域金融调控体系，完善区域金融组织体系，构建区域金融市场体系，实现区域投资政策和区域金融政策的协调配合。其中各个政策体系之间并不是相互独立的，而是组成一个有机的整体，通过发挥综合作用促进经济增长，最终缩小各地区之间的差距。

第五章 东中西部经济发展的现状分析

改革开放以来，特别是西部大开发以来，西部地区经济得到了快速发展。截至2007年，西部地区国土面积685万平方千米，占全国的71.4%；人口3.63亿，占全国的27.94%；国内生产总值47864.14亿元，占全国的17.37%，同1978年相比增长65.34倍，无论是经济总量还是增长速度都远远超过改革开放前30年。在西部有一大批国有大中型企业及重要的军工企业，为西部奠定了一定的工业基础，经济结构相对完善。在西部能源矿产资源丰富，潜在价值巨大，储量占全国前十位的矿产就有50多种。虽然西部资源较为丰富，但是土地瘠薄沙化，水土流失严重。而且西部基础设施建设滞后，“欠账”较多，在许多地区，市场体系发育不健全，需要完善的地方还很多。因此，西部发展区域经济的任务极为艰巨、迫在眉睫。

第一节 区域间经济增长的差距

一、东中西部GDP总量的差距

众所周知，GDP是衡量经济增长的重要指标，表5-1是我们对1999年至2007年GDP增长情况直观的比较。在表中我们计算了我国东部、中部和西部三大经济区域在西部大开发以来每年的GDP绝对增长情况和GDP所占份额的变化情况。而图5-1和图5-2分别给出了这种变化情况的直观图表示。

西部大开发以来，东部、中部和西部经济都获得了较快发展。但相互比较来看，却存在明显的差距。

1. 从绝对量角度的比较

由表5-1和图5-1我们可以看出，近10年来，东部、中部、西部的GDP总量都在逐年增长，但在增长速度上三个地区差距较为明显：东部增长速度较快，中部、西部增长速度则相对较缓慢，表现为东部GDP曲线比较陡峭，中部、西部GDP曲线比较平缓。并且从图5-1可以看出，在2000—2002年间东部、中部、西部地区的GDP增长都比较慢，但东部在2002年之后出现了快速的增长，而中部、西部地区直到2004年才有了明显的增长趋势。

表5-1　东部、中部、西部GDP总量及所占全国的份额

年份	GDP绝对数/亿元			GDP份额/%		
	东部	中部	西部	东部	中部	西部
1999	51734.79	22588.24	15354.02	57.69	25.19	17.12
2000	57651.18	24908.75	16654.62	58.10	25.11	16.79
2001	64282.09	27124.67	18248.44	58.62	24.74	16.64
2002	70616.63	29635.14	20080.93	58.68	24.63	16.69
2003	78825.29	33301.2	23696.31	58.03	24.52	17.45
2004	93134.36	40349.55	26394.39	58.25	25.24	16.51
2005	103269.40	46362.07	33585.93	56.37	25.30	18.33
2006	118745.72	53682.00	39495.78	56.03	25.33	18.64
2007	137275.15	64390.61	47864.14	55.02	25.80	19.18

资料来源：根据《新中国五十五年统计资料汇编》、《中国统计年鉴》公布数据整理。

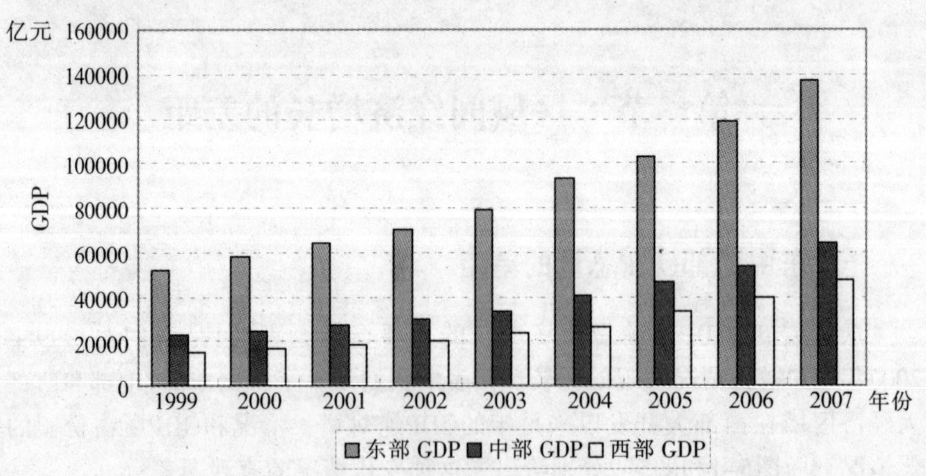

图5-1　东部、中部、西部三大地带GDP绝对量

2. 从相对量角度的比较

由表5-1和图5-2我们可以看出，1999—2007期间西部地区GDP占全国的比重由17.12%上升到了19.18%，上升了2.06个百分比。与此相对，东部地区

GDP占全国的比重由57.69%下降到了55.02%,降低了2.67个百分比。中部地区GDP占全国的比重由25.19%上升到了25.80%,上升了0.61个百分比。可见,西部大开发战略实施后,西部地区GDP占全国的比重有所上升,且上升的幅度要高于中部地区。

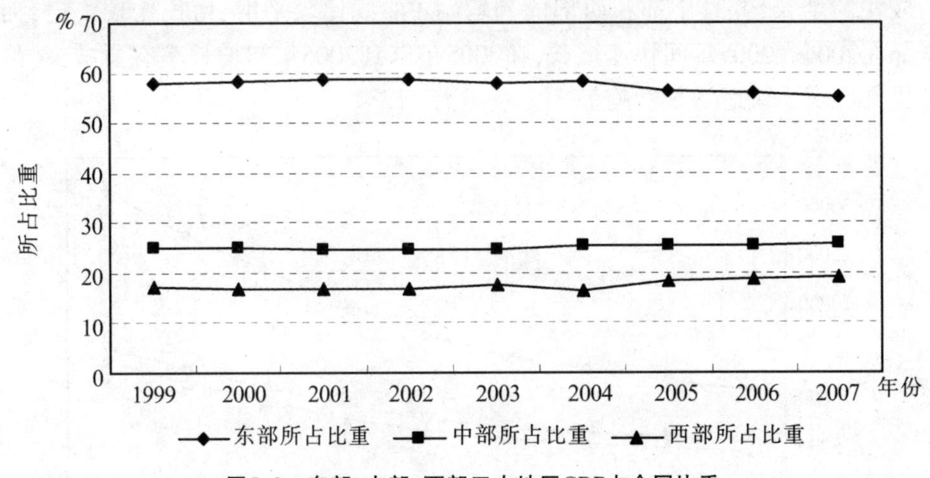

图5-2 东部、中部、西部三大地区GDP占全国比重

二、东中西部人均GDP的差距

前面描述了GDP总量的增长情况,由于没有剔除人口因素,因而没有一定的说服力。下面我们进一步采用剔除人口因素的GDP即人均GDP来反映西部大开发以来经济增长的情况。具体数据统计描述见表5-2,其直观描述见图5-3。

表5-2 东部、中部、西部人均GDP 单位:元

年份	东部人均GDP	中部人均GDP	西部人均GDP
1999	10714.60	5410.24	4412.30
2000	11813.86	5940.03	4770.79
2001	12956.35	6433.91	5200.83
2002	14308.21	6997.37	5711.47
2003	16518.49	7826.95	6516.09
2004	19755.31	9437.14	7788.83
2005	23295.84	11116.94	9835.81
2006	26934.79	12843.51	11555.51
2007	31554.42	15387.15	13940.60

资料来源:根据《新中国五十五年统计资料汇编》、《中国统计年鉴》公布数据整理。

通过表5-2和图5-3的分析我们可以看出，西部大开发的近10年来，东、中、西部地区的人均GDP都有所增长。根据表5-2，从西部与东中部的人均GDP差距的比较可以看出，西部与东部的差距较大，与中部的差距较小。从图5-3可以看出，2000—2003年三个地区的人均GDP增长都比较缓慢，直到2003年以后才有了较快的增长，并且中部和西部的人均GDP曲线比较平滑，增长比较稳定；而东部在2004—2005年间快速增长，在2005年末到2006年初增长率有所减少，但很快又出现了快速增长的趋势。

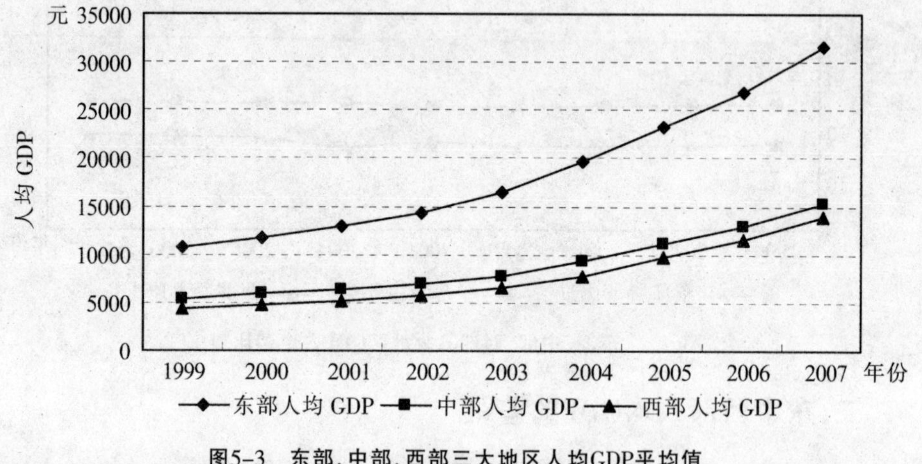

图5-3 东部、中部、西部三大地区人均GDP平均值

第二节 区域间消费水平的差距

西部大开发以来，我国西部地区居民消费水平整体有了较大提高，但与东部地区与中部地区的消费水平相比，西部地区的居民消费水平还较低。表5-3给出了三大地区居民消费水平绝对量随时间变化的数据。

通过对比我们可以看出，西部地区居民消费的绝对值与东中部相比仍有较大差距，但在年居民消费增长率上，西部地区居民消费提升幅度高于东部、中部两个地区。西部大开发战略实施后，我国政府增加了对西部财政转移支付的力度，从财政支付上加大对西部地区的支持，特别是加大西部退耕还林区、退耕还草区的财政补贴，提高低收入群体的收入，放大财政补贴的货币效用。而同时，增加居民收入反过来又依赖于本地区经济的增长状况。自实施西部大开发战略以来，西部居民消费水平虽然取得了很大提高，但是与东部地区相比，消费水平的差距越来越明显，居民消费水平还处于较低层次，甚至与中部

表5-3 东部、中部、西部居民消费状况 单位:亿元

年份	东部地区消费	中部地区消费	西部地区消费
1999	23809.80	13205.10	9782.34
2000	27059.59	14498.26	10860.36
2001	30407.10	15718.92	11604.70
2002	34027.92	17513.40	12638.63
2003	38478.74	19457.91	13853.33
2004	44225.73	22454.54	16066.59
2005	54766.99	24696.25	19405.77
2006	63325.16	28229.10	22083.77
2007	74460.27	32629.12	26385.01

资料来源:根据《新中国五十五年统计资料汇编》、《中国统计年鉴》公布数据整理。

地区相比也有一定差距。形成这一局面的主要原因是西部地区居民收入较低。一般来说,随着收入的增加,消费相应增加,但消费的增量低于收入的增量。因此,边际消费倾向递减,低收入者具有较高的消费倾向,而高收入者具有较低的消费倾向。西部地区的人均可支配收入相对偏低,根据上述关系西部地区居民应该具有较高的消费,但是西部地区居民的消费倾向却低于中东部地区。其主要原因如下:首先,西部地区居民的消费倾向低与居民收入的不稳定性有关。其次,西部地区居民的消费倾向低与居民的不良收入消费预期有关。国家推行的医疗、教育、社会保障等改革,对多数居民来说没有得到太多实惠,医疗、养老、子女的教育等,加大了居民的开支预期。最后,我国西部广大地区城市化率较低,农业人口数目巨大,这就造成今天西部消费水平远低于东中部地区。在以家庭经营为主要形式的农业经济中,农户既是消费者又是直接的生产经营者,生产消费(投资)和生活消费交织在一起。在农产品价格不确定且存在不良预期的情况下,收入也是不确定且存在不良预期的,沉重的负担又使他们产生不良消费预期。农户要兼顾生产消费和生活消费,作为直接投资者,一般会保持较低的消费倾向,适当减少目前的消费。总之,要扩大居民消费,除了引导居民形成合理的消费预期外,还要增加人均的整体收入。

第三节　区域间固定资产投资的差距

近些年来,我国西部地区的固定资产投资水平整体有了很大的提高,但与东部和中部地区相比,西部地区的固定资产投资总量相对较低。表5-4给出了三大区域固定资产投资随时间变化的关系。

表 5-4　东部、中部、西部地区投资状况　单位:亿元

年份	东部投资额	中部投资额	西部投资额
1999	17603.54	6695.13	5691.74
2000	19205.74	7449.77	6430.24
2001	21358.02	8382.63	7417.13
2002	24846.97	9662.07	8760.32
2003	32927.07	11917.30	11077.47
2004	41890.07	15316.32	13863.15
2005	49826.75	19623.92	17645.04
2006	60326.75	25726.91	21996.94
2007	72311.21	34231.02	28250.93

资料来源:根据《新中国五十五年统计资料汇编》、《中国统计年鉴》公布数据整理。

通过对比我们可以看出,近10年来,东部地区、中部地区、西部地区的全社会固定资产投资额都在逐年增长,但在增长速度上东部地区、中部地区、西部地区有所不同。1999—2007西部地区全社会固定资产投资额由5691.74亿元扩大到了28250.93 亿元,扩大了3.96倍。与此相对,东部地区全社会固定资产投资额由17603.54 亿元扩大到了72311.21亿元,扩大了3.11倍;中部地区全社会固定资产投资额由6695.13亿元扩大到了34231.02亿元,扩大了4.11倍。从以上对比可以看出西部大开发战略实施后, 西部地区全社会固定资产水平比较低的原因可能是:

第一,缺乏发达的资本市场体系,无法为企业资金的融通和产权的流动创造低成本。第二,西部地区生产力水平比较低、总量小,贫困人口所占比重大,因此资金短缺问题就更为突出。第三,西部地区基础设施建设落后,影响了投资环境的改善,制约着经济社会的发展。第四,西部地区投资成本较高。中央在西部大开发中通过基础建设和转移支付对西部地区给予一定的财政扶持,但是与巨大的资金缺口相比只是杯水车薪。东部地区生产力水平高,综合加工能

力强,形成了以加工产业为主的经济体系。而西部地区生产力水平较低,以原材料、能源生产为主的粗加工比重高。同时中西部地区工业化采掘、原材料加工业都属于设备投资密集型产业,而我国实行的增值税体制是生产型增值税,对资金投向设备投资密集型企业产生了抑制作用,这也对西部地区经济发展产生了不利影响。东部地区可以通过出口导向型经济以及业已形成的各种优势抵消不利税制的影响,因此,理性的投资者在分析资本边际收益率时会得出西部地区不利于投资的结论。

第四节　区域间外贸发展的差距

对外贸易不仅把商品生产发展很高的国家互相联系起来,而且通过对外贸易使生产发展水平低的国家和地区也加入到交换领域中来,使作为一般等价物的货币深入到他们的经济生活中,使这些国家和民族的劳动产品日益具有商品和交换价值的性质,价值规律逐渐支配了他们的生产。发展对外贸易,可以互通有无,调剂余缺,调节资源的优化配置;可以节约社会劳动,取得较好的经济效益;可以吸收和引进当代社会先进的科学技术成果,增强经济实力。东部地区和中部地区经济快速良好的发展离不开对外贸易的发展,这表现在贸易总量上。而西部地区相对于东部地区和中部地区贸易总量明显偏低。我们选取了东部地区、中部地区和西部地区1999—2007年的进出口水平的数据对这种差距进行了简单的描述,具体数据见表5-5。

表5-5　东部、中部、西部地区进出口状况　单位:万美元

年份	东部进出口总额	中部进出口总额	西部进出口总额
1999	30500472.00	1604596.00	1402148.00
2000	43681995.00	2031004.00	1716629.00
2001	43212457.00	2273896.00	1736424.00
2002	57388796.00	2627075.00	2060739.00
2003	78645983.00	3659764.00	2793013.00
2004	106932240.40	4853031.00	3670161.80
2005	131917036.77	5760324.89	4513255.50
2006	162798262.36	7474669.95	5766714.57
2007	199324247.00	10189483.80	7858870.60

资料来源:根据《新中国五十五年统计资料汇编》、《中国统计年鉴》公布数据整理。

通过比较我们可以看出,近10年来,东部、中部、西部的进出口总额都在逐年增长,但在增长速度上的差异较为明显,东部增长较快,中部、西部增长则相对较缓慢。1999年—2007年西部地区进出口额由1402148万美元扩大到了7858870.60万美元,扩大了4.6倍。与此相对,东部地区进出口额由30500472万美元扩大到了199324247万美元,扩大了5.54倍;中部地区进出口额由1604596万美元扩大到了10189483.8万美元,扩大了5.35倍。可看出西部大开发战略实施后,进出口额增长速度为东部第一,中部次之,西部最慢。西部对外贸易虽然取得了很大发展,但是与东部地区相比,还是处于较低水平。与中部地区相比也有一定差距。造成这一局面的主要原因是:首先,进出口地区分布不平衡。中国的主要外贸出口基地在东部,西部外贸进出口总量规模往往比不上东部较发达地区一个省的规模。东、中、西部地区加工贸易比重高低分布不均和吸收外商投资的能力呈区域性递减。其次,出口商品结构不合理。西部地区出口仍以低附加值的劳动密集型产品为主,贸易增长主要依靠量的增长,外贸竞争力较弱。而且部门内部的深加工不足,产品附加值偏低。如:资源密集型的工矿产品、农、副、牧、土特产品以及劳动密集型的服装、轻纺产品是西部出口主导商品。而资本密集型、技术型的产品出口则一直相对滞后,其中机电产品与高新技术产品的出口额占全国同类产品出口总额的比重很低。同时,由于出口的主要是劳动密集型的低端产品,其资源消耗大,利润率低,社会有限资源的利用得不到最大化效益,影响可持续发展。东部地区已是外向型经济,出口企业的投资增多,劳动力、资金和技术等要素向出口部门流动,使得全社会资源配置出现偏向,西部地区各部门难以平衡发展,影响西部地区经济运行和经济结构稳定。

第六章　区域金融与经济发展差距的实证研究

金融发展主要包括金融资产的发展、金融机构的发展和金融市场的发展。而经济发展的重点是经济增长,它是指实体经济的发展,表现为国内生产总值或国民收入的增长。经济增长理论包括古典经济增长理论、哈罗德—多马经济增长模型、新古典经济增长理论、新剑桥经济增长理论以及新经济增长理论。对于金融发展和经济增长关系的研究,在本书第一篇已经提到,戈德史密斯于1969年首次提出金融结构的概念,认为金融结构的变迁即为金融发展,论述了金融结构对经济发展的重要作用,并列出金融相关比率等一系列衡量金融发展的指标。此后麦金农和肖认为金融发展与经济增长存在相互制约的双向关系,认为发展中国家存在金融抑制的现象,要实现金融深化必须实现利率自由化,这就是所谓的金融深化论。之后大量学者又对此问题进行了大量翔实的研究,从而产生了金融约束论、金融功能论等一系列理论。长期的理论研究已经证明,金融发展与经济增长存在密切的相关关系。本章正是基于1999年到2007年东部、中部和西部面板数据的金融发展与经济增长关系的实证研究。

第一节　文献概述

一.区域金融与经济关系理论

在国外,自20世纪50年代以来,经济学家对金融与经济的关系进行了广泛研究。美国著名经济学家雷蒙德·W.戈德史密斯(Raymond W. Goldsmith,1969)

在《金融结构与金融发展》中对金融与经济的关系进行了深入研究，提出金融结构的变化形成金融发展道路，而金融发展道路是有规律可循的，金融发展能加速经济的增长。美国著名经济学家帕特里克(Patrick，1966)实证分析了欠发达国家金融发展与经济发展的关系，得到的结论是在这些国家经济发展的早期阶段，供给导向模式居于主导地位。随着经济的发展，需求跟进模式将逐渐居于主导地位。国外经济学家Guptal(1987)利用14个发展中国家的季度时间序列数据，通过计量分析发现14个发展中国家中有8个国家存在金融发展带动经济增长的供给引导现象，有两个国家存在双向的因果关系。国外学者金和莱文(King & Levine)于1993年利用IMF提供的80个国家1960—1989年的数据，得到金融发展与经济增长、资本形成和经济效率之间具有强的正相关关系。国外经济学家Darrat(1999)、Dimitris K. Christopoulos和EfthymiosG. Tsionas(2004)得到金融发展与经济发展在短期内没有因果关系，而在长期内有金融促进经济发展的单向因果关系的结论。

在国内，艾洪德等(2004)对我国区域性金融发展与区域经济增长关系进行实证分析发现，金融发展与经济增长之间存在因果关系，与投资增长之间却不存在因果关系，但后者的结论不稳定。陆文喜、李国平(2004)在我国实施区域经济协调发展的背景下，对我国各省区之间，以及东部、中部和西部三大地区内各省之间金融增长与发展的收敛性问题做了实证检验。结果表明，我国各地区金融发展存在着阶段性和区域性的收敛特征。这些特征与金融发展政策相关，制定合理的金融发展政策有利于改善落后区域经济金融的发展。周好文、钟永红(2004)基于向量误差修正模型，利用协整关系检验法和格兰杰因果关系检验法分别对中国1988—2002年东中西部地区金融中介发展与经济增长之间的相关关系和因果关系进行了检验，得到金融中介的规模指标和金融中介的效率指标与经济增长之间都有密切关系。因果关系显示，东部地区金融中介发展与经济增长之间形成了一种良性互动关系。沈坤荣、张成 (2004)对1951—1998年中国总的金融发展程度和经济增长进行回归，并对29个省区的1979—1998年的数据进行聚合回归。结果发现，改革开放前，金融中介的发展并不能作为经济增长的强有力的推动力量，即使在市场化改革开始之后，金融机构的低效率问题仍很严重，地区间金融效率的差异已成为各地区经济发展差异的主要原因。

二、金融与经济研究方法概述

在1968年，为了研究美国的贫困特征及原因，密西根大学社会科学研究所建立了面板数据PSID(Panel Study of Income Dynamics)，之后在美国又相继出现了面板数据NLS、LRHS、CPS和HRS。从此,面板数据被广泛地应用于经济理论的研究当中。对于面板数据的分析主要集中在面板数据的单位根检验和协整检验上。莱文和林(Levine & Lin,1993)很早就发现这些估计量的极限分布是高斯分布,这些结果也被应用在有异方差的面板数据中,并建立了对面板单位根进行检验的早期版本,后来经过进一步的改进,提出了更有效率的LLC 检验。Im、Pesaran和Shin于1997年、2002年还提出了检验面板单位根的IPS法,并发现在小样本的情况下,IPS检验明显优于LL检验。马德拉和吴(Maddala & Wu,1999)又提出了ADF-Fisher和PP-Fisher面板单位根检验方法。对于面板数据的协整检验,Kao & Chiang(2000)利用推广的DF和ADF检验提出了检验面板协整的方法,这种方法的原假设是没有协整关系,并且利用静态面板回归的残差来构建统计量。佩德罗尼(Pedroni,1999)的原假设是在动态多元面板回归中没有协整关系的条件下给出了七种基于残差的面板协整检验方法。和Kao的方法不同的是,佩德罗尼的检验方法允许异质面板的存在。对于格兰杰因果关系检验和误差修正模型,由于现在主要的计量经济学软件实现得不是很好,有待于进一步研究。如果对面板数据个体分别作格兰杰因果检验和误差修正模型,虽然可以比较出个体之间的差异,但这样有悖于设立面板数据的初衷。因此,本章所做的实证主要集中在面板数据单位根的检验、面板数据的协整检验以及面板数据模型的建立上。主要研究的是从长期来看金融对经济的增长是否存在差异,以及差异的程度。

第二节　指标的选取及研究方法

一、指标选取

1.衡量经济增长的指标

国内生产总值是最能充分反映一国或地区综合经济发展能力的指标。为了剔除人口及通货膨胀因素，本章使用实际人均GDP作为衡量经济增长的指标。选取的是我国东部、中部和西部地区从1999年到2007年的实际人均GDP所构成的数据。

2.衡量金融发展的指标

为了揭示中国区域金融发展与经济增长的差距，有必要使用科学的指标去衡量金融发展。主要的衡量金融发展的指标已在前面的章节有详细的介绍。

这里考虑到金融指标的代表性、可比性以及可得性的问题，我们选取1999年到2007年东中西部*FIR*作为衡量金融发展的指标进行模型的估计。另外，在进行经济增长的实证研究中，影响GDP增长的因素很多，例如固定资产投资、通货膨胀率和进出口等。根据凯恩斯理论可知固定资产投资是非常重要的影响经济增长的因素，对这个变量的遗漏将对模型结果产生重大影响，因此，我们这里将1999年到2007年东中西部人均固定资产投资作为另一个解释变量引入到模型当中。

二、研究方法

本章的实证研究涉及的是既含有时间趋势又含有空间趋势的面板数据。因此，首先利用LLC检验和IPS检验对面板数据的时间趋势进行单位根检验。其次，如果所选择的变量是非平稳的，但利用各变量具有相同的单位根便可以检验变量之间是否具有协整关系。协整关系的存在，说明变量之间具有长期的稳定关系，之后便可以进行模型化描述。最后，面板数据的复杂性决定了模型的多样性。最终选择哪种模型去描述这种关系，还要看拟合出模型之后的*F*检验来最终确定哪一个模型更适合所选取的样本数据。

第三节　实证检验

一、面板数据的单位根检验

1.面板数据单位根检验常用的几种方法

这里我们主要针对纵剖面时间序列独立的面板单位根检验和纵剖面时间序列相关的面板单位根检验中常用的LLC检验和IPS检验。

(1)LLC检验

LLC检验主要是通过对每个纵剖面时间序列进行ADF回归来构造两组正交的残差序列，利用正交残差序列的合并回归系数的*t*统计量得到修正的*t*统计量，来检验面板数据是否存在单位根。

纵剖面时间序列设定的ADF单位根检验式：

$$\Delta y_{it}=\beta_i y_{i,t-1}+\sum_{j=1}^{p_i}\phi_{ij}\Delta y_{i,t-1}-\alpha_{mi}z_{mt}+\varepsilon_{it}\ (m=1,2,3) \tag{6.1}$$

其中，z_{mt}表示固定影响或时间趋势项，$z_{1t}=\{0\}$、$z_{2t}=\{1\}$ 或$z_{3t}=\{0,1\}$，α_{mi}为相应的系

数向量；ε_{it}~i.i.d.$(0,\sigma_{\varepsilon}^{2})$。分别将$\Delta y_{it}$和$\Delta y_{i,t-1}$对$\Delta y_{i,t-1}(j=1,2,\cdots,p_i)$以及$z_{mt}$回归，得到正交残差序列

$$\hat{e}_{it}=\Delta y_{it}-\sum_{j=1}^{p_i}\hat{\phi}_{ij}\Delta y_{i,t-1}-\hat{\alpha}_{mi}z_{mt} \tag{6.2}$$

和

$$\hat{v}_{i,t-1}=y_{i,t-1}-\sum_{j=1}^{p_i}\tilde{\phi}_{ij}\Delta y_{i,t-1}-\alpha_{mi}z_{mt} \tag{6.3}$$

利用(6.2)的回归标准差将$\hat{e}_{it}$和$\hat{v}_{i,t-1}$分别标准化得到：

$$\tilde{e}_{it}=\frac{\hat{e}_{it}}{\hat{\sigma}_{\varepsilon i}},\ \tilde{v}_{i,t-1}=\frac{\hat{v}_{i,t-1}}{\hat{\sigma}_{\varepsilon i}} \tag{6.4}$$

其中，

$$\hat{\sigma}^{2}_{\varepsilon i}=\frac{1}{T-p_i-1}\sum_{t=p+2_i}^{T}\left(\hat{e}_{it}-\hat{\beta}_i\hat{v}_{i,t-1}\right) \tag{6.5}$$

对残差序列$\tilde{e}_{it}$关于残差序列 $\tilde{v}_{i,t-1}$进行POLS回归，并计算该POLS回归系数的t统计量。

当纵剖面时间序列回归模型中含有确定性漂移项或确定性时间趋势时，t统计量趋于负无穷，因此，必须对t统计量进行修正，修正因子为纵剖面时间序列长期标准差与短期标准差之比。

$$s_i=\sigma_{yi}/\sigma_{\varepsilon i} \tag{6.6}$$

可以通过

$$\hat{\sigma}^{2}_{yi}=\frac{1}{T-1}\sum_{t=2}^{T}\Delta y^{2}_{it}+2\sum_{j=1}^{\bar{K}}W_{\bar{K}j}\left[\frac{1}{T-1}\sum_{t=2+j}^{T}\Delta y_{it}\Delta y_{i,t-j}\right] \tag{6.7}$$

估计长期标准差σ_{yi}。

将(6.6)和(6.7)进行合并回归，即估计模型为

$$\tilde{e}_{it}=\beta\tilde{v}_{i,t-1}+\tilde{\varepsilon}_{it} \tag{6.8}$$

检验(6.8)式中$\beta=0$的t统计量为：

$$t_{\hat{\beta}}=\hat{\beta}/S(\hat{\beta}) \tag{6.9}$$

Levin、Lin和Chu(2002)证明，在原假设$H_0:\beta=0$的条件下，不含确定性漂移项和时间趋势项模型的t统计量$t_{\hat{\beta}}$有标准正态的渐进分布，但对于含确定性漂移项模型和含时间趋势项模型，$t_{\hat{\beta}}$发散到负无穷。因此，他们建议检验时使用以下调整的t统计量：

$$t^*_{\hat{\beta}}=\frac{t_{\hat{\beta}}-N\tilde{T}\hat{S}_N\hat{\sigma}^{-2}_{\tilde{\varepsilon}}S(\hat{\beta})\mu_{m\hat{T}}}{\sigma^*_{m\hat{T}}} \tag{6.10}$$

进行面板单位根检验，其中，用到均值调整因子$\mu^*m\hat{T}$和标准差调整因子$\sigma^*m\hat{T}$。

LLC检验比对时间序列进行单独检验的DF检验有效得多，是应用最广泛的面板单位根检验，但是，它假设各纵剖面时间序列一阶滞后项的回归系数在原假设和备择假设下都是相同的。于是，所有纵剖面时间序列或者都含有单位根，或者所有纵剖面时间序列都是平稳序列。显然，LLC检验的原假设是可以理解的。但是，备择假设与实际相距甚远。例如，马德拉指出当利用LLC检验检验各国经济增长的收敛性时，若拒绝了原假设，则意味着各国的经济增长要以相同的速率收敛，这显然不符合实际。

(2)IPS检验

IPS检验克服了LLC检验的缺陷，允许面板中不同时间序列的β_i不同，在备择假设下允许有一些纵剖面存在单位根。即IPS检验的假设是在模型具有异质正态误差项的条件下寻找合适的检验统计量进行单位根检验。

IPS检验的检验式为：

$$\Delta y_{it}=\beta_i y_{i,t-1}+\alpha_i+\mu_{it} \quad (i=1,2,\cdots,N;t=1,2,\cdots,T) \tag{6.11}$$

其中初始值y_{i0}是给定的。

检验的原假设是：

H_0：$\beta_i=0(i=1,2,\cdots,N)$

备择假设是：

H_1:$\beta_i<0(i=1,2,\cdots,N_1)$,$\beta_i=0(i=N_1+1,N_2+2,\cdots,N)$

这种备择假设形式中纵剖面时间序列间的回归系数β_i可以不相同。

当检验式(6.11)中的随机误差项μ_{it}不存在序列相关，并且对所有的i、t都相互独立时，此时对各纵剖面时间序列应采用DF检验式。纵剖面时间序列的DF统计量为：

$$t_i=\frac{\hat{\beta}_i}{S(\hat{\beta}_i)}$$

则

$$t_i=\frac{\hat{\beta}_i(y'_{i,-1}M_\tau y_{i,-1})^{1/2}}{\hat{\sigma}_i} \tag{6.12}$$

为了便于分析，IPS还提出了t_i的一个简化形式$\tilde{t}_i$：

$$\tilde{t}_i=\frac{\hat{\beta}_i(y'_{i,-1}M_{\tau}y_{i,-1})^{1/2}}{\widetilde{\sigma}_i} \tag{6.13}$$

$$\widetilde{\sigma}_i=\frac{\Delta' y_i M_{Xi}\Delta y_i}{T-1} \tag{6.14}$$

当$T\to\infty$时，在原假设条件下，t_i和$\tilde{t}_i$有相同的渐进分布η。

则$\tilde{t}-bar$检验统计量为：

$$\tilde{t}-bar=\frac{1}{N}\sum_{t=1}^{N}\tilde{t}_i \tag{6.15}$$

进而构造IPS统计量为：

$$Z_{\tilde{t}-bar}=\frac{\left|\tilde{t}-E(\tilde{t})\right|}{\sqrt{Var(\tilde{t})/N}} \tag{6.16}$$

$Z_{\tilde{t}-bar}$渐进服从$N(0,1)$分布。

IPS还通过蒙特卡洛模拟研究了IPS检验的有限样本性质，发现在小样本下，ISP检验明显要优于LLC检验。

2.面板数据单位根检验的结果

我们对经济增长(GDP)、金融发展(*FIR*)、投资(*I*)分别进行LLC单位根检验和IPS单位根检验。具体检验结果见表6–1、表6–2、表6–3和表6–4。

表6–1 单位根检验结果

总体变量	水平值		一阶差分值	
	LLC值	IPS值	LLC值	IPS值
经济增长(*GDP*)	1.26393	1.90647	–4.67489	–0.302
金融发展(*FIR*)	–0.61893	0.97508	–3.10289	–0.01559
人均固定资产投资(*I*)	1.78501	1.37663	–4.98284	–0.51882

表6–2 东部地区单位根检验结果

东部地区	水平值		一阶差分值	
	LLC值	IPS值	LLC值	IPS值
经济增长(*GDP*)	–0.08335	–0.4904	–1.18073	–2.1877
金融发展(*FIR*)	–0.51794	–1.1713	–1.21949	–3.2371
人均固定资产投资(*I*)	–1.04304	–2.6145	–1.28901	–2.684

表6-3 中部地区单位根检验结果

中部地区	水平值		一阶差分值	
	LLC值	IPS值	LLC值	IPS值
经济增长(*GDP*)	0.01183	0.072	-1.65548	-3.4303
金融发展(*FIR*)	-0.37558	-1.0935	-1.11774	-2.7882
人均固定资产投资(*I*)	0.2019	1.16	-2.27414	-3.8737

表6-4 西部地区单位根检验结果

西部地区	水平值		一阶差分值	
	LLC值	IPS值	LLC值	IPS值
经济增长(*GDP*)	-0.02213	-0.186	-1.71698	-3.4788
金融发展(*FIR*)	-0.44719	-1.2646	-1.42839	-4.0567
人均固定资产投资(*I*)	-0.00692	-0.0332	-2.03688	-6.6049

从单位根检验的结果可以看出，经济增长变量实际人均*GDP*、金融发展变量*FIR*和人均固定资产投资*I*都是不平稳的，而*GDP*、*FIR*和*I*的一阶差分是平稳的。说明这三个变量都是一阶单整的，一阶差分表现为无单位根。

二、面板数据的协整检验

1.理论介绍

时间序列观测数据的长度直接关系到协整关系检验的效果，经济变量的观测数据序列越长，协整检验的功效也就越高。然而，在面板数据模型中，由于个体的异质性、非平衡面板、纵剖面时间序列的相关性、纵剖面时间序列的协整性和二维渐近性等问题的存在，使得面板数据协整的检验远远复杂于时间序列的协整理论。

在面板协整检验理论研究中，主要有两类方法。一类是对面板数据协整回归检验式的残差数据进行单位根检验，即：Engle-Granger二步法的推广，这类检验称为第一代面板协整检验；另一类是从推广Johansen Trace检验方法的方向发展的检验，称为第二代面板协整检验。

2.实证检验结果

通过面板数据单位根检验，我们发现三大区域的实际人均*GDP*、*FIR*和人均固定资产投资*I*均表现为一阶单整*I*(1)，因此，变量间有存在协整关系的可能性。这里我们采用第一代面板协整检验的方法进行协整关系的检验。具体检验结果见表6-5。

表6-5　东中西部地区协整检验结果

变量	东部		中部		西部	
	LLC检验	IPS检验	LLC检验	IPS检验	LLC检验	IPS检验
残差	−1.62569	−2.4514	−1.62569	−2.4514	−1.62569	−2.4514

结果表明东部、中部和西部地区金融发展(*FIR*)、人均固定资产投资(*I*)与经济增长(*GDP*)之间存在协整关系,因此,我们可以建立适当的模型对经济增长与金融发展、固定资产投资的长期关系进行考察。

三、模型的选择及说明

面板数据模型是一个非经典计量经济学问题,近些年来已成为计量经济学领域重要的发展方向之一。基于面板数据建立的模型与时间序列分析有很多类似之处,即:面板数据既可以建立静态计量经济模型也可以建立动态计量经济模型。结合本章面板数据的特点,我们有针对性地选取了五个常用的静态计量经济学模型做进一步的分析。

1.混合估计模型

如果从时间上看,不同个体之间不存在显著性差异;从截面上看,不同截面之间也不存在显著性差异,那么就可以直接把面板数据混合在一起用OLS方法进行参数的估计。

我们以一元模型为例,建立如下模型:

$$y_{it}=\alpha+\beta_1 x_{it}+\varepsilon_{it},\quad i=1,2,\cdots,N;t=1,2,\cdots,T \tag{6.17}$$

α和β_1不随i、t变化,称模型(6.17)为混合估计模型。通过这个模型得到的全部参数估计都是无偏的和一致的估计。

假设建立的混合估计模型为

$$GDP=\beta_0+\beta_1 FIR+\beta_2 I+\mu \tag{6.18}$$

利用OLS估计模型(6.18)得到

$$\hat{GDP}=-1783.82+1237.33FIR+2.23I$$

$$(0.9375)\quad(15.4954)$$

$$\bar{R}^2=0.9208\qquad RSS=91427228$$

该结果是我们假设金融发展对经济增长的作用不存在东部、中部和西部区域差异影响,也不存在时间上的差异而得到的。由于东中西部的经济增长以及金融发展存在明显的差距,特别是在金融发展方面,东部地区金融体系和结构都优于中西部地区,并且西部地区金融结构比较单一,主要以国有及国有控股的大型商业银行为主导。这种金融的差异必然会表现在金融对经济的影响上。通过结果我们也可以看出,金融发展对经济增长的影响并不显著。这个模型只是我们对数据整体的探讨,为后面的模型做准备。

2.个体固定效应模型

如果从时间和个体上看，面板数据回归模型的解释变量对被解释变量的边际影响均是相同的,并且除模型的解释变量之外,影响被解释变量的其他所有确定性变量的效应只随个体变化而不随时间变化。这时,应该使用个体固定效应回归模型对面板数据进行回归。其模型的一般形式为:

$$y_{it}=\delta+\lambda_i+\sum_{k=2}^{K}\beta_k\chi_{kit}+u_{it} \tag{6.19}$$

对于固定效应模型参数的估计主要采用LSDV估计法和ANCOVA估计法。

假设建立的个体固定效应模型为

$$GDP=\beta_0+\beta_1D_1+\beta_2D_2+\beta_3D_3+\beta_4FIR+\beta_5I+\mu_i \tag{6.20}$$

其中,D_i=0或1,当选取的数据是东部的时候,$D_1=1$,$D_2=0$,$D_3=0$;当选取的数据是中部的时候,$D_1=0$,$D_2=1$,$D_3=0$; 当选取的数据是西部的时候,$D_1=0$,$D_2=0$,$D_3=1$。

利用OLS估计模型(6.20)得到

$$\hat{GDP}=2056+2240D_1-261.1D_2-1978.99D_3+130.18FIR+1.96I$$

$$(2.685)\quad(16.6707)$$

$\bar{R}^2=0.9659$　　　　$RSS=35403082$

通过拟合的结果,可以看出FIR对经济增长的作用是显著的。通过D_1、D_2、D_3的系数可以看出东中西部地区存在自发的金融对经济增长的差异影响。对于个体固定效应模型是否优于混合估计模型,还要进行进一步的检验。

个体固定效应模型与混合估计模型的比较:

F检验的假设是:

$H_0:\beta_1=\beta_2=\beta_3=0$

$H_1:\beta_i$不全为0(i=1,2,3)

构造检验统计量F:

$$F_1=\frac{(RRSS-URSS)/(N-1)}{URSS/(NT-N-K+1)}\sim F[N-1,N(T-1)-K+1]$$

$F_1=18.198>F(2,23)=3.42$

因此拒绝原假设,接受备择假设。说明区域本身对经济增长存在差异性影响,即由于东中西部地域的因素导致金融对经济的影响存在差别。

通过我们构造的个体固定效应模型以及个体固定效应模型与混合估计模

型的F统计量,我们可以发现,建立个体固定效应模型要比混合估计模型更有说服力。个体固定效应模型的假设是:区域本身的差异造成金融发展对经济增长存在自发性的影响;而在时点上这种自发的影响是可以忽略的。通过模型的拟合结果我们可以看出:FIR的系数是显著的，东部金融发展对经济增长的自发性影响是2240,中部金融发展对经济增长的自发性影响是-261.1,西部金融发展对经济增长的自发性影响是-1978.99。很明显,东部地区(正的)自发性影响远远大于中西部地区(负的)。

3.时点固定效应模型

时点固定效应模型就是对于不同的截面有不同截距的模型。如果确知对于不同的截面，模型的截距显著不同，但是对于不同的时间序列截距是相同的,那么应该建立时点固定效应模型,其模型为:

$$y_{it}=\gamma_t+\sum_{k=2}^{K}\beta_k \chi_{kit}+v_{it} \tag{6.21}$$

假设建立时点固定效应回归模型

$$GDP=\beta_0+\beta_1D_1+\beta_2D_2+\beta_3D_3+\beta_4D_4+\beta_5D_5+\beta_6D_6+\beta_7D_7+\beta_8D_8+\beta_9D_9+\beta_{10}FIR+\beta_{11}I+\mu_t \tag{6.22}$$

其中D_i=0或1，当选取的数据是1999年的时候$D_1=1$,$D_2=D_3=D_4=D_5=D_6=D_7=D_8=D_9=0$;当选取的数据是2000年的时候$D_2=1$,$D_1=D_3=D_4=D_5=D_6=D_7=D_8=D_9=0$;当选取的数据是2001年的时候$D_3=1$,$D_1=D_2=D_4=D_5=D_6=D_7=D_8=D_9=0$;当选取的数据是2002年的时候$D_4=1$,$D_1=D_2=D_3=D_5=D_6=D_7=D_8=D_9=0$;当选取的数据是2003年的时候$D_5=1$,$D_1=D_2=D_3=D_4=D_6=D_7=D_8=D_9=0$；当选取的数据是2004年的时候$D_6=1$,$D_1=D_2=D_3=D_4=D_5=D_7=D_8=D_9=0$；当选取的数据是2005年的时候$D_7=1$,$D_1=D_2=D_3=D_4=D_5=D_6=D_8=D_9=0$；当选取的数据是2006年的时候$D_8=1$,$D_1=D_2=D_3=D_4=D_5=D_6=D_7=D_9=0$;当选取的数据是2007年的时候$D_9=1$,$D_1=D_2=D_3=D_4=D_5=D_6=D_7=D_8=0$。

利用OLS估计模型(6.22)得

$$\begin{aligned}G\hat{D}P=&4878.84+3073.13D_1+3043.28D_2+2728.49D_3+3196.14D_4+1871.8D_5-\\&194.5D_6-3143.33D_7-3564.39D_8-7012.6D_9-4092.29FIR+3.44I\\&\qquad\qquad\qquad\qquad\qquad\qquad\qquad(-2.9182)\ (15.5922)\end{aligned}$$

$\bar{R}^2=0.9671$　$RSS=25305762$

通过结果可以看出,在时点上FIR对GDP影响效果仍然显著,通过虚拟变量的系数我们可以看到不同的年份对经济增长也存在自发的影响，这是各年实行的政策以及政策的实施效果不同造成的。对于是否时点固定效应模型优于混合估计模型还要进一步检验。

时点固定效应模型和混合估计模型的比较：

F检验的假设：

$H_0:\beta_1=\beta_2=\beta_3=\beta_4=\beta_5=\beta_6=\beta_7=\beta_8=\beta_9=0$

$H_1:\beta_i$不全为零，$i=1,2,3,4,5,6,7,8,9$

构造的F检验统计量为：

$$F_2=\frac{(RRSS-URSS)/(T-1)}{URSS/(NT-T-K+1)}\sim F[T-1,T(N-1)-K+1]$$

$F_2=5.552>F(8,17)=2.55$

因此拒绝原假设，接受备择假设。据此认为建立时点固定效应模型是可行的，即：年份本身对经济增长也存在差异性影响。

通过我们构造的时点固定效应模型以及相应的F检验可以看出：建立时点固定效应模型也优于混合估计模型。该模型是假设每一年中金融发展对经济增长的影响不存在东中西部区域性的自发影响，但一年与另一年间存在不同的自发性影响。拟合的结果显示，时点固定效应模型中金融对经济的作用也是显著的。这有其合理性的一面，国家定期或不定期都会有针对性地出台一些金融政策，同时又由于这些金融政策存在滞后效应，使得每一年金融发展对经济增长都有差异。这就使得对该样本建立时点固定效应模型效果显著。但区域之间的差距是客观存在的，忽略这种客观事实的影响显然是不太合理的。

4.时点个体固定效应模型

时点个体固定效应模型就是对于不同的截面、不同个体时间序列都有不同截距的模型。如果确知对于不同的截面、不同个体时间序列模型的截距都显著地不相同，那么应该建立时点个体效应模型，表示如下，

$$y_{it}=\lambda_i+\gamma_i+\sum_{k=2}^{K}\beta_k X_{kit}+u_{it} \tag{6.23}$$

假设建立时点个体固定效应模型

$$GDP=\beta_0+\sum_{i=1}^{3}\beta_i D_i+\sum_{t=1}^{9}\beta_{3+t}D_{3+t}+\beta_{12}FIR+\beta_{13}I+u_{it} \tag{6.24}$$

其中，$i=1,2,3$；$t=1,2,\cdots,9$。当选取的数据是东部的时候$D_1=1,D_2=D_3=0$；当选取的数据是中部的时候$D_2=1,D_1=D_3=0$；当选取的数据是西部的时候$D_3=1,D_1=D_2=0$；当选取的数据是1999年的时候$D_4=1,D_5=D_6=D_7=D_8=D_9=D_{10}=D_{11}=D_{12}=0$；当选取的数据是2000年的时候$D_5=1,D_4=D_6=D_7=D_8=D_9=D_{10}=D_{11}=D_{12}=0$；当选取的数据是2001年的时候$D_6=1,D_4=D_5=D_7=D_8=D_9=D_{10}=D_{11}=D_{12}=0$；当选取的数据是2002年的时候$D_7=1,D_4=D_5=D_6=D_8=D_9=D_{10}=D_{11}=D_{12}=0$；当选取的数据是2003年的时候$D_8=1,D_4=D_5=D_6=D_7=D_9=D_{10}=D_{11}=D_{12}=0$；当选取的数据是2004年的时候$D_9=1,D_4=D_5=$

$D_6=D_7=D_8=D_{10}=D_{11}=D_{12}=0$；当选取的数据是2005年的时候$D_{10}=1$，$D_4=D_5=D_6=D_7=D_8=D_9=D_{11}=D_{12}=0$；当选取的数据是2006年的时候$D_{11}=1$，$D_4=D_5=D_6=D_7=D_8=D_9=D_{10}=D_{12}=0$；当选取的数据是2007年的时候$D_{12}=1$，$D_4=D_5=D_6=D_7=D_8=D_9=D_{10}=D_{11}=0$。

利用OLS去估计模型(6.24)得到

$$
\begin{aligned}
G\hat{D}P=&985.51-132.33D_1+537.83D_2-405.49D_3+2909.36D_4+2902.66D_5+2609.77D_6\\
&+2545.14D_7+1162.92D_8-432.46D_9-2776.32D_{10}-3023.16D_{11}-5897.91D_{12}\\
&-2012.48FIR+3.242I\\
&(-0.4868)\quad(5.0952)
\end{aligned}
$$

$\bar{R}_2=0.9632 \quad RSS=24790154$

通过模型的结果可以发现，FIR对GDP影响不显著。即：假设个体之间既存在个体效应又存在时点效应的时候，FIR对GDP不具有影响。对于模型本身我们还要进行进一步的检验。

时点个体固定效应模型的F检验

检验1：

$H_0:\beta_1=\beta_2=\beta_3=\beta_4=\beta_5=\beta_6=\beta_7=\beta_8=\beta_9=\beta_{10}=\beta_{11}=\beta_{12}=0$

$H_1:\beta_i$不全为0，$i=1,2,\cdots,12$

构造的F检验统计量：

$$F_3=\frac{(RRSS-URSS)/(N+T-2)}{URSS/[(N-1)(T-1)-K+1]}\sim F[N+T-2,(N-1)(T-1)-K+1]$$

$F_3=4.032>F(10,15)=2.54$

因此，拒绝原假设，接受备择假设。此检验认为将模型设定为时点个体固定效应模型是可行的。

检验2：

$H_0:\beta_1=\beta_2=\beta_3=0$；当$\beta_t\neq0$时，$t=4,5,\cdots,12$

$H_1:\beta_i$不全为0，$i=1,2,3$；当$\beta_t\neq0$时，$t=4,5,\cdots,12$

构造的F检验统计量：

$$F_4=\frac{(RRSS-URSS)/(N-1)}{URSS/[(N-1)(T-1)-K+1]}\sim F[N-1,(N-1)(T-1)-K+1]$$

$F_4=3.211<F(2,15)=3.68$

因此，接受原假设，此检验认为在存在时点效应的情况下，模型不存在个体效应。

检验3：

$H_0:\beta_4=\beta_5=\beta_6=\beta_7=\beta_8=\beta_9=\beta_{10}=\beta_{11}=\beta_{12}$；当$\beta_i\neq0$时，$i=1,2,3$

$H_1:\beta_t$不全为0，$t=4,5,\cdots,12$；当$\beta_i\neq0$时，$i=1,2,3$

构造的F统计量：

$$F_5=\frac{(RRSS-URSS)/(T-1)}{URSS/[(N-1)(T-1)-K+1]}\sim F[T-1,(N-1)(T-1)-K+1]$$

$$F_5=0.039<F(8,15)=2.64$$

因此，接受原假设，此检验认为在存在个体效应的情况下，模型不存在时点效应。

总之，通过检验1知道模型设定为时点个体固定效应模型要优于混合估计模型，但检验2和检验3并没有通过检验，这说明建立时点个体固定效应其实并不合理，即：同时存在个体、时间差异的时候金融与经济的关系不显著。这可能是因为金融政策具有时间滞后和区域差异，当两者都存在时相互影响而造成总体结果不显著。

通过我们构建的时点个体固定效应模型及其检验的结果，我们可以发现，当假设样本之间既存在东部、中部和西部区域影响，又存在时间上的影响时，金融发展对经济增长的影响不显著。而当只考虑东部、中部和西部区域影响不考虑时间影响的个体固定效应模型，以及只考虑时间效应不考虑东部、中部和西部区域影响的时点固定效应模型时，金融发展对经济增长的影响都很显著。这说明个体和时点之间存在相互影响使得*FIR*作用不显著，即：在每一年当中国家出台的统一的金融政策由于东部、中部和西部区域自身因素的存在使得该政策的最终效果不一致。这就要求国家为了缩小东部、中部和西部区域经济之间的差距，为了统一的金融货币政策达到预期的效果，应该实行有差别的区域金融政策。

5.随机效应模型

在面板数据的分析当中，如果解释变量对被解释变量的效应不随个体和时间的变化而变化，我们可以将模型设定为固定效应模型或随机效应模型。固定效应模型描述的是解释变量中不包含一些影响被解释变量的不可观测的确定性因素行为，该模型采用的是反映个体特征或时间特征的虚拟变量或者分解模型的截距项来描述这些确定性信息。由于固定效应模型中包含了许多虚拟变量，易于导致参数的非有效估计。与固定效应模型不同，随机效应模型描述的是解释变量中不包含一些影响被解释变量的不可观测的随机性因素行为。为了弥补固定效应模型损失自由度的缺点，马德拉(Maddala，1971)提出将混合数据回归的随机误差项分解为截面随机误差分量、时间随机误差分量和个体时间随机误差分量三部分。也就是说对模型中的随机误差项进行分解。即：

$$u_{it}=u_i+v_t+w_{it}$$

其中，$u_i \sim N(0,\sigma_u^2)$表示个体随机误差分量；$v_t \sim N(0,\sigma_v^2)$表示时间随机误差分量；$w_{it} \sim N(0,\sigma_w^2)$表示个体时间（或混合）随机误差分量。如果随机效应模型当中只含有u_i和w_{it}随机误差项叫做个体随机效应模型；如果随机效应模型当中包括u_i、v_t和w_{it}随机误差项叫做个体时间随机效应模型。

随机效应模型和固定效应模型各有优缺点。随机效应模型可以节省自由度，而且能明确地描述出误差来源的特征。固定效应模型的好处是容易分析任意截面数据所对应的因变量与全部截面数据对应的因变量的差异程度。对于固定效应模型和随机效应模型的选择问题：一方面我们可以使用Hausman检验的方法；另一方面可以采用经验的做法，如果建立面板数据样本模型的目的是推断样本空间的经济关系，则模型设定为固定效应模型会更合理一些，相反，如果样本是从总体随机抽样得到的，并且建立模型是为了解释或推断总体的统计性质，则将模型设定为随机效应模型比较合理。

假设建立的个体随机效应模型为：

$$GDP=(\beta_0+\beta_1)D_1+(\beta_0+\beta_2)D_2+(\beta_0+\beta_3)D_3+\beta_4 FIR+\beta_5 I+\mu_{it} \quad (6.25)$$

其中，D_i=0或1，当选取的数据是东部的时候，$D_1=1$，$D_2=0$，$D_3=0$；当选取的数据是中部的时候，$D_1=0$，$D_2=1$，$D_3=0$；当选取的数据是西部的时候，$D_1=0$，$D_2=0$，$D_3=1$。

利用OLS去估计模型(6.25)得到：

$$G\hat{D}P=-1783.82+1237.32FIR+2.23I$$
$$(1.4424)\ (23.8411)$$

$\bar{R}_2=0.9208$

通过结果可以看出*FIR*对*GDP*的影响仍然不显著，但我们还要进一步通过Hausman检验的方法检验建立随机效应模型是否可行。

个体随机效应模型的检验：

H_0：个体效应与回归变量无关（个体随机效应回归模型）

H_1：个体效应与回归变量相关（个体固定效应回归模型）

构造*H*统计量：

$$H=\frac{(\hat{\beta}_W-\hat{\beta}_{RE})^2}{s(\hat{\beta}_W)^2-s(\hat{\beta}_{RE})^2}=34.81>\chi^2_{0.05}(2)=5.99$$

通过*H*统计量可以发现我们应该拒绝原假设，接受备择假设。也就是说，设定的模型是个体随机效应模型是不合理的。同时也说明，对于所选取的样本数据，建立固定效应模型要优于随机效应模型。

第四节　主要结论

本章基于东部、中部和西部的面板数据，运用面板数据单位根检验和面板数据协整检验方法，对东部、中部和西部地区金融发展与经济增长的长期关系进行了实证分析。其中运用面板数据协整分析方法对此长期关系的可靠性进行分析后，我们得出，东部、中部和西部地区金融发展对经济增长的作用具有明显差异。本章的研究结论再一次证实中国金融发展与经济增长之间存在强相关关系，但金融发展与经济增长关系表现出明显的区域性差异。由于政策等因素的不确定性使得金融发展对经济增长的影响也受时间的影响，表现出时点的差异性。但考虑区域差异和时点差异的时候，金融发展对经济增长的影响便不再显著。这说明统一的金融政策在实施的过程中受到区域自身因素的影响，而不能达到预期效果，为了达到预期效果就要针对不同地区实行有差别的区域性金融政策。同时本章所采用的模型是同系数模型，即假设不同地区、不同时点金融发展对经济增长的影响程度是相同的。这一假设有其合理的地方，表现为我国金融是从上到下属于统一政策金融体系，金融的很多方面不存在区域性，且政策是相对固定的，所以时点差异也是很小的。

第七章 区域金融促进西部经济发展的政策建议

正如经济的区域分布并不均衡一样,金融的区域分布同样呈现出一种非均衡的静态存在和发展态势。对金融发展促进经济增长的研究表明,不同的区域金融对经济增长的促进程度不同。东部地区金融发展对经济增长的促进程度要大于中部和西部。如果全国实行统一的金融政策,会使区域差距不断扩大,因此要缩小地区之间的差距,就需要采取不同的区域性金融政策。

第一节 区域性金融政策的界定

利用区域性金融政策缩小区域之间金融差距源于两种思想:其一是源于自由主义,即通过市场的“无形之手”引导资源重新配置;其二是源于政府干预主义,即依靠政府的“有形之手”实施区域金融政策。自由主义由于假设过于严格,往往忽视了市场外部性的原因。在现实中,阻碍要素自由流动的因素很多,如地方保护主义和流动性限制等。张可云(2001)认为市场存在试错过程,由于外部性的存在,企业家的不良区位决策往往不是得到纠正而是维持下去。凯恩斯(1963)曾指出“没有国家制衡干预的资本主义增长具有内在不稳定性。国民经济不景气趋势会因乘数与加速效应而强化,因此,经济会陷入一个恶性向下的螺旋”。此结论同样适用于区域差异研究。因此,实施区域性金融政策是缩小区域间金融差异的必然途径和必要措施。

区域经济政策是指政府为实现区域经济发展目标,优化资源空间配置,调整区域经济结构和区域经济布局,更好地参与区域经济的分工与合作,实现区域经济健康、持续、稳定增长而制定的一整套政策体系。从采用政策手段的角度来讲,我们可以把区域经济政策区分为区域财政政策、区域金融政策、区域投资政策、区域贸易政策、区域产业政策、区域就业政策、区域社会福利政策等一系列具体的政策。区域财政政策和区域金融政策是区域经济政策中最重要的两个子系统，对它们的研究会使我们更好地认识缩小区域经济差距的方法和途径。

区域金融政策的定义我们可以理解为：在坚持国家金融政策整体目标的前提下,政府、中央银行和其他相关金融部门充分考虑地区差异,从地区实际情况出发制定和实施的区域性金融政策,通过影响区域金融主体的行为选择,借以平衡区域金融发展,优化区域金融结构,使金融政策在各区域的传递效果达到均衡的一系列制度安排。金融政策的决策权必须集中统一,但由于地区经济之间存在客观区域性差距，这就要求在具体实施金融政策的时候要具有区域差异性,最终确保金融政策的实施效果达到一致性。

区域金融政策作为区域经济政策的一个子系统，其目标从属于区域经济政策的目标。同时区域金融政策要在保证统一的金融政策目标的前提下,实施区域金融政策操作,它既受制于宏观目标又具有相对的独立性。区域金融政策的目标包括以下几种。

目标之一是调控地区之间的差异。世界各国实施区域金融政策大多以扶持落后地区金融发展、调控区域之间差距为主要政策目标。地区差距主要包括三个方面的内容:一是地区之间发展水平的差距,主要表现为工业化水平、经济结构和基础设施的发展水平;二是生活水平之间的差距,主要体现在居民收入水平和消费水平方面;三是体制、文化背景的差距,主要表现在市场化程度差异、经济开放程度差异和商业意识差异等方面。

目标之二是区域金融结构优化和区域金融发展。区域金融结构指的是区域金融工具和金融机构的形式、性质及其相对规模;区域金融发展指的是区域金融结构的变化,主要是各类金融资产的增多及各种金融机构的设立,金融交易规模的扩大和金融产业的高度化过程带来金融效率的持续提高。区域金融政策应从缩小区域经济差距入手,构建差异的区域金融结构,提高储蓄向投资转化的比率,增加储蓄向投资转化的渠道。同时要提高资本的使用效率,增大经济总量。

目标之三是优化区域经济结构。区域金融结构的优化必然会引起区域经济结构的优化和发展,使不同区域形成各自的竞争优势,摒弃了各区域低水平的产业趋同。资源在空间的优化配置要求各地区主要发展具有相对优势的产业,放弃发展劣势产业。在单纯的市场机制调节下,资源在区域间的配置难以达到优化。金融政策就是要纠正市场机制的缺陷,扶持该地区的主导产业和优势产业的发展。

区域金融政策目标的实现需要依靠区域金融政策的工具。按其影响范围的不同,区域金融政策分为四类,即一般性区域金融政策、选择性区域金融政策、直接区域金融政策和间接区域金融政策。

1.一般性区域金融政策

常用的一般性金融政策为再贴现政策、存款准备金政策、公开市场业务政策。而区域金融政策就是在此基础上提出的区域贴现政策、区域存款准备金政策和区域公开市场业务政策。区域性的贴现政策是指中央银行还可以通过调整再贴现率对不同区域采取不同的再贴现政策来干预和影响市场利率以及货币的供给和需求,从而实现对货币供应量的调控。区域间贴现政策的不同会引起区际资本的相对流动,有利于落后地区的投融资。区域存款准备金政策主要是通过实行区域差异存款准备金政策,来影响区域的货币投放量,进而达到调节区域内的货币信贷活动和货币量的目的。区域公开市场业务政策主要是指中央银行在区域金融市场上买进或卖出有价证券从事公开市场业务,来达到调节区域信贷活动和区域货币量的目的。但由于我国金融市场不发达,各种债券在市场的流动性较小,致使区域的公开市场业务政策影响效果甚微。

2.选择性区域金融政策

除了中央银行的"三大法宝"之外,中央银行还可以使用诸如消费信用政策、证券市场信用控制、不动产信用控制、优惠利率等措施来达到影响经济的目的。消费信用通常表现为商业银行为消费者分期付款信贷,进而影响区域总需求量和区域信贷活动。当不同的区域经济处于通货膨胀或通货紧缩时,可以提高或减低分期付款购买耐用消费品的第一次付款的最低金额,缩短或延长贷款期限。这样针对不同的区域可以采取不同的消费信用政策。

3.直接区域金融政策

直接金融政策指的是中央银行运用行政命令或其他方式,直接对商业银行的信用活动进行干预的金融政策,如利率最高限、信用配额、流动性比率与直接干预等均属于直接的金融政策。而直接的区域金融政策则是指不同区域的中央银行根据本地区经济发展的特点运用差异性的行政命令来直接对本区域商业银行的信用活动进行干预的金融政策。比如对不同的地区实行不同的利率管制,在政府的领导之下使资金流向特定的区域。针对不同资金区域流动性冷热不同的差异问题,不同地区的商业银行可以设定不同的流动性比率来保持区域信用的创造能力。

4.间接区域金融政策

间接金融政策主要表现为道义劝告、金融检查和舆论宣传等。中央银行和监管部门可以对各区域下一级央行和各商业银行的各项指标进行检查,如贷款的偿付能力、呆坏账比例、备付金比例等,监督各银行执行各项金融法律法规。并对各区域下一级央行和各商业银行发出口头或书面劝告,影响金融机构放款与投资来达到实现不同区域采取不同金融政策的目的。

第二节 西部金融抑制经济发展的具体表现

一、区域经济发展不平衡的货币政策分析

自从我国实行市场经济以来,经济金融化的趋势也在不断加剧,金融政策在宏观调控中也显得越来越重要,但全国统一的货币政策存在制约区域经济发展的不利因素。

1.统一的存款准备金政策不利于弱势地区的经济增长

我国自建立中央银行体系以来,存款准备金就成为我国货币政策的一项重要工具。它的意义在于保证商业银行经营的流动性和储户存款的安全性。但是,在经济发展趋于区域化的今天,统一的存款准备金政策客观上不利于区域经济的协调发展。由于经济发展水平落后,西部地区的存款增长能力远比东部地区小。如果按相同的存款准备金率提交存款准备金,肯定会加剧西部落后地区资金匮乏的现状。

2.同一利率水平使区域经济发展差距进一步加大

同一利率水平在客观上形成了对东部地区的利率优惠。由于地区经济发展的不平衡,客观上就形成了资本的预期收益率的不同。如果此时市场是由市场供求关系决定的,那么东部地区对资金的需求比较旺盛,市场利率水平就比较高,而西部地区资金需求相对较少,市场利率水平应该比较低。中央银行对不同地区实行统一的利率,实际上就是对东部发达地区投资行为的一种变相补贴。东部地区实际利率已经接近实现市场化,从自身利益出发,西部各商业银行基层行宁愿将本来数量不多的信贷资金向外拆借,也不愿意用于本地贷款,这就使得西部地区经济效益较差的国有大中型企业难以得到资金的支持。在完全由市场决定利率的条件下,利率高低受到当地资金利润率的影响,即用资金的边际利润率来表示,边际利润率越高对资金的吸引力就越大。西部地区资金的边际利润率明显低于东部地区,但在存在利率管制的条件下执行统一的存贷利率政策,客观上就造成了东部地区实际上在享受利率优惠政策,这种利率政策的后果自然就使西部地区的资金流向东部,造成西部资金匮乏的局

面。

3.货币政策传导机制导致区域经济差距扩大

货币政策的最终效应主要取决于两个基本因素：一个是宏观经济总体对货币政策的反应灵敏程度,也就是指经济的货币化水平;另一个是指微观主体对货币政策的灵敏程度。东部地区货币化程度较高,货币资金运动对整个实体经济的影响更为显著。而西部地区有相当数量的货币被经济货币化进程所吸纳。所以,相同力度的货币供求在区域间的结果差异是很大的。目前我国东部地区经济的增长点主要是经济效益较高、经营机制较灵活的非国有经济,这些经济体的自我发展能力较强,对银行信贷资金的依附程度较低。而西部地区经济的增长点则是经济效益较低、对银行信贷资金依附程度较高的国有企业。紧缩银根的金融政策必然对西部经济发展带来严厉的制约作用。经济发达地区非国有经济所占比重较大、企业融资渠道广,而欠发达地区以国有经济为主,企业融资大部分依赖国有银行。因此,中央银行的紧缩政策通过国有及国有控股的大型商业银行最先传给的是国有企业，而对国有及国有控股的大型商业银行依赖较小的非国有企业影响较小。由于经济较发达地区投资扩张速度快,当宏观政策开始逐步放松时，现实经济运作中首先启动的必然是经济较发达地区。因此,当宏观金融政策处于紧缩状态的时候,经济较发达地区的经济会从过热状态冷却下来,与此同时,经济欠发达地区的企业会发生资金紧张,社会资金的正常流动受阻。当宏观经济处于宽松状态的时候,经济较发达地区的经济会再度趋热。这样就会使宏观金融调控的回旋余地较小,有时候就会出现宏观金融紧缩政策未达到预期效果的时候会迫于落后地区企业经营的压力而放松银根。

二、西部金融发展落后的因素分析

西部的金融发展之所以落后是受多方面因素影响的，既受经济发展水平的外在制约,又受金融自身发展运行的内在制约。

1.外在制约因素

外部经济水平发展的高低必然会影响到金融发展水平的高低。改革开放以前,我国区域建设一直遵循的是均衡发展的战略,虽然几十年的经验表明,这种经济模式是低效率的,但东西部经济发展的差距不明显。改革开放之初,我国实行了在“梯度发展理论”指导下的区域非均衡发展战略,区域经济发展的空间是由东向西,按技术梯度,从先进技术地带逐步向中间技术地带、传统技术地带推移。在这种发展战略的指导下,国家的优惠政策、资金注入、建设项目、工作中心和力度都开始向东部大力倾斜。经过改革开放三十多年的发展,东部地区经济高速发展,但与此同时却没有带来西部经济的腾飞。该战略使资源利用效率得到提高的同时,也使东部地区利用各种优势吸引了西部大量资源要素,直接导致东西部差距扩大。

在经济运行的微观层面,与计划经济相比,市场经济是一种有效配置资源的方式。这种方式可以引入竞争机制,自发地将资源配置到有效率的地方,并实现优胜劣汰,促进经济增长。市场化程度和所有制改革是密不可分的,为了推动经济市场化建设应该大力发展多种所有制经济,努力降低国有经济的比重。东部地区非国有经济的比例远远大于西部地区。非国有经济比例越高的地区,市场化进程越快,经济就越发达。因此,西部地区要加快市场化进程,降低国有经济在经济总量中的比重,大力发展多种所有制经济,进而促进区域经济的增长。经济的发展水平决定金融的发展程度,西部经济的这种体制势必影响区域金融的运行情况。

产业结构的不合理也会使西部金融处于落后的局面。区域产业结构指的是区域经济中各类产业的构成和各产业间量的比例和质的联系等关系的总和。随着经济的发展,产业结构会发生相应的转换和演变,这种结构的转变并不是随意的,通常表现出一定的规律性。著名的配第—克拉克定理揭示了劳动力在不同产业间的分配规律:随着经济的发展,劳动力在一、二、三产业之间的比重,表现出逐渐从第一产业向第二产业、再向第三产业转移的趋势。而库兹涅茨的研究表明:在经济的不断发展过程中,第一产业产值在整个社会总产值中的比重不断下降,第二产业和第三产业的产值比重不断上升。所以某一个地区经济发展水平的高低都可以通过产业结构的差异来描述。自改革开放以来,西部地区也同全国其他地区一样取得了显著的成就,但从宏观层次上产业结构之间的差异还是比较明显的。西部地区农业结构比较单一,长期受到传统农业思想的影响,认为发展农业主要就是发展粮食种植业,从而忽视了其他经济作物的种植和其他行业的发展,所以西部粮食播种面积占其耕地总面积的较大部分,而西部地区可耕地的平均质量较差加之农业劳动生产率相对东部较低,虽然大面积播种,但粮食产量不高。西部地区的工业也存在结构单一的问题,主要表现为重工业和轻工业的比例不协调,军工、能源、采掘、原材料等重工业所占比例较大,产业加工层次较低。计划经济时期,根据全国劳动地域分工的要求,以及支援东部加工工业的发展,西部地区形成了我国重要的能源、原材料基地。同时按照国家计划,以较低的价格向全国各地调拨资源型产品,而又以较高的价格调进加工型产品,如此一进一出,地区利益受到严重剥夺,造成区域自身积累不足。西部地区内部由于轻工业发展不足,不能很好地与重工业配套协作使资源配置效率受到抑制。另外,重工业优先发展的布局违背了由农业到轻工业再到重工业的正常产业更替升级序列，导致了主要产业与周围经济关系松散，难以带动轻工业和农业，从而难以带动整个地区的经济发展。对于第三产业，西部地区发展水平也是比较低的，主要表现为高附加值的新兴产业发展不足。

从总体上看，这些都是导致西部经济落后的非金融性因素，也是导致西部金融发展缓慢的外部因素。由于西部经济发展水平的落后，使得企业效益不佳，居民收入水平低，造成了西部区域内储蓄不足，投资欲望不强，资本形成能力不够。同时由于经济的低水平，货币化、市场化的滞后，导致了区域金融需求的低层次，相对简单的金融供给即可满足区域金融的需求，这样就形成了区域经济对区域金融发展水平的阻碍。

2.内在制约因素

从制度和体制的角度去看，西部金融发展本身就存在制约自身发展的因素。在计划经济时期，西部地区经济的发展主要靠中央财政的资金支持，金融只是作为财政支持以外的辅助手段。目前在西部地区非国有金融比较匮乏，处于垄断地位的国有金融机构一方面需要寻求自身的发展，另一方面还要负担起对政府偏好的产业或部门的有效支持。这样就使得当地政府的行政计划在金融资源的配置中具有特殊的地位，政府常常根据自身的偏好影响着金融资金的投向，使得大部分资金投向效益不好甚至是亏损的大中型国有企业。长期以来金融机构并不能进行真正的市场化经营。由于这些国有企业并未进行有效的市场化改革，那种依靠政府支持而不是向市场筹集资金的投入，进入国有企业之后并不会达到政府所期望的效果。相反，那些效益好的民营企业由于体制上存在差别很难在国有金融机构进行融资；同时中小企业也很难在国有及国有控股的大型商业银行进行融资。这些民营企业和中小企业若想得到国有及国有控股的大型商业银行的支持，就要付出很高的交易成本。所以西部金融并没有摆脱计划体制的约束，尚未形成有效的金融市场运作机制。随着社会主义市场经济体制的初步建立，经济运行已从财政主导型向金融主导型转变，那种采取坐、等、靠的方式，指望中央给予大力的财政支持是不现实的，只有转变观念，走依靠市场道路才能取得当地的金融发展，走金融市场化的道路才会实现西部金融的长远发展。

金融政策的差异也是引起东西部地区金融发展差距的内在原因。改革开放以后，我国实行非均衡的发展战略，优先发展东部，在政策上给予相对中西部较优惠的政策。金融机构的设置上，东部地区设立的分支机构就要比西部地区受到的限制少，这样就形成了东部有很多的股份制商业银行，而西部则寥寥无几。东部地区金融市场开放得较早，大量的外资银行入驻，而西部地区外资银行则屈指可数。东部地区在贷款融资方面比起西部能享受到更多优惠的政策。在资本市场上,我国仅有的两家证券交易所都在东部,在上市企业当中,东部的企业也占据了很大一部分比例,只是在近些年西部上市的企业有所增加。从企业发债融资的角度看,东部地区发债融资也比西部地区容易。

第三节 国际发展落后地区经验的启示

美国的“西进运动”、日本的北海道—冲绳开发、法国的洛林—诺尔—加莱开发、意大利的南部开发等,都是世界各国对经济落后地区开发的例证。每一个进行落后地区经济开发的国家都把缩小地区之间的差异作为最终目标。为了促进区域经济开发,这些国家在构建金融体系时,都是根据区域结构,适时调整金融体系的结构,使金融体系的结构适应区域经济结构调整和升级的要求,更好地促进区域经济开发。从体系结构上看,这些国家都采取了以下措施。

一是多元化的中央银行制度。在所有国家当中最典型的是美国,美国的联邦储备体系将全国划分为12个联邦储备区,每一个储备区内设12家区域中央银行即联邦储备银行,并在各自辖区内的一些重要银行设立相应的分行,同时联邦储备系统在权力上采取“既分散、又统一”的做法,以解决联邦储备制度在中央管理与地方管理之间的矛盾。联邦储备银行不受州政府和地方政府的管辖,在业务上有其相对而言的独立性,负责组织和管理区内的金融活动。这种“既分散、又统一”的中央银行制度,有利于区域性中央银行根据区域经济具体情况提供金融支持。

二是设立政策性金融机构来支持落后区域和产业的发展。意大利在开发南部落后地区时,专门设立了政策性的金融机构,即南方租赁公司,专门为南部地方的中小企业优惠出租先进技术设备和生产流水线。日本在1951年成立了日本开发银行,专门为国家重点产业提供长期资金,大力支援石油化工产业,对北海道落后地区石化工业的发展起了重大作用。同时日本政府金融体系的十个公库中,设立两个直接服务于落后地区的公库,即北海道东北开发公库和冲绳振兴开发公库,这两个公库为北海道和冲绳提供长期资金支持。美国在支持落后地区经济发展的时候也有类似的金融机构,为了直接参与存贷款业务活动,美国先后成立了美国进出口银行、各类农业信贷机构以及住宅建设信贷机构等政策色彩较重的金融机构。

三是发展地方性商业银行。美国曾建立过这样的专业性银行使地方的经济、金融利益得到充分的保护,并使美国的货币政策在不同的领域得到全面的贯彻执行。

四是制定有差异的金融管理政策。美国银行存款准备金率是依据银行所处的三类地区分别制定,1937年美国中央储备银行的活期存款准备金率为26%,储备城市为20%,其他地区为14%。美国各区域制定贴现率政策的权利下放,由各区域的联邦储备银行制定适合自己地区的贴现率政策,进而通过贴现率调整促进投资和经济发展。

五是对落后地区实行利率倾斜政策。比利时政府对落后地区的投资补贴达7%,享受补贴额可达投资总额的75%,补贴期为5年。法国在20世纪80年代为推动老工业区"再工业化"和老工业区企业技术改造,专门设立优惠的"再工业化"贷款基金,以两种方式发放:或以9.75%的利率直接给企业,或按9.75%的利率发放给借贷公司,再贷给有关企业,利率为14%。

六是对落后地区企业贷款实行政府担保。贷款担保的目的是支持金融机构对落后地区企业提供贷款,若政府出面对企业贷款提供信贷担保,既保证了地区经济开发对资金的需求,又保证了商业银行的营利性、流动性和安全性。例如德国联邦政府经常对落后地区重大企业提供风险贷款担保;美国曾对向落后地区提供固定资产和流动资产贷款的私人信贷机构提供高达90%的信贷保险。同时在1805—1890年的铁路建设资金中,美国政府援助仅占15%,大部分投资由私人提供,其中约1/4是外国资本。

这些成功的经验对我国制定区域金融政策有很大的借鉴作用。针对国内金融与经济发展的情况,我们首先要认清引起区域发展差距的原因以及西部地区落后的原因,然后针对其中存在的金融政策问题进行相应的改进,同时借鉴国外成功的经验来制定符合我国国情的区域金融政策。

第四节　西部区域性金融体系的构建

我国长期以来一直实行一种忽视地区间经济差距的"一刀切"的金融调控政策,这样既不利于区域经济的协调发展也不利于宏观经济的稳健运行。我国金融政策的实施不应该是简单的、统一的全国性政策,而是应该具体问题具体分析,切实考虑各地区经济发展水平状况,实行金融政策的合理化、区域化来加强金融对不同区域的支持力度,进而促进不同区域的经济发展。

一、区域性金融体系的选择

世界上不同的国家拥有不同的金融体系，很难用一个相对统一的模式去概括金融体系。例如：德国几家大银行起支配作用，金融市场很不重要；而美国正好相反，金融市场作用很大，而银行的集中程度很小。而其他大多数发达国家的金融市场体系处于两者之间。尽管这些国家的金融体系各有模式，但总体上来讲，国际上一般将金融体系分为金融调控体系、金融组织体系、金融监管体系、金融市场体系、金融环境体系五个方面。结合我国西部地区的具体情况，这里选择金融调控体系、金融组织体系、金融市场体系和区域金融政策与区域投资政策协调配合四个方面来提出构建西部区域性金融体系的政策建议。

在金融调控体系方面，实行区域性的货币政策以及实行集权和分权相统一的中央银行制度都会更好地促进西部经济的发展。在金融组织体系方面，应该借鉴国外的经验大力发展政策性金融组织，加大对落后地区的支持。与此同时，也要充分发挥国有及国有控股的大型商业银行区域分行的作用。而针对西部落后地区中小企业融资困难的情况，也要鼓励西部地区中小金融机构的发展。在构建区域金融市场体系方面，既要避免地方政府的干预，实行全国统一的金融市场，又要针对本地区的特点培育区域性的金融市场体系。实行区域金融政策的同时也需要区域投资政策的协调配合，这样才能更好地发挥金融的巨大作用。

总之，西部地区区域金融市场体系的构建，需要区域性金融调控体系、区域性组织体系以及区域性市场体系的相互配合、相互作用、相互支持。只有这些方面的相互促进才能真正发挥区域金融市场体系的作用，才能更好地促进西部落后地区的经济发展。

二、发展区域金融货币政策

金融调控体系是货币政策与财政政策的配合、保持币值稳定和总量平衡、健全传导机制等国家宏观调控体系和利率市场化、利率形成机制、汇率形成机制、资本项目可兑换、支付清算系统等金融宏观调控机制的有机结合。发展区域性金融调控体系，使得国家宏观调控、金融调控可以和东西部地区的具体情况相结合，更好地发挥政策效果。具体措施如下：

1.实行集权和分权相统一的中央银行制度

按分权的程度，单一中央银行制度可以分为一元式中央银行制和二元式中央银行制。一元式中央银行制的运作特征是：国家只设立一家中央银行作为政府金融管理机构,由该机构及其分支机构履行中央银行职能。这种制度的优点是具有较强的统一监管和总量调节的能力和效应。二元式中央银行制的运作特征是:在中央和地方设置中央银行机构,组成中央银行体系,共同履行中央银行职能来处理集权与分权的关系。一般地,区域中央银行在业务管理上具有较大的独立性,负责组织和管理区域内的金融活动,同时又执行中央银行系统最高政策制定机构和最高决策机关的决策并接受其管理。在有利于提高一国金融区域化管理效率方面,二元式中央银行具有值得借鉴的地方。对于我国这样一个金融市场秩序还未建立健全的转轨型发展中国家,出于防范金融风险、保证中央银行各项政令得以顺利贯彻执行的考虑,选择一元制式有其必然性、合理性,但同时要求中央银行必须考虑货币政策的区域差异及其协调效应。可能的选择是在一元式银行制度内部随经济转轨进程和市场健全程度不断进行改革,在保证对总体金融形势的控制和对各分行行为的必要监控前提下,增强各分行自主组织和调控本地金融活动的权力和动力。

自1998年实行金融体制改革以来,人民银行减少了分行的设置情况,使得中央银行能够独立行使中央银行的金融调控能力,减少了地方的行政干预。我国东西部地区经济发展之间的差异、地区间的非均衡增长和中央银行货币政策的高度统一之间的矛盾是很明显的,在一定程度上,使中央银行金融政策目标和实体之间波动趋势发生相对的背离。其结果只能是降低宏观经济总体质量和降低中央银行金融政策的时效性。组建跨省区的分行可以综合考虑各个区域的特征,灵活运用货币政策工具,促进经济协调发展。同时,在总行统一政策的框架下,赋予各个分行适当的自主调控权,实施有差别的金融调控政策。

2.针对不同区域实施不同利率政策

利率市场化是金融深化理论的核心。利率作为资金的价格应该有效地反映资金的稀缺、投资的风险,利率也可以作为宏观调控的手段,作为资金流向的导航器。近年来,西部地区实际利率明显偏低,不能反映其真实价格,同时西部利率也明显低于东部,导致了一系列不利于西部金融和经济发展的不良效应。偏低的实际利率诱发了低效国有企业的贷款欲望,加大了西部地区资金占用水平,使一些优秀的企业资金变得匮乏,这样就加剧了西部地区资金供求矛盾。在1994—1999年,东部地区实际利率为1.988,而同期西部地区实际利率平均只有0.833,这样就诱发西部资金大量东流,银行体系对西部资金的"虹吸"也是必然的结果。对利率的调整将从两个方面产生对西部经济的正面效应:一是改变资金流向,引导资金向西部流动;二是资源的高效配置,在"清理"低效企业占用资金的局面的同时,"挖掘"出能反映西部竞争优势的行业,"筛选"出一批能创新、讲信誉、代表产业潜力、预期效益好的企业。

现阶段我国尚未实现利率市场化，利率结构缺乏合理性，未体现出地区及行业差别。东部地区实际是享受官定利率优惠，西部则受到官定利率的损失。所以，实施利率的分级管理和差别利率政策对资金非均衡配置进行逆向调控是非常有必要的。在中央银行设定基准利率的基础之上，由中央银行各区域分行具体设定利率浮动的具体界限。西部地区规定同业拆借资金的利率上限，实现限额比例管理限制资金流向东部。同时降低西部地区贷款利率，使其与西部地区企业的经济效率和承受能力相适应，鼓励地方和个人对西部地区进行投资。在存款利率方面，西部地区应该提高商业银行的存款利率，对于西部金融机构由于贷款利率低所带来的利润损失，可以通过减免税或财政贴息的方式来进行弥补。

3.对不同区域实行不同的存款准备金率

我国作为一个大国，法定存款准备金率是统一的，而西部地区货币化水平远低于东部地区，再加上西部地区向东部地区的资金回流，使得西部地区的货币乘数远远低于东部地区。当中央银行降低存款准备金率的时候，西部地区由此增加的基础货币供应远低于东部地区。要使存款准备金起到调节地区经济差异的作用，可以按区域经济发展状况来制定不同类别和不同档次的存款准备金率。对于发达的东部地区存款准备金率高一些，而对于落后的西部地区存款准备金率低一些。这样就可以增加西部地区的信贷投资和资金来源，同时东部的资金也可以通过中央银行流到西部落后地区。

三、完善区域金融组织体系

从一般性意义上看，金融体系是一个经济体中资金流动的基本框架，它是资金流动的工具、市场参与者和交易方式等各金融要素构成的综合体。由于金融活动具有很强的外部性，在一定程度上可以视为准公共产品，因此，政府的管制框架也是金融体系一个密不可分的组成部分。完善区域性的金融组织体系，可以充分考虑地区之间的差异，使西部地区能够得到充分的发展。具体做法如下：

1.加大政策性金融组织对落后地区的扶持

政策性金融组织在西方通常被称为“开发性金融机构”或“政府专业性机构”。它一般以政府发起和组织为前提，为配合执行政府产业政策和区域政策，以国家信用为基础，不以盈利为目的，旨在国民经济和金融发展的整体利益上发挥作用，专门在特定领域从事资金融通，并为政府所参股、担保或控制的专业化金融机构。在我国西部，由于内源融资能力弱，商业银行体系支持能力低，基础设施建设不足。而在开发前期，其工作重点是完成具有强外部性的基础设施建设、生态环境建设和产业结构调整，这些巨大的融资任务都将依靠具有特殊功能的政策性金融机构来完成。从我国现有的政策性银行来看，一方面其任务繁重，另一方面存在自主性差等诸多问题，为了有针对性地发挥对西部开发的支持作用，必须构建西部政策性金融机构，问题是受制于融资渠道不畅往往成为其面临的难题之一。目前，针对政策性银行存在的问题，政策性银行正在进行改制，这将更有利于国家对基础产业的支持和发展。

1994年我国先后组建了中国农业发展银行、国家开发银行和中国进出口银行，目的是建立政策性金融体系以实现政策性银行和商业银行的分离。政策性金融以贯彻国家产业政策和区域发展政策为出发点，以优惠的利率水平、贷款期限和融资条件为国家支持发展的产业和地区提供资金支持，间接地吸引商业金融机构从事符合政策意图、符合国家长远发展战略目标的高风险新兴产业和重点产业的贷款，充分发挥引导性功能，以较少的资金推动更多的资金投入到需要扶持的领域和项目，对逆向资源配置、资金流向引导、落后地区开发等领域有巨大支持作用。政策性金融主要承担商业性金融机构无力或不愿承担的、具有一定经济效益的、需要国家扶持的政策性开发项目的融资任务。政策性融资的主要作用领域是交通、邮电等基础设施产业，其布局原则是追求一定程度上的均衡布局，使不同发展程度的地区享受均质和等量的基础设施服务，达到公共服务均等化的目的，而市场化融资的目标是经济主体利润最大化，以区位比较优势和地区专业化分工为原则配置经济资源，改善资源的利用效率。我国西部地区政策金融发展缓慢，目前只有国家开发银行和农业发展银行在西部设有分行，中国进出口银行则主要集中在中东部发达城市。

西部地区基础设施建设也是一项长期而艰巨的任务，需要大量的资金投入特别是中长期资金的投入。在西部地区由于经济发展水平偏低，符合市场化融资条件的基础设施项目很少，很难得到商业银行的贷款。这就需要政策性金融来支持基础设施项目的建设，需要政策性金融来支持区域经济的开发。一是在西部经济开发的过程中，必须完善政策性银行的政策性功能，明确政策性银行的支持行业范围，将投融资和贷款业务真正收缩到国家政策性支持的基础设施和基础产业上，真正实现与商业银行相区别的政策性融资功能。二是为确保政策性资金来源的充足，政策性银行应该发行由国家财政担保的专项筹资基金用于支持西部基础设施建设，并且将仅仅向金融机构发行的开发银行债券转为向全社会和资本市场发行，并在交易所挂牌交易。三是应根据区域开发的总体规划，结合区域经济开发的具体目标，设置专门服务于特定区域的区域性政策性金融机构，比如西部开发银行，以此来解决国家政策性金融体系的不足，解除地方政府对国有及国有控股的大型商业银行的行政主导，其资金来源可以是国家财政担保的特定的长期开发金融债券。

2.发挥国有及国有控股的大型商业银行区域分行的作用

我国区域之间都在承受着国有及国有控股的大型商业银行占统治地位的体制压制之难，尤其是国有及国有控股的大型商业银行对东部和西部形成的经济效应还是有相当大差别的。这表现在：首先，西部经济的落后性决定了西部国有及国有控股的大型商业银行的非规模效应。在我国行政设置分支机构的条件下，总分行制失去了由边际成本等于边际收益抑制其规模过度扩张的自调整制度基础。由于西部的经济非常落后，使得西部单个国有及国有控股的大型商业银行面临显著的规模不经济效应。与此相联系，从总量上来看，西部国有金融也面临着供过于求的市场格局，致使国有金融内部机构间无序竞争，结果使经营成本不断攀升，不少银行因业务量少而亏损；其次，与上一点相联系，供过于求的市场格局，加之金融资源的稀缺，使得西部地区对即使是更适合的新金融类型也无空间得以容纳，形成了“合适性”和“不合适性”两类金融“进退两难”的局面，国有及国有控股的大型商业银行自然将西部大部分金融资源收入囊中并通过其总分行制的倒“U”形管道运往东部；最后，由于资本流向的“嫌贫爱富”本性，更多金融资本和优质人力资本均流向东部，剩余在西部的金融机构大多数效能不高。表现在竞争手段上，是简单、低层次的价格竞争；表现在金融创新上，创新惰性大、能力低；表现在与客户的关系上，是一味对优质客户的争夺和对现状不佳或资质不够企业的冷落，而不注重从本质上审视企业、从潜力角度评价企业和从成长性上培养企业。由于国有体制和非国有体制的差异性，非国有银行发展的地区差异很容易演变成国有经济和非国有经济的发展的地区差异，而非国有经济比重的大小将直接影响地区经济效益的提高。

同时，国有及国有控股的大型商业银行为了满足区域性金融需求，往往采取总分行制，这种总分行制度可以有效地分散业务风险，但是总行出于资金效益最大化的考虑，必然会统一调度其分支机构的资金。这样对不同经济发展水平的中西部地区就会产生信贷资金差异化的问题。由于东部地区经济发展水平高，资金的效益高，总行就会把西部分行的资金贷到东部地区，使得本来就缺乏资金的西部地区雪上加霜，进一步缺乏信贷资金。在国有及国有控股的大型商业银行撤并机构的同时，信贷审批权限逐级上收。总行在其系统内统一调动资金，全行实行统一核算，改贷款限额管理为资产负债管理。东部地区经济比较发达，市场化程度高，对信用资金需求量大，并且具有较高的资金成本消化能力，通过金融工具的多样化可以保证充足的资金用于支持东部地区的经济建设；西部地区相对落后，缺乏优质项目，而自1999年后，国有及国有控股的大型商业银行从规避风险的角度出发,对西部地区的贷款非常谨慎,这样就导致西部地区的国有及国有控股的大型商业银行只吸收存款不发放贷款的现象不断出现。

根据目前的情况,应该充分体现地区差异进行有差别的区域金融机构的设置。东部地区应该加大市场化的融资份额,增加外资数量、发展非银行性金融机构来满足非公有制企业对资金的需求;西部地区应该在金融市场准入方面降低门槛,实行对外开放,吸引外资银行进入,发展多元化的金融体系,提高西部地区融资的能力。为此我们可以考虑采取以下几种方式:一是鼓励西部地区金融开放,发展股份制商业银行;二是在西部地区给予外资银行比东部地区更大的权限和优惠政策来吸引外资银行的进入;三是在西部地区设立属于自己的商业银行——西部银行,使西部地区吸引的存款用于西部自身的建设。

3.鼓励区域性中小金融机构的发展

由于国有及国有控股的大型商业银行网点的撤并且经营效率低下以及贷款不投放等原因,我们应鼓励支持地方中小金融机构的发展来满足不同类型的主体对资金的需求。在西部地区,金融组织结构落后,国有及国有控股的大型商业银行占据了金融资产和业务的绝大部分,并且国有及国有控股的大型商业银行的服务对象主要是国有企业,因此大量非国有的中小企业长期受到资金不足的困扰。设立地方性中小金融机构就可以支持当地经济的发展并提供融资支持,可以通过金融竞争来促进资金合理配置,提高金融的服务内容和服务质量。其主要原因有:一是中小金融机构的发展有利于打破国有及国有控股的大型商业银行的垄断局面,有助于提高国有及国有控股的大型商业银行的经营效率,促进地区金融资产总量增加,使金融市场日趋完善。二是地方性中小金融机构严格按照公司法的法人治理结构采取股份有限公司制运作,经营方式灵活、便捷,创新能力较强。其业务范围主要集中在总部所在地,服务对象主要是当地的中小企业和居民。三是地方性中小金融机构如果发展的势头较好则可以演变为区域性金融机构。例如上海浦东发展银行在设立之初主要立足于上海,后来资产结构多元化形成了区域网络,最终演变为区域性商业银行。上海浦东发展银行1996年在北京设立分行,1998年于重庆开设分行,形成了以长江沿江经济为主要业务的区域性商业银行。

四、构建区域金融市场体系

金融市场体系是由货币市场和资本市场构成的。货币市场包括同业拆借市场、回购协议市场、商业票据市场、银行承兑汇票市场、短期政府债券市场、大面额可转让存单市场。针对不同地区,既要实行全国统一流动的市场,避免

地方政府的干预,又要根据本地区的特点,建立有利于本地区发展的特色金融市场。具体可以考虑:

一是建立全国统一的金融市场。在统一的市场体系中,金融市场承担着融通社会资金的重任,整个经济体系的活动都离不开资金的支持。我国的金融市场是从东部地区开始试办的,之后其他城市也纷纷效仿。但是由于经济发展水平的差异,金融市场也呈现二元结构。地方保护主义的存在,造成各地区金融市场相互分割。这种分割的局面存在很多弊端:首先,金融市场的分割不利于国家实行宏观调控;其次,强制性的金融市场分割阻碍了金融资源的优化配置,降低了金融资源的使用效率;最后,分割的金融市场不利于地区之间的专业分工和发挥比较优势,势必造成东西产业结构的趋同。所以,缩小地区之间发展的差距,促进东西部地区经济协调发展,必须消除市场分割,建立统一的金融市场体系。

二是培养区域性的金融市场体系。由于各区域的经济基础和发展水平的差异,使得各区域金融市场自身表现出层次性特征,不同层次的金融市场应该有不同的发展策略和模式,不同的金融市场层次和结构必然有相应的组织体系。现代资本市场一般是由全国性市场与区域性市场、集中的场内交易市场和分散的场外交易市场相互交错而成的不同层次的金融市场结构,以及由全国性、区域性金融市场组成的完整的金融体系,以满足不同层次企业筹集资金的要求。长期以来,西部地区由于发展滞后,投资环境差,很难吸引外资的进入,使得金融市场发展相当缓慢,西部中小企业很难通过金融市场得到融资。因此,可以考虑分西北与西南,在经济基础较好的城市成立上海与深圳证券交易的异地交易中心,专门交易国内尚不能在深沪交易所上市的股票,推荐具有地区性产业发展优势企业,主导性、支柱性的企业上市,形成西部板块资金效应;大力运用互联网和电子信息技术,在西部优先发展虚拟营业部,支持建立远程大户室;允许区域内投资公司通过国内甚至国外发行债券,为西部地区大型基础设施建设项目进行直接融资,也可通过国家发展区域投资基金进行专项资金支持。这样区域资本市场就可以有效缓解沪、深两家证券交易所的上市压力,增加其他企业融资的渠道,可以为投资者提供变现的场所,有效地鼓励储蓄转化为投资,将更多社会资源转化为生产资金,促进资源在更大空间的优化配置,发挥区域比较优势。

五、区域金融政策与区域经济政策的协调配合

资本是推动经济增长的首要因素,经济发展很大程度上依靠资本投入和扩大规模来推进。改革开放前后,国家对不同区域采取不同的投资策略。改革

开放以前,主导的投资模式是中央集权的投资模式,国家是单一的储蓄主体和投资主体,投资方式也是单一的无偿拨款。改革开放以后基本建设资金由财政拨款改为银行贷款,变财政性资金为信用资金;投资领域引入市场机制,扩大企业的投资自主性。而从西部实际发展来看,我国的金融政策要与区域投资政策相结合,协调商业银行和非银行金融机构的金融服务,为西部开发提供融资支持,建立有利于西部企业资本形成的市场机制。加大金融市场方面的建设,对在中西部地区投资于基础设施、能源开发建设方面,中央银行在配套资金、外汇平衡方面给予一定政策优惠。中央银行统一安排和利用国际金融组织和外国政府优惠贷款时,保持至少不低于70%的比例用于西部地区,尝试在西部地区开放一些长期保护或高度垄断的部门,鼓励外商投资西部地区的农业、水利、交通、能源、市政、环保、矿产、旅游等基础设施建设和资源开发,采取收购、改组、改造、重组或转让股和资产等多种形式,鼓励、吸引外商投资。

完善区域财税政策,平衡地区间财力差异。改革开放以来,我国宏观税收随着经济的发展逐步降低,不完善的财政体制有利于东部而不利于西部地区。主要表现在:现行的税收体制在促进地区协调发展方面存在缺陷;对外开放中的税收优惠政策主要集中于东部地区;现行分税制的税收返还未能发挥协调区域经济发展的作用。对于税收状况和经济发展水平的差异,必须通过完善税收制度、调整税收优惠政策、规范转移支付制度等现有的财政政策体制进行变革。

第三篇 西部金融发展与区域产业结构优化

西部地区经济的发展不仅蕴含着总量的增加,同样也包含了结构的变迁。经济增长会促进经济结构的优化,特别是产业结构的优化升级;而产业结构的优化也能为区域经济提供进一步的发展空间,两者体现出相互促进的良性循环关系。事实上,结构的协调与总量的增加,都是经济发展的重要方面。而金融作为现代经济的核心,在产业结构调整和优化的过程中具有举足轻重的地位和不可替代的作用。因此,弄清金融发展与产业结构优化升级之间的关系,为西部地区产业结构的调整提供持续、稳定、有效的金融支持,是本篇重点讨论的内容。作为本书的第三篇,旨在通过西部金融发展与产业结构的研究分析,以此来探寻金融支持产业结构优化升级的有效途径。

本篇从结构上主要分为四个部分:

首先,从时空的角度对西部地区产业现状进行了分析。1990—2007西部地区三大产业的产值总体上呈现增长的趋势,但与东部地区和中部地区相比仍然存在差距,产业结构的优化升级还不到位。产业结构必须与经济的发展水平相适应,才能达到利用区域资源和增强区域经济实力的效果。

其次,对西部金融发展与产业结构调整进行了实证研究。一方面,简要介绍了金融发展与产业结构升级相互作用的机制;另一方面,基于1990—2007年西部各省(区、市)的相关统计数据,采用ADF检验、协整检验、方差分析和格兰杰因果检验方法,对西部地区金融发展和产业结构的优化升级进行分析,得出西部地区金融发展能够促进产业结构优化升级的结论。但与国内发达地区相比,西部地区的第一产业比重偏高,第三产业比重偏低,金融作为产业结构优化升级的作用尚未完全发挥。

第三,对西部工业化的进程进行了实证分析。由于我国已经进入了工业化的发展阶段,西部地区要想实现产业结构的优化升级,就必须重视工业化的发展程度。因此,通过主要作用机制的介绍,以及模型的检验,最终得出了西部地区金融发展可以推进工业化进程的结论。

最后,从金融发展的角度,对西部地区如何实现产业结构优化升级提出了相关建议。要解决西部地区经济发展落后、产业结构不合理、工业化进程缓慢的问题,不能只是大力发展经济,同时也要发展西部地区的金融。在实施西部大开发战略过程中,只有经济与金融相辅相成、共同发展,才能改变西部地区的落后面貌。

第八章　西部区域产业结构现状分析

产业结构必须与经济发展的水平相适应,而经济发展到一定程度,必然会打破原有的均衡,导致产业结构发生相应的改变。不合理的产业结构将影响甚至阻碍经济的增长,而合理的产业结构不仅是经济进一步发展的基础,也是区域健康发展的前提。它不但有利于有效发挥区域优势,充分利用区域资源,提高区域产业经济效益,增强区域经济实力,还有利于满足区域不断增长的人口和社会发展需求。同时,合理的产业结构也是保护生态环境、实现区域可持续发展的保证。成功的经济发展都是在一次次产业结构的合理变动后所取得的,产业结构的及时、合理变动,可以促进经济快速、稳定地增长。

第一节　西部地区与东中部地区产业结构的比较

不同地区产业结构的发展存在很大的差异,我国幅员辽阔,东部地区、中部地区和西部地区产业结构发展水平各不相同,三大产业比例结构不太合理。整体来看第一产业比重偏高,第二、三产业比重偏低,而西部地区尤为突出,具体情况我们可以看表8-1、表8-2和图8-1、图8-2、图8-3。

一、从绝对量的角度比较

根据表8-1和图8-1、图8-2、图8-3分析,西部大开发战略实施以来,东部地区、中部地区和西部地区第一产业的产值都是逐年上升的,且上涨的速度基本一致;虽然第二产业和第三产业的产值也是逐年上升的,但东部地区上涨的速度最快,尤其是2004年之后出现了快速的增长,而中部地区和西部地区的上涨

表8-1　东部、中部、西部三大产业增加额　单位：亿元

年份	东部			中部			西部		
	一产	二产	三产	一产	二产	三产	一产	二产	三产
1999	6278.92	24210.72	19174.62	4735.30	10407.84	7664.33	3673.59	6337.42	5404.43
2000	6354.34	27385.15	21933.01	4740.91	11543.11	8558.35	3694.64	6907.18	6037.76
2001	6711.22	29846.60	24681.78	5002.37	12539.93	9582.18	3821.14	7663.80	6960.24
2002	6914.39	33244.52	27773.47	5243.49	13851.13	10570.86	4016.48	8289.76	7745.29
2003	7270.99	40857.30	34688.33	5398.97	15962.90	11997.58	4453.61	9710.02	8724.40
2004	8653.30	50863.47	43532.76	6875.71	19789.31	13862.92	5373.88	12117.80	10111.34
2005	9382.76	60686.33	47715.26	7453.40	21941.97	16795.11	5888.70	14281.09	13240.01
2006	10312.76	71340.29	55215.35	8031.11	26256.54	19145.85	6399.29	17763.36	15165.21
2007	11885.24	84092.60	65997.97	9543.86	31949.52	22674.08	7844.42	21771.64	17816.68

资料来源：根据《新中国五十五年统计资料汇编》、《中国统计年鉴》公布数据整理。

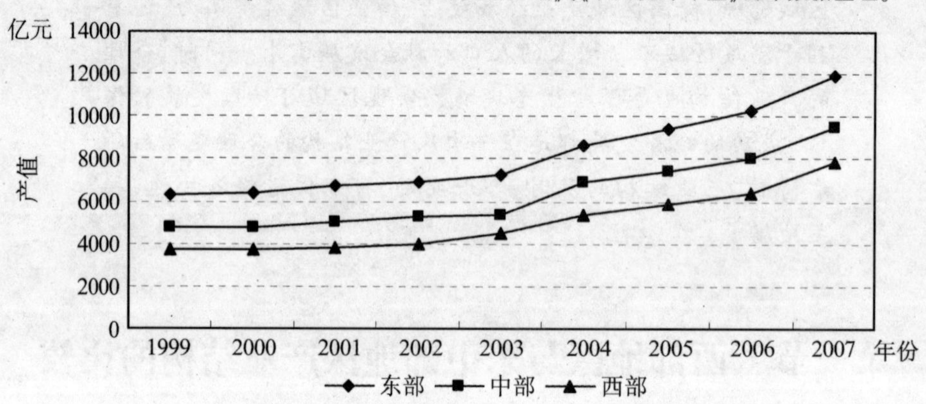

图8-1　东部、中部、西部第一产业增加值

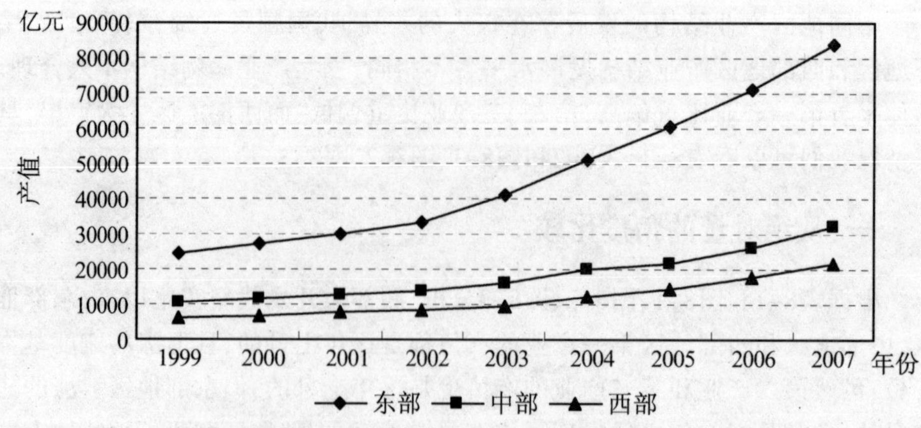

图8-2　东部、中部、西部第二产业增加值

比较缓慢,且两个地区的增长速度基本一致。总体来说,东部地区、中部地区、西部地区三大产业的产值都在上涨，但东部地区第二和第三产业的上涨速度较快,而中部地区和西部地区第一产业的产值上涨速度较快,其他两大产业均较慢。

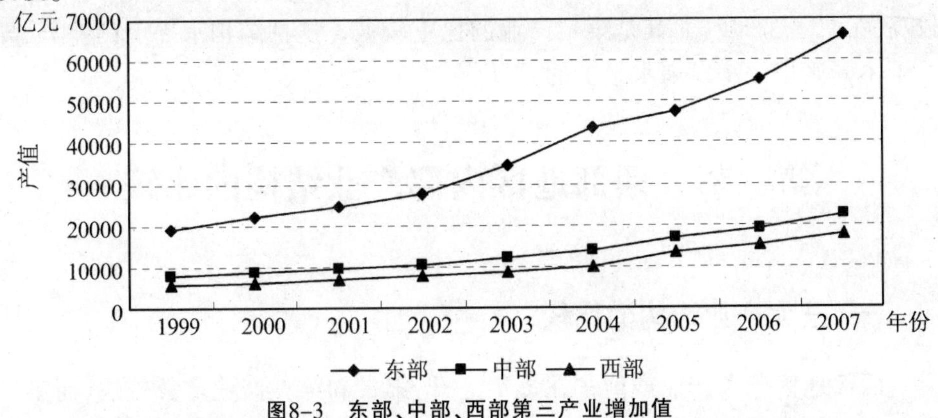

图8-3 东部、中部、西部第三产业增加值

二、从相对量的角度比较

由表8-2分析来看,东部、中部和西部都是第二产业产值比重最大,第三产业次之,第一产业最小。在经济发展水平较高的东部,其第一产业比重在下降,第二、三产业比重在上升,且第三产业产值比重上升很快,这与高经济增长和高收入相关。在欠发达的中部,第二、三产业产值比重在上升,但第二产业上升最快。在不发达的西部,第二、三产业的产值比重迅速提高,但第一产业比重有所下降。

表8-2 东部、中部、西部产业结构比较 单位:%

年份	东部			中部			西部		
	一产	二产	三产	一产	二产	三产	一产	二产	三产
1999	12.64	48.75	38.61	20.76	45.63	33.61	23.83	41.11	35.06
2000	11.41	49.19	39.40	19.08	46.47	34.45	22.20	41.51	36.29
2001	10.96	48.74	40.30	18.44	46.23	35.33	20.72	41.55	37.73
2002	10.18	48.94	40.88	17.68	46.69	35.63	20.03	41.34	38.63
2003	8.78	49.33	41.88	16.18	47.85	35.97	19.46	42.42	38.12
2004	8.40	49.36	42.24	16.97	48.82	34.21	19.47	43.9	36.63
2005	7.97	51.52	40.51	16.14	47.50	36.36	17.63	42.75	39.62
2006	7.53	52.12	40.35	15.03	49.14	35.83	16.27	45.17	38.56
2007	7.34	51.92	40.74	14.87	49.79	35.34	16.54	45.90	37.56

资料来源:根据《新中国五十五年统计资料汇编》、《中国统计年鉴》公布数据整理。

综上所述，我国各个区域的产业结构都处于一个不断发展的时期。西部大开发战略实施以来，经过多次调整而形成的产业结构，在促进区域经济增长方面发挥了重要的作用。但是，各区域产业结构很不平衡。东部地区第二、三产业比重较高，第一产业略低；与东部相比较，中部和西部则第一产业的比重还比较高，第二、三产业，尤其是第三产业的比重较低。这种结构水平上的差异，导致了不同区域经济发展水平上的差异。

第二节　西部地区内部产业结构的比较

一、三大产业结构的比较

西部地区三大产业产值都在逐年上升，第二和第三产业增长较快，而第一产业相对来说则增长比较缓慢。实施西部大开发战略以来，西部地区产业结构调整的步伐在逐年加快，见图8-4。

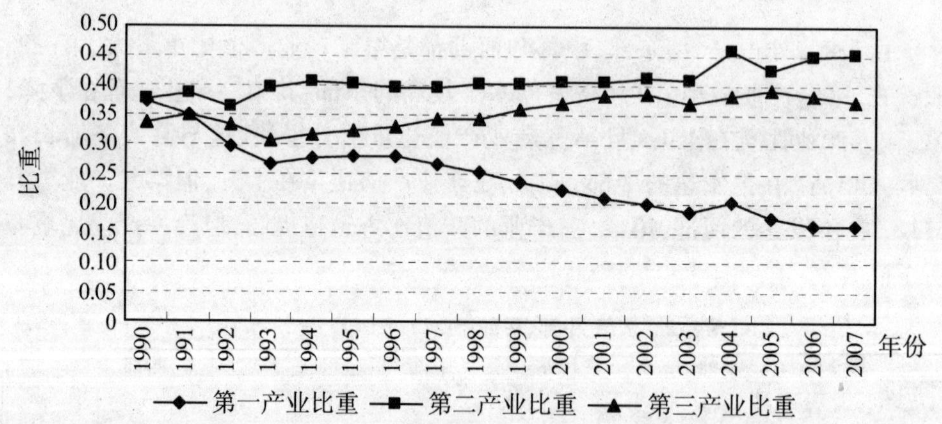

图8-4　西部地区三大产业占比

整体来说，由图8-4可看出，西部地区第一产业比重呈现持续下降趋势。西部地区第一产业的比重普遍过大，但随着经济的发展，第一产业所占比重逐年下降，对整个经济的贡献程度也在逐步降低。

对于第二产业，总体来讲在西部地区的比重逐年提高，特别是由于近年来国家对能源、化工基地的建设，西部地区第二产业比重的提高速度加快。

对于第三产业，西部地区保持着长期的波浪形持续增长，从图8-4曲线斜率可以看出，西部大开发政策出台之时增长的幅度最大，之后虽有所下降，但整体来说还是呈增长趋势，这已经成为影响经济增长的重要因素。

从以上分析可以看出，在西部大开发的10年历程中，西部产业结构调整的步伐正在逐渐加快。

二、三大产业就业结构的比较

产业结构的演变引发经济资源从传统产业向新型产业不断转移，各种生产要素在各产业间的流动使资源配置优化，推动经济的增长。在本书第二篇已提到的配第—克拉克定理就强调，随着一国人均国内生产总值的提高，劳动力首先由第一产业向第二产业转移；当人均国内生产总值达到一定水平后，劳动力将从第二产业向第三产业转移。我国西部地区三大产业就业人员情况见表8-3。

表8-3 西部三大产业就业人员数量及占比

年份	西部历年就业人员						
	绝对数/万人				比重/%		
	一产	二产	三产	合计	一产	二产	三产
1990	11590.61	2238.04	2310.67	16139.32	71.82	13.87	14.31
1992	11942.16	2416.75	2641.21	17000.12	70.25	14.22	15.53
1994	11755.74	2678.29	3226.89	17660.92	66.56	15.17	18.27
1996	11382.07	2931.03	3603.06	17916.16	63.53	16.36	20.11
1998	11464.20	2834.27	3937.52	18235.99	62.87	15.54	21.59
2000	11233.68	2821.60	4359.90	18415.18	61.00	15.32	23.68
2002	11403.23	2680.21	4775.69	18859.13	60.47	14.21	25.32
2004	11170.90	2807.79	5177.90	19156.59	58.31	14.66	27.03
2006	10137.40	3521.40	6040.70	19699.50	51.46	17.88	30.66

资料来源：根据《新中国五十五年统计资料汇编》、《中国统计年鉴》公布数据整理。

由表8-3可以看出，1990年以来，我国西部地区就业结构变动较大。其中第一产业劳动力比重变动最大，由1990年的71.82%下降到2006年的51.46%，下降幅度为20.36%；第二产业劳动力比重变动较平稳，由1990年的13.87%上升到2006年的17.88%，上升幅度为4.01%；第三产业劳力比重变动比较大，由1990年的14.31%上升到2006年的30.66%，上升幅度为16.35%。由此可知，西部地区三大产业劳动力比重变动最大的是第一产业，第三产业次之，第二产业变动最小。

三、三大产业产值的比较

我国的产业结构存在区域差距，不仅东部、中部和西部地区之间有差距，而且西部地区内部也存在较大的不同。从表8-4、表8-5和图8-5、图8-6、图8-7，我们可以看出西部地区内部在三大产业所占比重和三大产业产值方面的差距。

1.从绝对量的角度比较

由表8-4、表8-5和图8-5、图8-6、图8-7可以看出，西北地区和西南地区三大产业产值都是逐年上升的，总量上西南地区三大产业产值均大于西北地区。第一产业西南地区增长比西北地区快；第二产业两地区增长趋势基本相同；第三产业西南地区增长比西北地区快。

表8-4　西部区域产业增加额　单位：亿元

年份	西北			西南		
	一产	二产	三产	一产	二产	三产
1990	411.45	493.54	470.15	878.94	804.84	694.45
1991	456.92	581.69	446.21	1011.45	1012.33	792.53
1992	490.42	712.42	536.89	1107.45	1265.03	956.17
1993	555.36	968.69	705.12	1154.47	1573.93	1107.30
1994	779.83	1222.15	924.55	1483.40	2141.44	1642.39
1995	926.38	1497.66	1213.82	1923.79	2799.04	2077.37
1996	1113.55	1673.13	1430.33	2247.58	3257.69	2494.11
1997	1160.39	1918.48	1684.49	2504.96	3632.36	2885.99
1998	1201.36	2078.86	1754.98	2520.94	3974.91	3149.53
1999	1146.27	2251.19	1942.85	2527.32	4086.23	3461.58
2000	1196.62	2544.16	2196.46	2498.02	4363.02	3841.30
2001	1228.13	2828.44	2487.29	2593.01	4834.86	4472.95
2002	1292.56	3161.12	2744.77	2723.92	5128.64	5000.52
2003	1495.51	3772.71	3190.07	2958.10	5937.31	5534.33
2004	1754.25	4872.67	3663.09	3619.63	7245.13	6448.25
2005	1963.77	6078.07	5130.52	3924.93	8203.02	8109.49
2006	2140.23	7833.64	5868.69	4259.06	9929.72	9296.52
2007	2577.10	9716.35	6883.80	5267.32	12055.29	10932.88

资料来源：根据《新中国五十五年统计资料汇编》、《中国统计年鉴》公布数据整理。

表8-5　西部区域产业结构比较　单位:%

年份	西北			西南		
	一产	二产	三产	一产	二产	三产
1990	31.89	38.01	30.10	37.45	35.29	27.26
1991	30.77	39.18	30.05	35.91	35.95	28.14
1992	28.19	40.95	30.86	33.27	38.00	28.73
1993	24.91	43.46	31.63	30.10	41.03	28.87
1994	26.65	41.76	31.59	28.16	40.66	31.18
1995	25.46	41.17	33.37	28.29	41.16	30.55
1996	26.41	39.68	33.91	28.10	40.72	31.18
1997	24.36	40.28	35.36	27.76	40.26	31.98
1998	23.86	41.29	34.85	26.14	41.21	32.65
1999	21.46	42.15	36.39	25.08	40.56	34.36
2000	20.15	42.86	36.99	23.34	40.77	35.89
2001	18.77	43.22	38.01	21.79	40.63	37.58
2002	17.96	43.91	38.13	21.19	39.90	38.91
2003	17.68	44.60	37.72	20.50	41.15	38.35
2004	17.05	47.35	35.60	20.91	41.85	37.24
2005	14.91	46.14	38.95	19.39	40.53	40.08
2006	13.51	49.45	37.04	18.14	42.28	39.58
2007	13.44	50.66	35.90	18.64	42.67	38.69

资料来源:根据《新中国五十五年统计资料汇编》、《中国统计年鉴》公布数据整理。

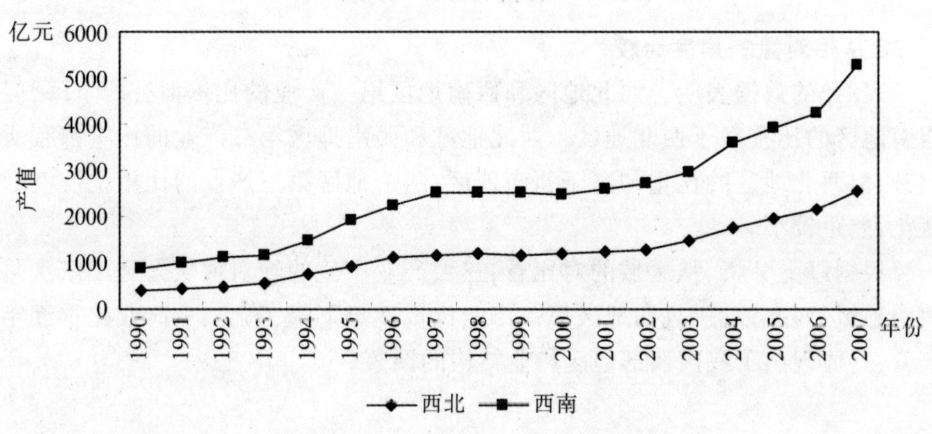

图8-5　西部地区第一产业增加值

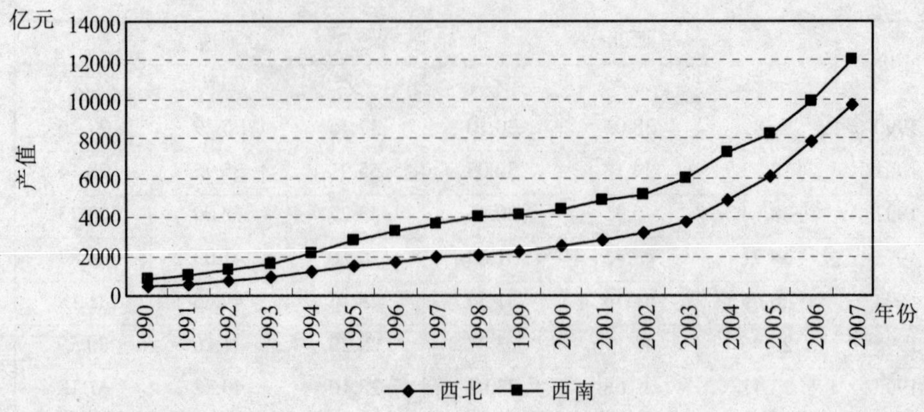

图8-6 西部地区第二产业增加值

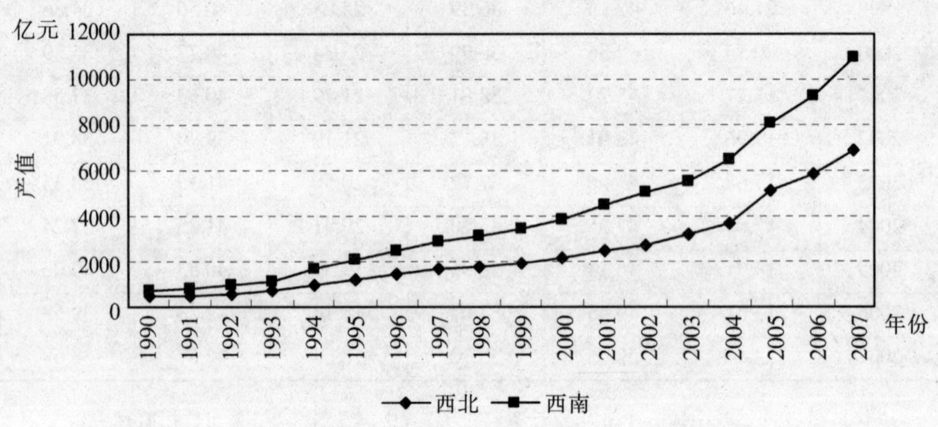

图8-7 西部地区第三产业增加值

2.从相对量的角度比较

表8-5的数据表明，西北地区和西南地区第一产业的比重都有所下降,但西南地区的比重高于西北地区；西北地区和西南地区第二产业的比重都有所上升,但西北地区的比重却高于西南地区;两个地区第三产业的比重呈波浪形变化,差距较小。

根据以上分析,从区域的对比看,三大产业产值的绝对值从大到小依次是西南地区、西北地区,且两地区第一产业比重逐年下降,第二、三产业比重逐年上升,这体现出了我国西部地区产业结构的调整。

第三节 西部地区工业化的进程

一、从绝对量的角度比较

工业增加值是衡量工业产值的一个重要指标，也是计算工业化率的基础。因此，从表8-6和图8-8，我们可以看出西部地区工业的发展状况。

表8-6 西部地区工业增加值 单位：亿元

年份	工业增加值	年份	工业增加值
1990	1125.00	1999	4920.45
1991	1313.81	2000	5372.46
1992	1567.38	2001	5813.36
1993	2155.68	2002	6403.05
1994	2859.82	2003	7555.95
1995	3506.96	2004	9527.53
1996	4060.72	2005	11843.72
1997	4494.13	2006	14993.32
1998	4767.86	2007	18788.21

资料来源：根据《新中国五十五年统计资料汇编》、《中国统计年鉴》公布数据整理。

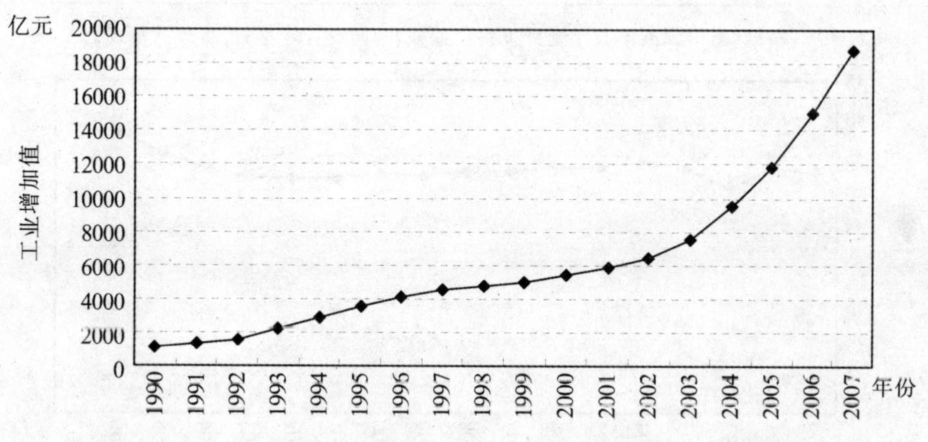

图8-8 西部地区工业产业增加值

从表8-6和图8-8我们可以看出，西部地区的工业产值增加值在1990—2007年间总体呈上升趋势，但西部大开发战略实施以来，其增长速度明显加快。相关政策落实以前，西部地区的工业产值虽有增加，但增长较为缓慢，1990—1998年的9年间其产值仅增长了3642.86亿元；而政策落实之后，其工业产值增长较快，1999—2007年的九年间增长了13867.76亿元，比战略实施前的9年间多增长了10224.9亿元，接近其增加值的4倍。

二、从相对量的角度比较

工业化发展是促进产业结构调整的重要内容，要实现西部地区产业结构的优化升级，就要加快工业化的进程。西部地区在西部大开发战略实施前后工业化的状况我们可以看表8-7和图8-9。

表8-7　西部地区工业化率　单位：%

年份	工业化率	年份	工业化率
1990	32.56	1999	32.04
1991	33.18	2000	32.25
1992	30.63	2001	31.85
1993	33.07	2002	31.88
1994	33.81	2003	31.88
1995	33.49	2004	33.21
1996	33.02	2005	35.26
1997	32.86	2006	37.96
1998	32.53	2007	39.25

资料来源：根据《新中国五十五年统计资料汇编》、《中国统计年鉴》公布数据整理。

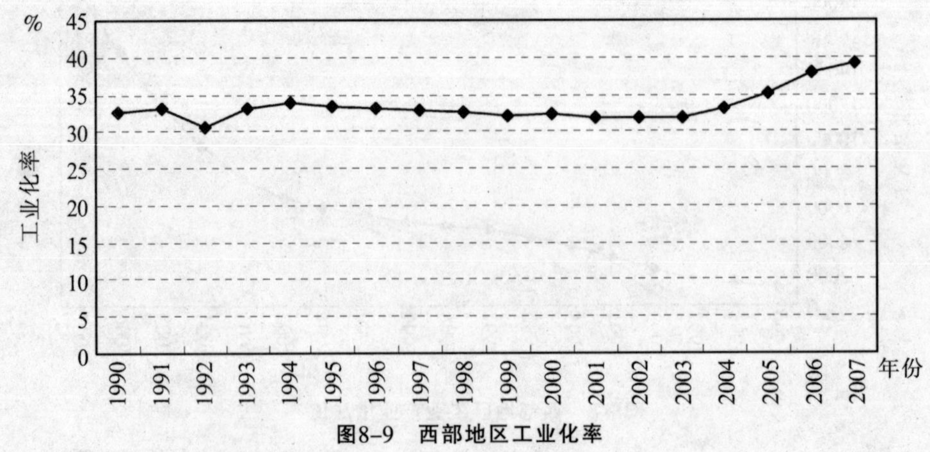

图8-9　西部地区工业化率

从表8-7和图8-9我们可以知道，西部地区的工业化水平在1990—2003年间变化不大，总体在33%左右，但在1992年工业化率竟出现了下滑，降到了30.63%，不过1993年就又回到了大约33%的水平。西部大开发战略实施之后的5年里，其工业化水平没有明显变化，但从2004年开始，工业化率明显增长，工业化水平有了较快提高，从2004年的33.21%增长到了2007年的39.25%，增长了6个百分点。

结合以上分析，我们可以看出，西部地区的工业化水平还比较低，发展较为缓慢，虽然西部大开发战略的实施为其工业化发展创造了条件，但相关政策的作用没有明显表现出来，其作用也比较滞后。为此，要提高西部地区的工业化水平，不仅要有政策为其发展创造条件，同时也要求其他各方面都要有所改进。只有这样才能使政策条件充分发挥，使各方面条件得到充分利用。

第九章 西部金融发展与产业结构关系的实证研究

金融发展是独立于实体经济以外的金融活动,具体包括金融中介的发展和金融市场的发展,表现为金融规模总量的增长与金融结构的改善和优化。产业结构是三大产业产值占GDP的比重,是在技术进步作用下,产业结构系统从较低级形式向较高级形式的演变过程。西部大开发战略实施以来,西部地区产业结构发生了一系列的变化。从总体上来说,西部已经由传统农业发展阶段逐步进入了门类齐全、工业化初显端倪的发展阶段。但与国内发达地区相比,西部地区的第一产业比重偏高,第三产业比重偏低,整体结构仍不尽合理,而且金融作为产业结构优化升级的重要推动力量,其作用尚未完全发挥。因此,探明金融发展和产业结构的互动关系,既是制定科学合理的金融发展战略的现实需要,也是促进产业结构调整和升级、实现经济可持续发展的关键。

第一节 文献概述

自从金融发展理论提出以来, 金融在经济发展中所起的作用成为研究的热点。国内外学者对金融发展与经济增长的关系展开了大量的研究,大多数观点认为:一个运行良好的金融体系能够降低信息和交易成本,动员储蓄并将资源配置到高效率的部门,从而促进投资、技术创新和生产率提高,最终推动经济增长。产业结构的优化升级作为衡量经济发展水平的主要指标,决定着一个国家或一个地区的经济发展质量。关于金融发展与产业结构调整的关系,戈德史密斯认为:“金融与以产业结构变动为特征的经济增长间是互为因果关系的,金融发展与经济增长、产业结构之间存在着相互推进的过程。”国外Rajan和Zingales(1998)的研究是从产业结构角度考察金融结构决定机理的具有开创性的代表作之一,他们认为对那些依赖外部资金程度较大的行业而言,金融发展水平越高,则行业的增长速度就越快,其作用渠道是更高的金融发展水平更有利于新企业的建立和行业内企业平均规模的扩大。国外Binh、Park和Shin(2005)的研究表明,在发达国家中,市场导向型的金融结构有利于高技术创新、高风险产业的增长;中介导向型的金融结构对促进传统型、低风险产业的增长具有一定的优势。国内学者也从理论和实证角度对两者关系作了分析研究,董明欣(2002)认为我国金融政策没有较好地支持产业结构调整,并得出我国亟须加快金融体制改革的结论。范方志、张立军(2003)分别对我国东部、中部和西部金融发展对产业结构升级的关系进行研究,得出金融发展水平影响产业结构升级,并进一步影响经济发展的结论。支大林、祝晓波(2004)指出随着产业结构的变迁,为经济发展提供服务的金融部门的结构也必须做出相应的调整,才能适应经济发展。刘赣州(2005)以中部地区为例,分析了金融支持对产业结构升级的影响,得出中部地区的产业结构升级需要区域金融的超常规发展以及金融服务手段的创新。毛定祥(2006)利用向量误差修正模型和格兰杰因果检验,对中国金融结构与产业结构之间的关系作了实证研究,得出在长期产业结构的变化支持金融结构的变化,在短期金融结构与产业结构变化互为因果关系。周慧、蔚晓君(2007)以中部地区作为研究对象,应用VAR模型分析了金融深化对三大产业的影响效应,得出金融深化对第二、三产业有显著影响,而对第一产业的影响较小。

第二节　模型介绍

一、误差修正模型

误差修正模型(Error Correction Model,ECM)是一种具有特定形式的计量经济模型。其基本思路是,若变量间存在协整关系,即表明这些变量间存在着长期稳定的关系,而这种长期稳定的关系是在短期动态过程的不断调整下得以维持。产生这种结果的原因在于,大多数经济时间序列的一阶差分是平稳序列。同时,存在着某种联系方式(如线性组合)把相互协整过程和长期稳定均衡状态结合起来。这时相互协整隐含的意义是:即使所研究的水平变量各自都是一阶差分后平稳,受支配于长期分量,但这种变量的某些线性组合也可以是平稳的,即所研究变量中的长期分量相互抵消,产生了一个平稳的时间序列。正是因为误差修正机制的调节过程在起作用,防止了长期关系的偏差在规模或数量上的扩大。因此,任何一组相互协整的时间序列变量都存在误差修正机制,反映短期调节行为。

建立误差修正模型一般采用两步,分别建立区分数据长期特征和短期特征的计量经济模型。第一步,建立长期关系模型,即通过水平变量和最小二乘法(OLS)估计出时间序列变量间的关系。若估计结果形成平稳的残差序列时,那么这些变量就存在相互协整的关系,长期关系模型的变量选择是合理的,回归系数具有经济意义。第二步,建立短期动态关系,即误差修正方程。将长期关系模型中各变量以一阶差分形式重新加以构造,并将长期关系模型所产生的残差序列作为解释变量引入,在一个从一般到特殊的检验过程中,对短期动态关系进行逐项检验,不显著的项逐渐被剔除,直到最适当的表示方法被找到为止。要注意的是,作为解释变量引入的长期关系模型的残差,代表着在取得长期均衡的过程中各时点上出现“偏误”的程度,使得第二步可以对这种偏误的短期调整或误差修正机制加以估计。

两变量y、x_t的短期和长期行为的误差修正模型由下式给出

$$\Delta y_t=\alpha+\sum_{i=0}^{l}\beta_i\Delta x_{t-i}+\sum_{i=0}^{l}\gamma_i\Delta y_{t-i-1}+\lambda u_{t-1}+\upsilon_t \qquad (9.1)$$

(9.1)式中,$y_t\sim I(1)$,$x_t\sim I(1)$,即y_t、x_t是一阶单整的,$y_t,x_t\sim CI(1,1)$,即y_t和x_t是(1,1)阶协整的;u_t为长期均衡误差,$u_t=y_t-b_0-b_1x_t$,$u_t\sim I(0)$,即u_t是零阶单整的;v_t为白噪声;λ为短期调整系数;Δ表示一阶差分。

不难看出,(9.1)式中所有变量都是平稳的,但不可以用OLS法估计,因为长期均衡误差不是可观测变量。所以在估计该式之前,要先得到这一误差的值。

恩格尔和格兰杰采用下述两步法估计方程(9.1)。

第一步:估计协整回归方程,即对y_t和x_t用OLS法进行估计:

$$y_t=b_0+b_1x_t+u_t$$

得到协整向量的一致估计值$(1,-\hat{b}_0,-\hat{b}_1)$,用它得出均衡误差的估计值:

$$e_t=\hat{y}_t-\hat{b}_0+\hat{b}_1x_t$$

第二步:用OLS法估计下面的方程

$$\Delta y_t=\alpha+\sum_{i=0}^{l}\beta_i\Delta x_{t-i}+\sum_{i=0}^{l}\gamma_i\Delta y_{t-i-1}+\lambda u_{t-1}+v_t$$

在具体模型中，首先要对长期关系模型的设定是否合理进行单位根检验，以保证u_t为平稳序列。其次，对短期动态关系中各变量的滞后项，进行从一般到特殊的检验，在这个检验过程中，不显著的滞后项逐渐被剔除，直到找出了最佳形式为止。通常滞后期在l=0，1，2，3中进行试验。

二、向量自回归模型

向量自回归(Vector Autoregressive，VAR)是指系统内每个方程有相同的等号右侧变量，而这些右侧变量包括所有内生变量的滞后值。当每个变量都对预测其余变量起作用时，这组变量适合用VAR模型表示。

在两个变量的情况下，假定$\{y_t\}$受到现在和过去$\{x_t\}$的影响，而$\{x_t\}$受到$\{y_t\}$的现在和过去的影响。其模型如下：

$$y_t=b_{10}-b_{11}x_t+\gamma_{11}y_{t-1}+\gamma_{12}x_{t-1}+u_{yt} \tag{9.2}$$

$$x_t=b_{20}-b_{21}x_t+\gamma_{21}y_{t-1}+\gamma_{22}x_{t-1}+u_{xt} \tag{9.3}$$

其中，$\{y_t\}$与$\{x_t\}$都是平稳的，u_{yt}与u_{xt}是服从均值为0，方差分别为σ^2_y、σ^2_x的白噪声，且相互独立，u_{yt}与u_{xt}被称为脉冲值(Impuleses)。

公式(9.2)与(9.3)成为一阶向量自回归(VAR)，这是因为滞后的最大间隔是统一的。

由于$\{y_t\}$与$\{x_t\}$相互影响，所以这个模型是一个反馈系统。另外，由于u_{yt}与u_{xt}分别对应$\{y_t\}$与$\{x_t\}$的脉冲值，因此，如果$b_{21}\neq0$，则u_{yt}对x_t有间接影响，同样，若$b_{11}\neq0$，则u_{xt}对y_t有间接影响。

由于$\{y_t\}$与$\{x_t\}$同时相互产生影响，所以无法通过公式(9.2)与(9.3)导出诱导方程。因此，通过变换，可以把它们变成一个应用性很强的形式。我们可以把公式(9.2)与(9.3)写成矩阵形式

$$\begin{pmatrix} 1 & b_{11} \\ b_{21} & 1 \end{pmatrix}\begin{pmatrix} y_t \\ x_t \end{pmatrix}=\begin{pmatrix} b_{10} \\ b_{20} \end{pmatrix}+\begin{pmatrix} \gamma_{11} & \gamma_{12} \\ \gamma_{21} & \gamma_{22} \end{pmatrix}\begin{pmatrix} y_{t-1} \\ x_{t-1} \end{pmatrix}+\begin{pmatrix} u_{yt} \\ u_{xt} \end{pmatrix} \tag{9.4}$$

或者

$$BZ_t=\Gamma_0+\Gamma_1Z_{t-1}+U_t \tag{9.5}$$

式中$B=\begin{pmatrix} 1 & b_{11} \\ b_{21} & 1 \end{pmatrix}$，$Z_t=\begin{pmatrix} y_t \\ x_t \end{pmatrix}$，$\Gamma_0=\begin{pmatrix} b_{10} \\ b_{20} \end{pmatrix}$，$\Gamma_1=\begin{pmatrix} \gamma_{11} & \gamma_{12} \\ \gamma_{21} & \gamma_{22} \end{pmatrix}$ $U_t=\begin{pmatrix} u_{yt} \\ u_{xt} \end{pmatrix}$

公式(9.5)两边乘以B^{-1}，可以得到向量自回归模型的标准形式：

$$Z_t=A_0+A_1Z_{t-1}+V_t \tag{9.6}$$

式中，$A_0=B^{-1}\Gamma_0$，$A_1=B^{-1}\Gamma_1$，$V_t=B^{-1}U_t$

因此，式(9.6)可以写成

$$y_t=a_{10}+a_{11}y_{t-1}+a_{12}x_{t-1}+v_{1t}$$

$$x_t=a_{20}+a_{21}y_{t-1}+a_{22}x_{t-1}+v_{2t}$$

这就是向量自回归的一般标准形式。对于上述模型可以运用OLS法进行向量自回归模型的估计。

第三节 指标选取及研究方法

一、指标选取

在金融发展指标选取上,戈德史密斯提出"金融相关比率"指标,它是用来衡量金融上层结构相对规模的最广义指标,金融相关比率的变动反映的是金融上层结构与经济基础结构之间在规模上的变化关系,可以视为金融发展的一个基本特点。因此,本章选取金融相关比率FIR衡量金融发展程度,以三大产业增加值占名义GDP的比重作为衡量产业结构的指标,分别记为$G1$、$G2$、$G3$。为消除数据的异方差,对四个变量作对数化处理,记为$LFIR$、$LG1$、$LG2$、$LG3$。本章中的计量分析均由Eviews 6.0软件处理完成。

二、样本数据的来源及处理

我们收集了1990—2007年中国西部地区国内生产总值和三大产业的产值数据以及金融机构的存贷款数据,通过计算得到各指标。数据主要来自《中国金融年鉴》、《中国统计年鉴》和《新中国五十五年统计资料汇编》。

三、研究方法

经济变量大都具有非平稳性,本章首先将利用残差序列相关的ADF单位根检验法,检验变量的平稳性,对于非平稳的变量进行处理使之成为平稳时间序列。如果变量是同阶单整的,那么我们将对相关变量进行协整检验以确定西部金融发展和产业结构之间的长期均衡关系,并在协整的基础上,通过向量误差修正模型考察其短期变动关系,通过格兰杰因果检验来验证其因果关系,通过方差分解和脉冲响应对结果进行分析。

第四节　实证检验

一、平稳性检验

本章采用ADF检验方法对四个变量进行序列平稳性检验，检验结果如表9-1所示。

表9-1　变量的单位根检验(ADF)结果

变量	检验形式(c,t,k)	ADF检验值	5%临界值	结论
LFIR	(c,t,0)	−0.537917	−3.710482	不平稳
*LG*1	(c,t,0)	−2.828493	−3.710482	不平稳
*LG*2	(c,t,0)	4.248120	−3.710482	平稳
*LG*3	(c,t,0)	−1.970253	−3.710482	不平稳
DLFIR	(0,0,0)	−3.651934	−1.964418	平稳
*DLG*1	(0,0,0)	−2.718664	−1.964418	平稳
*DLG*2	(0,0,0)	−6.990582	−1.964418	平稳
*DLG*3	(0,0,0)	−3.566411	−1.964418	平稳

注：检验形式(c,t,k)中，c表示序列包含常数项，t表示序列包含趋势项，k表示用AIC准则确定的序列的滞后项数，由软件自动选择确定；D表示一阶差分。

检验结果表明，在5%的显著性水平下，LFIR、LG1、LG3均是一阶单整序列，LG2是零阶单整序列。

二、协整检验

虽然变量LFIR、LG1、LG3是非平稳的一阶单整序列，但可能存在某种平稳的线性组合，这个线性组合反映了变量之间的长期稳定的比例关系。本章采用协整检验的方法，通过建立基于最大特征值的迹统计量来判断变量LFIR分别与变量LG1、LG3之间的协整关系。如果存在协整关系则模型可设定为ECM，否则设定为VAR模型。检验结果如表9-2和表9-3所示。

表9-2 Johansen协整检验结果(迹统计量)

协整变量	零假设协整方程的个数	特征根	迹统计量	5%临界值	1%临界值
*LFIR*与*LG*1	None	0.511695	12.75718	15.41	20.04
	at most 1	0.077353	1.288135	3.37	6.65
*LFIR*与*LG*3	None**	0.725487	23.13443	15.41	20.04
	at most 1	0.141994	2.450303	3.37	6.65

注:**表示在1%的显著性水平下拒绝原假设。

表9-3 Johansen协整检验结果(最大特征值统计量)

协整变量	零假设协整方程的个数	特征根	最大特征值	5%临界值	1%临界值
*LFIR*与*LG*1	None	0.511695	11.46905	14.07	18.63
	at most 1	0.077353	1.288135	3.76	6.65
*LFIR*与*LG*3	None**	0.725487	20.68413	14.07	18.63
	at most 1	0.141994	0.141994	3.76	6.65

注:**表示在1%的显著性水平下拒绝原假设。

经检验，在5%的显著性水平下,*LFIR*与*LG*1的迹统计量的检验结果是12.75718<15.41,1.288135<3.37，最大特征值统计量的检验结果是11.46905<15.41,1.288135<3.37,所以*LFIR*与*LG*1之间不存在协整关系;而*LFIR*与*LG*3的迹统计量的检验结果是23.13443>15.41,2.450303<3.37,最大特征值统计量的检验结果是20.68413>14.07,2.450303<3.76,所以*LFIR*与*LG*3之间存在长期稳定的协整关系,协整方程为:

$$LG3=-1.311269+0.380776LFIR \quad (9.7)$$

$$(7.143468)$$

$R^2=0.761298$ $DW=0.958686$ $F=51.02914$ $SE=0.038571$

由协整方程可以看出,方程系数是显著的。并且从长期来看,当金融相关比率上升1%时,第三产业比重就上升0.381%。

三、建立误差修正模型

协整模型表述的是变量之间的一种长期均衡关系，而在短期内由于随机干扰,变量可能会暂时偏离均衡值,不过最终会回到均衡状态。误差修正模型正是描述了变量由短期动态非均衡向长期均衡逼近的过程。根据格兰杰定理，若非平稳变量间存在协整关系，则必有误差修正模型存在。运用EG两步法来建立ECM，得到ECM的表达式为：

$$DLG3=0.000119+0.332981DLFIR+0.452803ECM_{t-1} \quad (9.8)$$

(2.049100)　(1.676122)

$R^2=0.273089$　$DW=1.672977$　$SE=0.035842$

在误差修正模型中，差分项反映了短期波动的影响，可以看出在短期若金融发展程度上升1%，第三产业比重会上升0.333%。EC项系数的大小反映了对偏离长期均衡的调整力度，当短期波动偏离长期均衡时，将以0.452803的调整力度将非均衡状态拉回均衡状态。

四、格兰杰因果检验

金融相关比率与第三产业比重具有长期稳定的协整关系，但不能证明二者之间是否存在因果关系，因此采用格兰杰因果检验方法对两个变量作因果关系检验，如果F值大于临界值，或P值小于显著性水平，则拒绝原假设。检验结果如表9-4。

表9-4　格兰杰因果检验结果

原假设	滞后期	F值	P值	结论
LG3 does not Granger Cause LFIR	1	0.19319	0.6670	拒绝
LFIR does not Granger Cause LG3		6.62288	0.0221	接受
LG3 does not Granger Cause LFIR	2	0.96581	0.4107	拒绝
LFIR does not Granger Cause LG3		14.2681	0.0009	接受
LG3 does not Granger Cause LFIR	3	1.66834	0.2500	拒绝
LFIR does not Granger Cause LG3		14.1054	0.0015	接受
LG3 does not Granger Cause LFIR	4	1.57076	0.3127	拒绝
LFIR does not Granger Cause LG3		2.9695	0.1318	拒绝

检验结果表明，在5%的显著性水平下，滞后4期以前，西部金融发展是第三产业比重变动的格兰杰原因，而第三产业比重变动不是金融发展的格兰杰原因。

五、建立向量自回归模型

对于其他两组变量关系的研究，可以建立VAR模型，然后进行脉冲响应分析。在建立向量自回归(Vector Autoregressive，VAR)模型时，往往主观地把一些变量看作内生的和外生或滞后内生的。如果在一组变量中有真实的联立性，不能确定一变量是否为外生变量时，它们就应该平等对待，不加区分内外生变量。向量自回归模型通常用于相关时间序列系统的预测，以及通过脉冲响应函数分析和方差分解，进一步了解随机扰动冲击对变量系统的动态影响及对内生变量的重要性。

建立VAR模型要求变量是平稳的，我们知道在5%的显著性水平下，*DLFIR*、*DLG*1、*DLG*2均为平稳序列，因此我们以(*DLFIR*、*DLG*1、*DLG*2)为系统变量建立VAR模型。由表9-5可知，在5个评价指标中有4个认为应建立VAR(1)模型，则确定建立VAR(1)模型。

表9-5　VAR模型滞后期的选择

Log	LogL	LR	FPR	AIC	SC	HQ
0	73.10419	NA	1.75E-08	-9.347226	-9.205616	-9.348734
1	88.87737	23.13400*	7.38e-09*	-10.25032*	-9.683876*	-10.25635*
2	97.63315	9.339495	9.27E-09	-10.21775	-9.226483	-10.22831

注：*表示选择滞后期的标准。

对VAR(1)模型进行参数估计，得一阶VAR方程为：

$$\begin{pmatrix} DLFIR \\ DLG1 \\ DLG2 \end{pmatrix} = \begin{pmatrix} 0.023021 \\ -0.0232 \\ -0.000117 \end{pmatrix} + \begin{pmatrix} 0.353044 & -0.073856 & -0.30416 \\ 0.014938 & 0.159046 & -0.773114 \\ -0.140688 & -0.185995 & -0.67304 \end{pmatrix} \times \begin{pmatrix} DLFIR(-1) \\ DLG1(-1) \\ DLG2(-1) \end{pmatrix}$$

1.VAR模型平稳性检验

图9-1显示了VAR(1)模型的稳定性检验结果，图中VAR模型的单位根均位于单位圆内，符合稳定性条件。这样根据其得到的脉冲响应函数的结果是稳定可靠的。

2.脉冲响应

根据VAR分析结果，为了进一步说明各个变量间的相互作用，进行脉冲响应分析。脉冲响应函数用于衡量来自随机扰动项的一个标准差冲击对内生变量当前和未来取值的影响。从脉冲响应图可观察到某一变量受到其他变量自发性冲击时，随时间呈现的反应大小、变化及其反应程度的持续性。脉冲响应函数的数据见表9-6至表9-8，脉冲响应函数图见图9-2至图9-4。

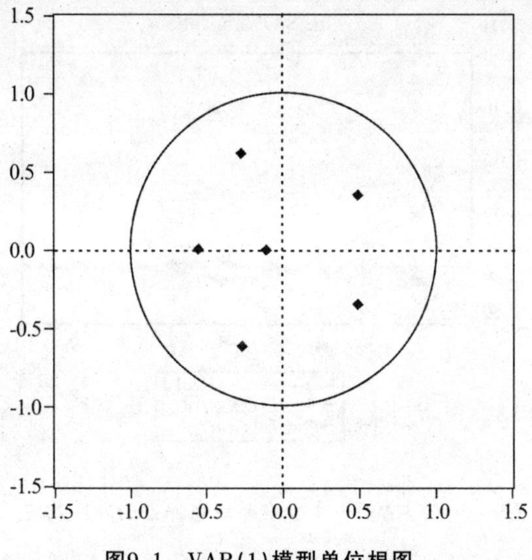

图9-1 VAR(1)模型单位根图

从表9-6和图9-2可知，模型在受到*DLFIR*一个单位的标准差冲击后，随时间变化，对其自身的影响逐渐减弱，最后逐渐收敛。当*DLG*1和*DLG*2受到一个标准差的正向冲击后，第一期完全没有响应，*DLG*1从第二期开始产生一个较强的负向响应，在第三期达到峰值0.009524，以后各期逐渐收敛。而*DLG*2在第二期产生一个较弱的负向响应，从第三期开始逐渐收敛，第六期又出现一个较弱的负向响应，以后各期逐渐收敛。由此可见，金融发展对第一、二产业比重的影响较弱，尤其是对第二产业的影响。

表9-6 Response of *DLFIR*

Period	*DLFIR*	*DLG*1	*DLG*2
1	0.064298	0.000000	0.000000
2	0.019941	–0.015459	–0.005763
3	0.009524	0.013228	0.002303
4	0.002542	0.003782	–0.002597
5	–0.003616	–0.002695	–0.000922
6	–0.005310	0.001708	0.000607
7	–0.001414	0.001315	0.000223
8	–0.000935	–0.001728	0.000249
9	–0.000452	–5.19E–05	0.000327
10	0.000450	0.000385	7.29E–05

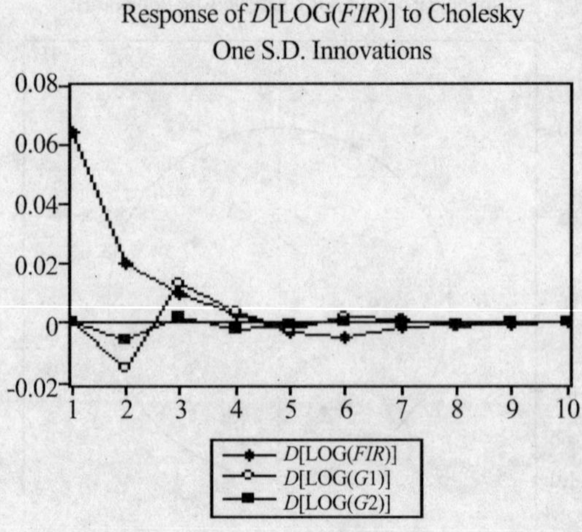

图9-2　*DLFIR*对一个标准差新息冲击的脉冲响应

由表9-7和图9-3可知，模型在受到*DLG*1一个单位标准差冲击后，对其自身在第一期就达到峰值0.057113，第二期产生一个负向响应，以后各期逐渐收敛；对*DLFIR*在第一期达到峰值0.035908，然后开始下降，到第三期出现一个较强的负向响应，之后逐渐上升，并从第五期开始收敛；对*DLG*2的影响，初始阶段完全无反应，第二期出现一个较弱的负向冲击，以后几期上下波动，且波动幅度较小，第七期开始收敛。由此可见，第一产业的发展对金融发展水平存在抑制作用，对第二产业比重的影响较弱。

表9-7　Response of *DLG*1

Period	*DLFIR*	*DLG*1	*DLG*2
1	0.000275	0.028792	0.014760
2	−0.015910	−0.030001	−0.009934
3	0.003818	0.005997	0.007592
4	0.003181	0.001173	−0.001750
5	0.006453	−0.002281	−3.03E−05
6	−0.000527	−0.001195	−0.000436
7	0.001433	0.002848	0.000557
8	2.75E−05	−0.000926	−0.000661
9	−0.000608	−0.000200	0.000144
10	0.000409	0.000548	8.43E−05

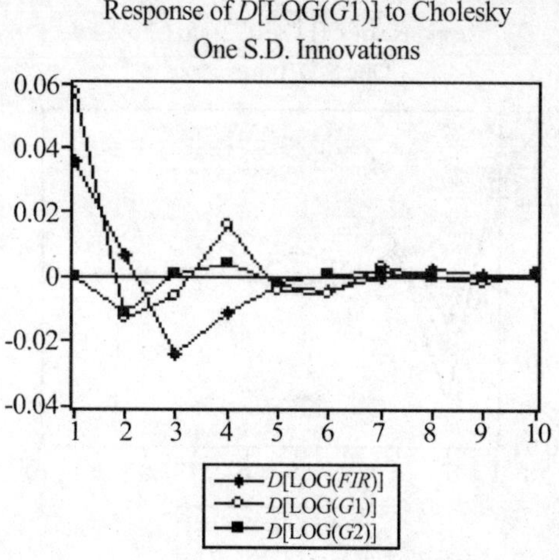

图9-3 *DLG*1对一个标准差新息冲击的脉冲响应

由表9-8和图9-4可知，模型在受到DLG2一个单位标准差的冲击后，随时间变化，对其自身的影响，从较显著的正向冲击逐渐减弱为负向冲击，在第三期达到峰值0.007592，从第六期开始收敛；对DLFIR，第二期出现较强的负向冲击，之后逐渐上升出现正向冲击，第五期达到峰值0.006453，第六期开始收敛；对DLG1存在一个显著的负向冲击，第三期开始回升到正向冲击，以后逐渐收敛。由此可见，第二产业的发展对金融发展水平的影响是一个由逆向转为同向的作用过程，短期内起到了拉动作用，对第一产业的比重存在一个较强的逆向冲击后，也转为同向的作用过程，短期内也起到了拉动作用。

表9-8 Response of *DLG*2

Period	*DLFIR*	*DLG*1	*DLG*2
1	0.035908	0.057113	0.000000
2	0.006459	–0.013176	–0.011411
3	–0.024576	–0.005830	0.000365
4	–0.011377	0.016083	0.003596
5	–0.002829	–0.004597	–0.002003
6	–0.004551	–0.005626	0.000446
7	–0.000392	0.003362	0.001395
8	0.002597	–0.000362	–0.000436
9	0.000578	–0.001934	–0.000258
10	0.000218	0.001039	0.000326

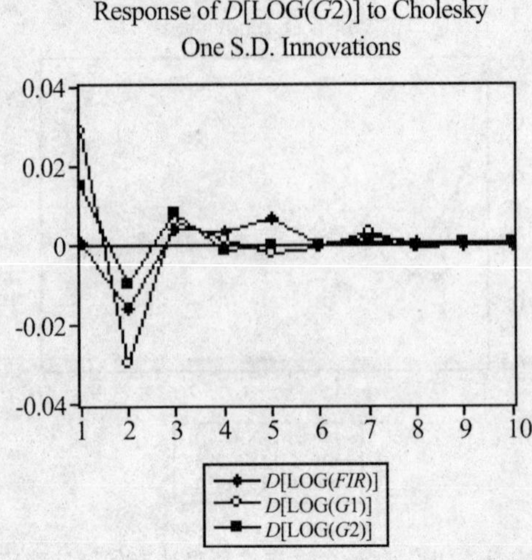

图9-4 *DLG*2对一个标准差新息冲击的脉冲响应

3.方差分解

为了进一步分析结构冲击对内生变量变化的贡献度，评价不同结构冲击的重要性，为此方差分解给出对VAR模型中的变量产生影响的每个随机扰动的相对重要性的信息。表9-9至表9-11是对模型进行方差分解的结果。

表9-9 Variance Decompodition of *DLFIR*

Period	*S.E.*	*DLFIR*	*DLG*1	*DLG*2
1	0.064298	100.0000	0.000000	0.000000
2	0.069311	94.33415	4.974636	0.691239
3	0.071239	91.08423	8.156917	0.758860
4	0.071432	90.71978	8.393256	0.886966
5	0.071580	90.59979	8.500334	0.899877
6	0.071800	90.59345	8.505015	0.901530
7	0.071826	90.56585	8.532315	0.901830
8	0.071853	90.51397	8.583690	0.902343
9	0.071855	90.51242	8.583221	0.904357
10	0.071858	90.51010	8.585500	0.904400

注：表中第一列是预测期，第二列*S.E.*中的数据为变量的各期预测标准误差，后三列均是百分数，分别代表以各变量为因变量的方程新信息对各期预测误差的贡献度，每行结果相加是100。

由表9-9可知，对于*DLFIR*的方差分解，来自其自身的影响占90%以上，其余2个方程的影响比重不到10%，可见*DLFIR*的波动主要来自其自身的波动，在一、二产业总和不到10%的方差贡献度中，第一产业最高占到了近8.58%的比重，而第二产业的贡献度最小，仅为0.9%左右。

表9-10 Variance Decompodition of *DLG*1

Period	*S.E.*	*DLFIR*	*DLG*1	*DLG*2
1	0.067463	28.32940	71.67060	0.000000
2	0.069977	27.18230	70.15856	2.659184
3	0.074397	34.96052	62.68444	2.355034
4	0.077045	34.77918	62.80703	2.413789
5	0.077260	34.72012	62.81225	2.467623
6	0.077599	34.76098	62.78962	2.449390
7	0.077685	34.68630	62.83750	2.476180
8	0.077731	34.75736	62.76621	2.476433
9	0.077758	34.73907	62.78509	2.475834
10	0.077765	34.73277	62.79014	2.477089

注：表中第一列是预测期，第二列*S.E.*中的数据为变量的各期预测标准误差，后三列均是百分数，分别代表以各变量为因变量的方程新信息对各期预测误差的贡献度，每行结果相加是100。

由表9-10可知，对于*DLG*1的方差分解，来自其自身的影响占62%以上，其余2个方程的影响比重不到38%，可见*DLG*1的波动主要来自其自身的波动，在金融发展和第二产业总和不到38%的方差贡献度中，金融发展最高占到了近34%的比重，而第二产业的贡献度最小，仅为2.47%。

由表9-11可知，对于*DLG*2的方差分解，来自其自身的影响占15%左右，其余2个方程的影响比重达到了85%，可见*DLG*2的波动来自其自身的波动较小，在金融发展和第一产业总和85%的方差贡献度中，金融发展只占到了13%的比重，而第一产业的贡献度达到了72%。

方差分解结果说明，金融发展对第一、二产业比重的影响较小，其中对第一产业的影响大于对第二产业的影响。

表9-11 Variance Decompodition of *DLG*2

Period	*S.E.*	*DLFIR*	*DLG*1	*DLG*2
1	0.032356	0.007223	79.18310	20.80967
2	0.047946	11.01417	75.21563	13.77020
3	0.049061	11.12482	73.32903	15.54615
4	0.04920	11.47582	72.94502	15.57916
5	0.049683	12.94513	71.77136	15.28351
6	0.049702	12.94643	71.77412	15.27945
7	0.049807	12.97450	71.79803	15.22747
8	0.049820	12.96777	71.79512	15.23711
9	0.049824	12.98040	71.78430	15.23530
10	0.049829	12.98466	71.78266	15.23268

注:表中第一列是预测期,第二列*S.E.*中的数据为变量的各期预测标准误差,后三列均是百分数,分别代表以各变量为因变量的方程新信息对各期预测误差的贡献度,每行结果相加是100。

第五节 主要结论

本章研究表明,金融发展对三大产业的影响有明显差异,具体来说:

1.金融发展对第三产业比重的影响最为显著且持久,它们之间存在着长期均衡关系,并且金融发展是第三产业比重变动的格兰杰原因,第三产业比重变动不是金融发展的格兰杰原因,即金融发展对第三产业有促进作用,而第三产业的发展对金融发展的作用则不显著。

2.金融发展对第一产业有一定的促进作用,对第二产业存在一定的阻碍作用。同时,第一产业比重的上升会阻碍金融发展,第二产业比重的提高对金融发展产生正向影响。

根据以上结论可知,随着金融发展水平的提高,第一产业的比重将逐渐下降;第二产业比重的上升将促进金融发展,这是由于第二产业的发展需要大量投资,这些投资需求需要有更高水平的金融来支持,从而带动西部地区金融发展，而金融发展对第二产业具有不明显的负面影响，是由于西部地区经济发展落后，当金融得到一定的发展时，对第二产业投资需求的作用存在滞后期，但最终还是会促进第二产业发展，增加第二产业比重；金融发展对第三产业存在长期的促进作用，有利于增加第三产业比重。因此，金融发展有利于产业结构的优化升级。

第十章　西部金融发展与工业化关系的实证研究

工业化进程是指由传统农业向现代工业社会转变的过程，其主要标志是现代机器和社会化生产方式的广泛应用，工业产值和就业人口在国民经济中比重提高，工业内部结构和整个国民经济结构升级演进。工业化已成为近代世界经济发展的主题，是现代化建设不可逾越的重要阶段。

与此同时，金融业的发展，特别是它所能提供的金融服务对工业化的进一步发展具有非常重要的作用。国外发展经验表明，一国或地区的金融制度越完善，体系越健全，组织越合理，工具越丰富，服务越有效率，其工业化水平就越高。为此，如何形成金融业发展与工业化良性互动的局面，特别是如何通过提高金融业服务水平来促进工业化发展更具有重要意义。

在西部经济发展的过程中，产业结构的优化升级是经济发展的一个重要方面，而工业化是产业结构调整中的重中之重。为此，本篇将金融发展与工业化的关系作为单独一章对其进行探讨。

第一节　文献概述

我国的工业改革是成功的，但有一个需要重视的问题是金融发展与工业化程度之间是怎样的关系，它们如何相互作用，国内一些学者对此做了研究。郁配华、朱鹏飞(2004)对新型工业化的发展和金融支持进行了研究，认为金融业与新型工业化要求之间的差距会对新型工业化的顺利实施形成制约，强调金融业在新型工业化进程中的支持作用,必须以金融创新为主要推动力。方光辉、余中东(2008)对我国金融产业与工业化进程的互动关系进行了研究,认为工业化进程的加快使收入水平增加,进而提高了储蓄水平,而金融产业的发展提高了储蓄率与储蓄—投资转化比率,从而增加了投资,投资的增加则使产出增长,并通过金融发展以及人力资本与R&D资本水平的提高使生产效率得以提高,从而使工业化进程更为加快,两者互动关系就处于这样一个循环过程中。王庆国(2008)对辽宁省金融发展非均衡性与工业化进程进行了研究,认为金融发展确实在辽宁省各地市工业化进程中发挥了重要作用。黄健柏、刘维臻(2008)对金融发展、资本深化与新型工业化道路进行了实证研究,认为金融发展与资本深化存在稳定的因果关系,金融发展在长期能促进工业资本的形成,要实现中国工业和经济的协调发展就要加快金融深化和市场化进程,走新型工业化道路。

尽管一些学者对金融发展与工业化程度之间的关系做出了积极的探索,但是更多的只是从理论上研究二者之间的关系,能够利用现代计量经济学的方法、定量描述或者验证理论上的西部金融发展与工业化程度之间关系的研究甚少。本章在借鉴已有理论研究成果的基础上,采用现代计量经济学中的非平稳时间序列分析方法,对理论上西部金融发展与工业化程度之间的关系进行验证和定量描述。

第二节　金融发展与工业化的作用机理

一、金融发展与工业化的作用机制

工业化进程与金融发展的作用机理简单地说就是:工业化进程的加快使收入水平提高,进而提高了储蓄水平。而金融的发展提高了储蓄率与储蓄—投资转化比率,从而增加了投资。投资增加则使产出增长,并通过金融的发展使各生产要素的效率得以提高,使工业化进程更为加快,两者关系处于这样一个循环过程中。如图10-1所示。

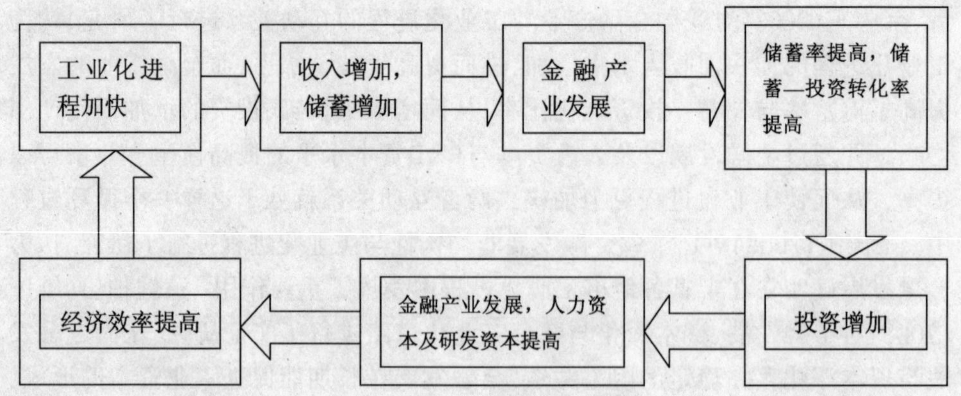

图10-1　金融发展与工业化的机制分析

资料来源:方光辉,余中东.我国金融产业与工业化进程的互动及其发展战略,2008.

二、金融发展与工业化的作用

1.金融发展对工业化的作用

(1)金融产业发展导致更高比例的储蓄转化为投资。工业化的标志之一是社会化大生产,而社会化大生产需要一定的规模才有效益。规模经济需要巨额资金的支持,且筹资成本不能过高,解决这一问题的途径之一就是众多的投资者参与。储蓄可以把社会闲散资金集中起来,积少成多。金融体系的首要功能是把储蓄转化为投资。从根本上来说,资本来源于居民储蓄,但在动员众多分散的居民将储蓄转化为投资的过程中,金融体系需要吸收一部分资源,这包括从分散的个体那里集中储蓄时发生的交易成本和为克服信息不对称，使储户放心地放弃对其积蓄的控制权而支付的信息成本。一个有效率的金融安排,能够大大减少在动员储蓄过程中的交易成本和信息成本。因此,金融业的充分发展、金融市场的发育完善必然会使金融部门的运作效率大大提高,进而为工业化进程所需巨额资本的筹集创造条件。

(2)金融产业发展能够促进技术进步。技术进步是工业化水平提高的最主要的动力。技术进步的源头是发明和创新,而生产率的提高在于发明和创新成果的大面积推广和普及。很显然,通过金融中介机制,一方面不仅能在源头上为发明和创新提供资金支持,而且经济金融化程度的提高,使科技成果迅速传播和普及并现实地转化为生产力。另一方面,也为科技成果在国际间的传播开辟了道路。

(3)借助证券市场调整产业结构并促进高科技产业的发展。经济结构优化对工业化进程的作用是显著的。目前,我国处于“经济过剩”阶段,经济增长方式正由“粗放型”向“集约型”转变,其中最关键的问题在于产业结构的调整。产业结构调整的有效途径是借助证券市场,通过证券市场在新股发行上向高新技术企业倾斜,促进企业的技术进步和科技创新,最终带来产业结构的优化和工业化进程的加速。

(4)金融产业的发展可以使资金配置到资本边际效率高的项目中去。金融体系通过三个途径提高资本生产率:一是收集信息,对各种投资项目进行评估;二是通过分散风险来促使个人投资于风险更高而生产效率也更高的项目;三是当经济转向货币化时,金融深化和金融创新能够持续不断地降低交易成本和信息成本,从而持续地提高专业化与激活创新活动。金融发展的作用主要是通过金融工具的创新、信贷和证券市场的规模增大及金融机构的增加来更有效地分散和分担风险,优化社会资源的配置,从而改变经济结构,使可提供更高投资回报率的产业部门在经济中的比重增大,促进了经济增长,实现产业结构的优化升级,进而加快西部地区的工业化进程。

2.工业化对金融发展的作用分析

(1)工业化进程为金融发展创造巨大的市场需求。金融为工业化进程提供必不可少的金融支持,但其自身发展最终还是取决于实体经济状况。随着社会供给能力的提高和市场竞争的加剧,市场需求对任何行业或企业的生存与发展都具有决定性作用。工业化进程涉及各种资源在更大范围的配置和社会交易在更大规模上的开展,这就会直接扩大对金融服务的市场需求。同时,工业化进程也能从一定程度上改变社会经济活动的原有方式,进而产生新的金融服务需求,间接地增加金融发展的市场潜力。

(2)工业化进程有助于金融产业提高服务质量。工业化进程重视将高科技特别是信息技术运用于新产品、新设备的研究开发和生产制造,因此可以向金融产业提供更新、更好的产品和设备,明显增加金融服务的科技含量。而科技含量的增加又能使金融产业在面对工业化进程所创造的巨大市场需求面前,推出新的金融工具和采用新的金融服务方式,进而让厂商和客户获得高质量的金融服务。

(3)工业化进程导致金融发展水平和金融结构发生相应的变化。金融体系是为产业的发展服务的,因此,产业结构的变动必然会导致金融发展水平和金融结构发生相应的变化。在这一过程中,产业(技术)结构也必须不断地调整,以适应资源禀赋和比较优势的变化,这最终将导致金融发展水平和金融结构发生相应的变化。

第三节 指标选取及研究方法

一、指标选取

在金融发展指标选取上，戈德史密斯提出“金融相关比率”指标，它是用来衡量金融上层结构相对规模的最广义指标，金融相关比率的变动反映的是金融上层结构与经济基础结构之间在规模上的变化关系，可以视为金融发展的一个基本特点。金融发展的另一个基本特点是金融效率，用金融转化能力和储蓄率来衡量。因此，本章选取金融相关比率FIR、金融转化能力FUE和储蓄率CLG来衡量金融发展程度；以工业产业增加值占名义GDP的比重作为衡量工业化的指标，记为IN。为消除数据的异方差，对四个变量作对数化处理，记为*LIN*、*LFIR*、*LFUE*、*LCLG*。本章中的计量分析均由Eviews 6.0软件处理完成。

二、样本数据的来源及处理

我们收集了1990—2007年西部地区国内生产总值和工业产业的产值数据以及金融机构的存贷款、储蓄额和资产形成额数据，通过计算得到各指标。数据主要来自《中国金融年鉴》、《中国统计年鉴》和《新中国五十五年统计资料汇编》。

三、研究方法

经济变量大都具有非平稳性，本章首先将利用残差序列相关的ADF单位根检验法，检验变量的平稳性，对非平稳的变量进行处理使之成为平稳时间序列。如果变量是同阶单整的，那么我们将对相关变量进行协整检验以确定西部金融发展和工业化之间的长期均衡关系，并在协整的基础上，通过向量误差修正模型考察其短期变动关系，通过格兰杰因果检验来验证其因果关系。

第四节 实证检验

一、平稳性检验

本节采用ADF检验方法对四个变量进行序列平稳性检验，检验结果如表

10-1所示。

表10-1 变量的单位根检验(ADF)结果

变量	检验形式(c,t,k)	ADF检验值	5%临界值	结论
LIN	(c,t,1)	-0.226133	-3.710482	不平稳
LFIR	(c,t,0)	-0.537917	-3.710482	不平稳
LFUE	(c,t,0)	-1.546032	-3.710482	不平稳
LCLG	(c,t,0)	-1.904344	-3.710482	不平稳
DLIN	(0,0,0)	-3.314530	-1.964418	平稳
DLFIR	(0,0,0)	-3.651934	-1.964418	平稳
DLFUE	(0,0,0)	-3.792564	-1.964418	平稳
DLCLG	(0,0,0)	-2.187455	-1.964418	平稳

注:检验形式(c,t,k)中,c表示序列包含常数项,t表示序列包含趋势项,k表示用AIC准则确定的序列的滞后项数,由软件自动选择确定;D表示一阶差分。

检验结果表明,在5%的显著性水平下,*LIN*、*LFIR*、*LFUE*、*LCLG*均是一阶单整序列I~(1)。

二、协整检验

虽然变量*LIN*、*LFIR*、*LFUE*、*LCLG*是非平稳的一阶单整序列，但可能存在某种平稳的线性组合,这个线性组合反映了变量之间长期稳定的比例关系。本章采用协整检验的方法，通过建立基于最大特征值的迹统计量来判断变量*LIN*、*LFIR*、*LFUE*、*LCLG*之间的协整关系。如果存在协整关系则模型可设定为ECM,检验结果如表10-2和表10-3所示。

表10-2 Johansen协整检验结果(迹统计量)

协整变量	零假设协整方程的个数	特征根	迹统计量	10%临界值	P值
LIN	None*	0.943007	84.85496	54.68650	0.0000
LFIR	at most 1	0.785693	39.01768	40.45817	0.0133
LFUE	at most 2	0.590848	14.37215	19.93711	0.0733
LCLG	at most 3	0.004580	0.073453	6.634897	0.7864

注:*表示在1%的显著性水平下拒绝原假设。

表10-3 Johansen协整检验结果(最大特征值统计量)

协整变量	零假设协整方程的个数	特征根	最大特征值	10%临界值	P值
LIN	None*	0.943007	45.83728	32.71527	0.0001
LFIR	at most 1	0.785693	24.64553	25.86121	0.0153
LFUE	at most 2	0.590848	14.29869	18.52001	0.0494
LCLG	at most 3	0.004580	0.073453	6.634897	0.7864

注:*表示在1%的显著性水平下拒绝原假设。

经检验，在1%的显著性水平下*LIN*、*LFIR*、*LFUE*、*LCLG*的迹统计量的检验结果是84.85496>54.6865,39.01768<40.45817,14.37215<19.93711,0.073453<6.634897；最大特征值统计量的检验结果是45.83728>32.71527,24.64553<25.86121,14.29869< 18.52001,0.073453<6.634897,所以*LIN*、*LFIR*、*LFUE*、*LCLG*之间存在长期稳定的协整关系,协整方程为：

$$LIN=0.625253LFIR+0.060897LFUE-1.711649LCLG$$

从长期来看,金融发展和工业化率之间保持着长期均衡关系。金融相关比率每变动一个百分点可以引起工业化率同方向0.625个百分点的变动；金融转化能力每变动一个百分点可以引起工业化率同方向0.061个百分点的变动,并且金融相关比率的提高对工业化率的影响要强于金融转化能力指标。储蓄率的变动对工业化的程度起到了负效应,这可能是由于西部地区金融不发达,难以将储蓄转化为投资。

三、建立误差修正模型

由协整检验*LIN*式我们知道*LIN*与*LFIR*、*LFUE*、*LCLG*的长期均衡关系,但在实际经济生活中,我们不仅想知道变量之间的长期关系,而且也希望知道其短期关系。因此,我们必须对得出的长期均衡关系加以修正,以得到一个新的能分析经济变量短期波动关系的模型。根据格兰杰定理,若非平稳变量间存在协整关系,则必有误差修正模型存在。建立VECM模型,根据表10-4和表10-5得到VECM模型的表达式为。

表10-4 VECM模型协整方程的参数估计值

LIN(-1)	*LFIR*(-1)	*LFUE*(-1)	*LCLG*(-1)	*C*
1.000000	1.219808	-2.409275	-2.694124	-2.046252

表10-5　VECM模型估计值

误差修正	D(LIN)	D(LFIR)	D(LFUE)	D(LCLG)
回归系数	−0.102067	0.066072	0.045705	0.039541
DLIN(−1)	0.208320	−0.956345	0.050203	0.096488
DLIN(−2)	0.336195	−0.228680	−0.267011	0.289650
DLFIR(−1)	−0.194514	−0.040066	−0.165065	−0.128843
DLFIR(−2)	0.205038	−0.576951	0.354572	0.374869
DLFUE(−1)	−0.013079	0.529796	−0.226483	0.056644
DLFUE(−2)	0.079810	−0.841191	0.652041	0.608916
DLCLG(−1)	0.424884	−0.535337	−0.083747	0.363298
DLCLG(−2)	0.081316	−0.101986	−0.122180	−0.356830
C	−0.002649	0.066055	0.000448	0.007777

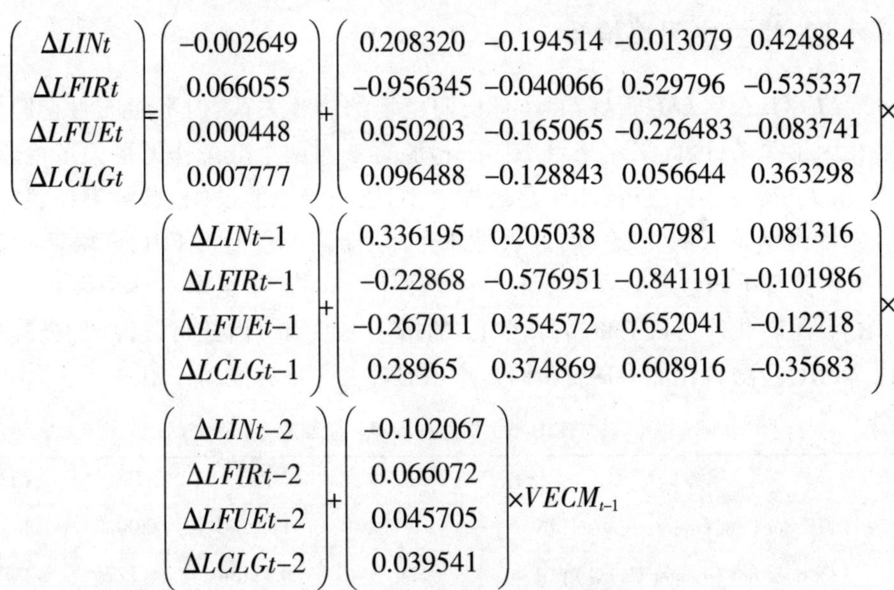

$$\begin{pmatrix} \Delta LINt \\ \Delta LFIRt \\ \Delta LFUEt \\ \Delta LCLGt \end{pmatrix} = \begin{pmatrix} -0.002649 \\ 0.066055 \\ 0.000448 \\ 0.007777 \end{pmatrix} + \begin{pmatrix} 0.208320 & -0.194514 & -0.013079 & 0.424884 \\ -0.956345 & -0.040066 & 0.529796 & -0.535337 \\ 0.050203 & -0.165065 & -0.226483 & -0.083741 \\ 0.096488 & -0.128843 & 0.056644 & 0.363298 \end{pmatrix} \times \begin{pmatrix} \Delta LINt-1 \\ \Delta LFIRt-1 \\ \Delta LFUEt-1 \\ \Delta LCLGt-1 \end{pmatrix} + \begin{pmatrix} 0.336195 & 0.205038 & 0.07981 & 0.081316 \\ -0.22868 & -0.576951 & -0.841191 & -0.101986 \\ -0.267011 & 0.354572 & 0.652041 & -0.12218 \\ 0.28965 & 0.374869 & 0.608916 & -0.35683 \end{pmatrix} \times \begin{pmatrix} \Delta LINt-2 \\ \Delta LFIRt-2 \\ \Delta LFUEt-2 \\ \Delta LCLGt-2 \end{pmatrix} + \begin{pmatrix} -0.102067 \\ 0.066072 \\ 0.045705 \\ 0.039541 \end{pmatrix} \times VECM_{t-1}$$

其中

$$VECM_{t-1}=LIN(-1)+1.219808LFIR(-1)-2.409275LFUE(-1)$$
$$-2.694124LCLG(-1)-2.046252$$

在*LIN*和*LFIR*、*LFUE*、*LCLG*构成的协整关系中，*LIN*和*LFIR*的系数为正值，*LFUE*和*LCLG*系数为负值；同时*VECM*模型中*LIN*关于误差修正项$VECM_{t-1}$的回归系数为负值(−0.102067)。因此，系统中的*LIN*变量对于系统偏离协整关系所描述的长期平稳关系会做出迅速反应。如果*LFIR*、*LFUE*或*LCLG*突然变大，使得系统偏离长期协整关系，导致系统的误差修正项突然变大，由*DLIN*关于误差修正项的系数显著为负值，*LIN*会因此而变大。这说明，金融发展的提高能促进工业化。

上式表明，工业化率和金融发展之间存在着密切的关系。短期内，金融相关比率、金融转化能力和储蓄率的变动将会引起工业化率的变动。*t*–1和*t*–2年度工业化率增量变动一个单位，*t*年度工业化率将同方向分别变动0.20832和0.336195个单位；*t*–1年度金融相关比率增量变动一个单位，*t*年度工业化率将反方向变动0.194514个单位，*t*–2年度金融相关比率增量变动一个单位，*t*年度工业化率将同方向变动0.205038个单位；*t*–1年度金融转化能力增量变动一个单位，*t*年度工业化率将反方向变动0.013079个单位；*t*–2年度金融转化能力增量变动一个单位，*t*年度工业化率将同方向变动0.07981个单位；*t*–1和*t*–2年度储蓄率增量变动一个单位，*t*年度工业化率将同方向分别变动0.424884和0.081316个单位。由此可知道，金融发展对工业化程度有一定的促进作用。

四、格兰杰因果检验

*LIN*与*LFIR*、*LFUE*、*LCLG*具有长期稳定的协整关系，但不能证明它们之间存在因果关系，因此采用格兰杰因果检验方法对两个变量作因果关系检验，如果*F*值大于临界值，或*P*值小于显著性水平，则拒绝原假设。检验结果如表10–6。

检验结果表明，在5%的显著性水平下，金融相关比率FIR、金融转化能力FUE和储蓄率CLG是工业化率的格兰杰原因，而工业化率不是金融相关率比FIR、金融转化能力FUE和储蓄率CLG的格兰杰原因。由此可以说明，金融相关比率FIR、金融转化能力FUE和储蓄率CLG对工业化有推动作用。

表10–6　格兰杰因果检验结果

原假设	滞后期	*F*值	*P*值	结论
LFIR does not Granger Cause LIN	2	11.5580	0.0020	拒绝
LIN does not Granger Cause LFIR		0.32754	0.7275	接受
LFUE does not Granger Cause LIN	1	5.54244	0.0337	拒绝
LIN does not Granger Cause LFUE		2.26851	0.1543	接受
LCLG does not Granger Cause LIN	2	13.6064	0.0011	拒绝
LIN does not Granger Cause LCLG		0.56290	0.5851	接受

第五节　主要结论

本章从协整检验的角度看，西部工业化程度与西部金融发展变量存在长期的均衡关系，金融相关比率、金融转化能力以及储蓄率的提高都在不同程度上影响西部工业化程度加深，金融发展指标中金融相关比率FIR和金融转化能力FUE对工业化程度有明显的促进作用，而储蓄率CLG的变动对工业化的程度起到了负效应，这可能是由于西部地区金融不发达，难以将储蓄转化为投资。

从误差修正结果看，短期内，金融相关比率、金融转化能力和储蓄率的变动将会引起工业化率的变动。工业化程度与金融相关比率、金融转化能力的滞后一期反方向变动，而与金融相关比率、金融转化能力的滞后两期同方向变动，这与西部的金融发展是相适应的。由于西部金融不发达，当金融取得一定的发展后，它要作用于工业部门需要一个较长的时间，这就出现了金融发展对工业化程度的滞后作用。而储蓄率的滞后一、二期对工业化程度都是正向的影响，这与工业化程度和储蓄率的长期关系是不一致的，一旦短期波动偏离长期均衡关系，误差修正机制的存在能够纠正这种偏离，并最终使工业化率与储蓄率之间的关系回到长期均衡关系上来。由此可知道，西部金融发展对工业化程度有一定的促进作用。

从格兰杰因果检验结果看，金融相关比率、金融转化能力和储蓄率是工业化率的格兰杰原因，而工业化率不是金融相关比率、金融转化能力和储蓄率的格兰杰原因。由此可以说明金融相关比率、金融转化能力和储蓄率对工业化有推动作用。

根据以上结论可知，为了促进西部地区工业化的进程，应大力发展西部地区的金融行业，提高金融相关比率，增强金融转化能力，提高储蓄率，从而为西部地区工业化的发展提供充足的资金支持，提升西部地区的工业水平，进而为实现西部地区新型工业化创造条件。

第十一章　西部金融支持产业结构优化的政策建议

从经济发展的一般规律来看，各国经济可持续发展的关键在于产业结构的动态优化升级，一方面要形成具有动态比较优势的新兴产业，另一方面要形成支持产业升级的金融体系和与发展阶段相适应的金融业。而金融业是工业化中后期重要的先导性产业和大国经济发展中重要的战略性支柱产业，其稳健发展不仅是经济发展和产业竞争力提高的重要支撑，更是产业结构优化升级的主要条件。

我国现阶段面临工业化和信息化的双重历史任务，发展以制造业为主的传统产业需要银行体系的支撑，而发展以信息产业为主导的新兴高技术产业则需要资本市场体系的支持，这均突显了金融在我国经济发展中的重要地位。但由于历史、体制及发展路径等原因，在我们这样一个全世界最大的发展中国家，经济发展最重要的方面——金融发展实际上常常被有意无意地忽略，金融对工业和产业结构的优化被有意淡化或无意冲淡，甚至产生了一定程度的“金融抑制”思维。

虽然西部大开发战略实施以来，区域金融有了一定程度的发展，但相对于发达地区来说还是较为落后。为了促进西部地区的进一步发展，就需要对金融发挥其自身作用做深入的探讨，实现西部地区产业结构的优化升级和新型工业化。

第一节　西部金融发展与产业结构的理论描述

金融发展是金融结构的发展，金融结构是各种金融工具和金融机构的形式、性质及其相对规模。金融发展程度越高，金融工具和金融机构的数量、种类越多,规模越大,金融效率就越高。产业结构的优化升级,是指通过产业结构调整,使产业结构效率、产业结构水平不断提高的过程,主要表现为主导产业由产业效率较低的第一产业依次向效率较高的第二、三产业变迁,第二、三产业产值占GDP的比重或第三产业占GDP的比重逐渐提高。一国的经济发展必然伴随着产业结构的调整,当经济发展到一定水平后,产业结构如不能得到相应调整,将成为影响经济进一步发展的制约因素。

一、金融发展与产业结构的互动机理

1.金融发展与产业结构调整的互动机制

金融对产业结构的影响是以企业为切入点的,企业具有鲜明的金融导向和金融控制特征。为研究方便,我们将经济分为两大部门:一是实体经济部门,即各产业部门;二是金融部门。金融部门对产业结构的影响是通过在不同产业部门间资本的动态配置来实现的。金融部门对实体经济的功能性影响产生了两方面的效果。一方面是金融的投资增量效应能够促进产业部门的扩张。金融发展能够提高投资收益率,促进投资增加,从而深化各产业部门的资本水平,深化的资本能够带来产业部门生产的扩张。另一方面,金融资本导向效应能够带动产业水平提升。市场化的金融部门对产业竞争力的敏感性极强,能够引导产业部门向适应市场的方向发展,增强产业的技术水平及市场竞争力。

金融系统又由于其逐利性,对不同产业成长能力进行识别,对投资收益高、市场竞争力强的产业大力支持其资本供给,促进这些产业部门的快速发展。金融部门的投资增量和资本导向效应在不同产业部门发生作用,导致不同产业部门在规模和技术水平等方面的差异性发展,形成不同的产业结构。同时,为了适应资源禀赋和比较优势的变化,产业结构将不断调整,随着各产业技术水平的提升,产业结构高级化,最终又导致金融发展水平的变化。由此交互作用,金融系统不断发展,产业结构不断升级和完善。

因此,金融作用于产业结构的过程可简述为:金融→投资→资金的流量结构→生产要素分配结构→资金存量结构→产业结构。即金融活动主要作用于资金分配,进而作用于其他生产要素的分配;而在资金存量和资金流量的相互作用中,它首先作用于资金流量,再作用于资金存量。具体来说,金融影响产业结构的过程如图11-1所示。

2.金融发展与产业结构调整的作用分析

金融体系作为为产业发展提供资金的重要媒介,在促进产业结构升级中发挥着重要作用主要通过以下机制。首先,资金导向机制。资金的形成影响产业结构的形成,金融系统克服了单个储户聚集贷款企业的信息不对称,依靠金融系统制度安排，发挥其对社会资金的导向作用，通过专业化的手段，识别能取得高收益的产业，然后将稀缺的储蓄资源配置到效率高的产业。同时还能够带动社会其他资金流入这一产业，从而实现资源的优化配置，促进产业结构的优化升级。其次，产业整合机制。金融发展促进产业成长，一方面金融发展为企业进行技术改革与研发创新提供必要的资金，进而为提高生产率或开发新市场、提高企业利润率提供必要条件，为产业成长奠定基础。另一方面金融发展推动企业集团化、国际化的发展，通过资本市场的重组机制可以推动资源向优势企业和产业聚集，迅速壮大企业规模，使优势产业在经济结构中的份额和影响力大大提高。再次，风险防范与补偿机制。传统金融业务与金融创新业务为产业发展尤其是高新技术产业提供风险防范与控制方法，降低了创新型产业的风险，从而促进新兴产业的发展，提高产业的技术水平。金融部门可以通过保险公司对高风险、高收益的新兴产业提供保险，以降低其创业者的风险，而以风险投资基金为代表的风险投资机构，将较好地适应技术进步投融资高投入、高风险、高收益的特点，推进产业技术结构的升级调整和高新技术产业的发展。金融发展为高新技术产业发展创造了锁定风险的平台，从而促进了产业升级和产业结构调整。

同时，产业结构的变化反过来引起金融结构的变化。一方面，随着产业发展规模壮大，要求金融体系提供更大规模的金融服务；另一方面，由产业升级引起的企业技术创新、制度创新等需要更加复杂的金融服务，如资产证券化、套期保值等。金融结构为适应产业发展需求需要不断进行调整和变化，不仅为产业的发展提供了宽广的融资渠道以及用于降低经营风险完善的金融服务，而且也为产业进一步发展提供了更加有利的发展环境和更大的发展空间。

金融作用于产业结构往往需要一定的政策引导。金融行为在市场经济条件下是完全市场化的，由金融企业决定是否给予企业金融支持以及支持的力度。但政府要对经济发展进行宏观调控，实现产业结构的优化升级是政策作用的重要目标。当政策目标与金融企业的自主行为产生矛盾时，政府就要通过相关政策的调整，引导金融资本流向符合产业发展方向的产业和企业。

二、金融作用于产业结构的途径

金融作用于产业结构的不同层面，具体体现在以下三个途径。首先，产业的产出结构。资金运用结构决定了产出结构的变化，而某一时点的产出结构反映的是资金的分布状况。金融正是通过其资金导向机制来改变资金的供给水平和配置格局，从而推动产业结构的升级。其次，产业的组织结构。金融的重要意义不仅在于促进资本形成，还在于其直接影响着企业的治理结构和控制模

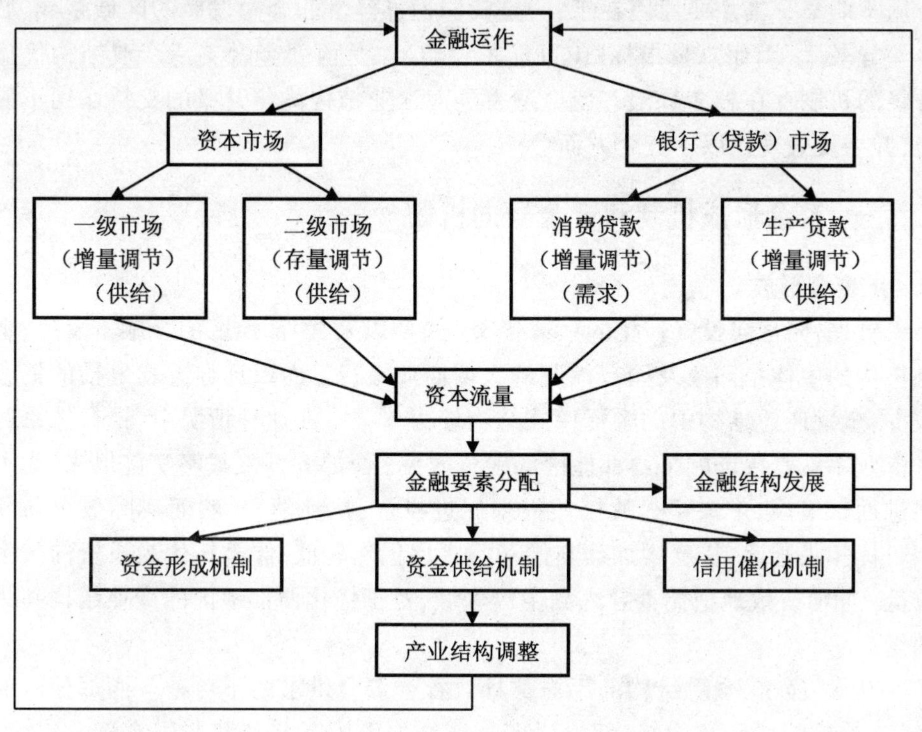

图11-1 金融影响产业结构的作用机理示意图

资料来源：傅进.产业结构调整中的金融支持问题研究，2004。

式，从而决定了企业的运行机制与行为方式。这将最终影响资本的配置和利用效率，从而对形成产业的竞争优势十分重要。再次，产业的技术结构。金融推进技术进步的机制主要体现在其对技术开发投融资的支持上。要解决资金短缺问题，企业除了依靠政府的财政支持外，还需要依靠金融体制的发展，通过多种形式的风险投资机构来获得资金，以此推进企业的技术进步和高新技术产业的发展。

总体而言，产业结构决定金融结构，金融结构影响产业结构，金融既可以促进产业结构的优化，又可能对其起到阻碍的作用。

第二节 西部金融抑制产业结构优化的具体表现

从上章实证过程可知，我国西部金融发展与产业结构的优化升级之间的作用不明显。其主要原因在于:一是我国西部经济和金融发展的区域差异、城乡差异较大,因而总量指标FIR可能不稳定;二是西部金融支持产业结构优化升级的机制存在较多缺陷,使金融发展对产业结构优化升级的支持作用不明显,并主要表现在以下五个方面。

一、资金形成机制和资金导向机制

1.资金形成

首先,储蓄向投资转化的渠道狭窄。长期以来,西部地区的金融不发达,金融机构的主体是国家及国有控股的大型商业银行,而以证券方式筹措的资金较少,金融产业结构中的融资模式结构较为单一。在这种情况下,银行体系的融资效率就直接影响了西部地区的融资效率。西部大开发战略实施以来,为了促进西部发展,中央银行放松银根来促进投资,拉动消费,然而实际效果与预期目标相去甚远,贷款增加额与储蓄额之比仍然较低,储蓄转化为投资的效率较低。如何有效地把储蓄导入到生产领域,对于优化西部地区的产业结构甚为关键。

其次,经济、金融结构的不对称导致社会资金供求的不对称。西部地区的经济、金融的二元结构较为明显,即经济结构由国有部分和非国有部分组成,金融结构由正规金融体系和非正规金融体系构成。正规金融体系支配了绝大部分的信贷资金供给,并以国有企业为主要服务对象;非正规金融体系主要服务于由中小企业构成的非国有经济。在国民经济中占重要地位的非国有经济具有巨大的发展潜力和创新能力,在产业发展和升级中具有不可替代的作用,但其却被正规金融体系所歧视。这种经济结构和金融结构的不对称,阻碍了资金的形成和投资的增长,延缓了产业结构调整和升级的进程。

2.资金导向

(1)国有及国有控股大型的商业银行在经营方面存在一定的问题。在西部大开发战略实施以来的大部分时间里,大型的银行与企业之间的债权债务约束软化,银行不能完全自主地根据市场选择贷款项目,这导致在微观上资金的使用效率低下,在宏观上难以使资金流向具有竞争优势的产业和行业,不利于产业结构的优化升级。

(2)资本市场资源配置方面存在一定的问题。金融发展对资本配置效率变化的解释能力一直较弱,西部地区股票市场的不发达使得股票市场在产业和企业层面的资源配置效率是低下的,即资本市场的价格信号没有有效引导资源流向高效率的产业和企业,并且西部地区上市公司的数量少,产业结构调整中各行业成长性的变化不能在资本市场的股价和股指波动中得到体现。与此相关的是资本市场的风险更多地体现为系统风险，而能体现市场资源配置功能的非系统风险没有充分体现。

(3)机构投资者在西部发展存在一定的问题。机构投资者是资本市场长期资金的重要供给者和资本市场功能优化的重要力量，其专业的长期理性投资对于优化产业结构、提高资金使用效率具有重要作用。机构投资者在股票市场中如果低于一定的规模,其正常功能将难以发挥。西部地区金融市场不发达，机构投资者的数量缺乏并且力量弱小,这影响了产业发展的长期理性投资,使资本市场的投资者更关心短期的资本利得，从而不利于西部地区产业结构的优化升级。

二、信用催化机制和产融结合机制

1.信用催化方面

金融的信用催化机制实质是通过货币量的扩大,即信用创造,加速资本形成,促进生产中资源的节约和使用效率的提高,从而把潜在的资源现实化,推动产业结构调整与经济总量增长。西部地区金融发展的现状必然导致信用创造能力较弱,资金往往投向已存在明显效益的产业和项目,不能较好地实现资金的增值返还,不能选择具有超前性以及有广泛的前向、后向和旁侧扩散效应的产业项目进行投资,催化主导产业、相关产业及其合理的产业结构体系的构建与调整,从而不能在资金良性循环基础上实现经济的发展和提高。

2.产融结合方面

产融结合即是指在商品经济基础上从产业资本中分离出来的金融资本与产业资本出于各自的需要,通过各种金融工具彼此融合,相互渗透,这样金融业可以掌握企业内部情况,监督企业经营,且可为其提供高质量的服务和全方位的支持,推动企业巨型化、集团化,从而加强企业间的协作关系,提高规模经济效益。西部地区金融资本与产业资本的结合主要是通过财政投融资来实现的,通过行政手段配置金融资本与产业资本的结合,难以形成有效的产融结合机制,产融结合的效率较低。

三、资本市场内部运行机制

1.西部地区资本市场结构不合理

(1)股票市场。西部地区股票市场规模与发达地区相比相对偏小,资本市场证券化率,即股票市值/GDP是较低的。西部上市公司,无论在数量、规模、融资渠道和品种,还是在筹资能力上都难与东部发达地区相提并论。西部地区交易品种多为A股,由于发行的B股和在境外上市股票极少,西部地区利用国际资本市场为西部发展筹集资金的能力较弱。并且西部的上市公司经营业绩普遍较差,缺乏再融资能力,上市公司的这种发展规模和水平,既阻碍了上市公司自身的高速扩张,也使得股市在带动地方经济发展上的优势作用基本丧失。这种状况显然与西部地区产业结构优化升级的要求不相适应。

(2)债券市场。西部地区债券市场发展缓慢,其主要原因为:一是企业资本结构不合理,即企业的资产负债率过高。资产负债率过高意味着企业自有资本金率过低,这必然会影响企业的担保能力,进而影响企业从银行获得持续资金支持的能力,这种状况将会严重损伤企业生命体应有的弹性,降低企业应对风险的能力,从而削弱企业再融资能力。二是我国对企业债券的发行准入实行严格的管制制度。为了加强对企业社会集资活动的计划管理,我国对企业债券发行实行严格的额度控制制度,并且,出于降低企业资产负债率的需要,国家有关部门每年批准的企业债券发行额度十分有限,尽管《企业债券管理条例》规定,境内具有法人资格的企业都可以发债,但实际上,除了国家重点建设项目和重点企业外,一般企业很难获得发行债券的机会。三是企业信用评级缺乏足够的公信力和权威性。企业信用评级是对举债人的偿债能力即企业资信能力的评价。与成熟的市场相比,我国目前的企业信用评级机构并不具有真正的独立性,评级结果是否具有公信力并没能成为评价企业生存与否的唯一决定因素,这就使一些评级机构虚假评级,造成评级缺乏足够的公信力和权威性。

从证券市场发展对产业和经济发展的支持来看,股票市场和债券市场发展的初衷即在于为国有企业服务,具有比较强的计划或准计划色彩和国有企业偏好。在股票市场上,上市公司基本上是由国有企业改制而来的国有控股企业,且主要侧重于大型成熟企业,缺乏针对新兴非国有中小企业的股票市场,而发行企业债券基本上是国有企业的特权。非国有经济成分主要属于第一、第三产业,而且是最具有活力的经济成分,资本市场的所有制歧视造成产业发展的多层次性与较为单一的资本市场结构的不对称,不能很好地适应经济结构特别是产业结构调整的需要。

作为非标准化、非证券化的资本市场范畴,产(股)权并购交易市场从20世纪80年代中后期开始发展,支持国有企业产权制度改革,但发展缓慢,影响了资产并购交易规模的扩大,而创业板市场刚刚起步,对高新技术产业发展的支持作用还很有限,这些都制约了产业结构调整的过程。

2.证券市场组织结构不尽合理

全国性的证券交易所集中于东部发达地区,西部地区没有集中的证券交易所,只有少量的场外市场,不能很好地满足大量未上市企业的股份的交易需求，不能满足不同产业、不同类型企业多样化融资和金融服务的需要。能够进行资产交易转让的上市公司只占企业总数的很小比例。因此，绝大部分未上市企业，主要是中小企业的产（股）权的转让和交易，对于社会资源的优化配置具有更大的重要性。我国《证券法》、《公司法》规定股东持有的股份可以依法转让，且必须在依法设立的证券交易场所进行，但上交所和深交所这两个交易所只进行上市公司的股份转让和交易业务，内容并不包括未上市公司。未上市企业的股份交易途径始终不能畅通，严重抑制了企业和金融业之间资源的流动和调整。所以，建设不同层次的资本市场才能有效动员和配置全社会的金融资源，促进西部地区经济发展和产业结构的优化升级。

3.资本市场并购重组较为缓慢

(1)西部地区的上市公司大多经国企改制而成，其股权结构不合理，导致上市公司政企不分，政府干预较多，使资源配置偏离产业发展要求。并且也导致了公司控制权市场的不发达，使得产业内部的资源整合、产业间的资源重组的效果受到极大的影响，制约了产业结构优化和升级的进程。

(2)经国企改制而成的上市公司，实行股权分置的制度安排，而国有股和法人股不能上市流通，导致单一上市公司流通股本规模相对较少，股市投机性强，股价波动较大，股权流动性非常有限，价格发现不充分，流通股和非流通股存在较大差价，严重影响了并购重组公司的估值水平，从而影响产业结构的升级。

四、金融支持产业结构调整的机制

西部地区的金融体制缺乏推动企业技术进步、改善产业技术结构、促进产业结构优化升级的有效机制。产业结构的升级依赖于高科技产业的发展及其成果在各产业中的应用，但长期以来西部地区高科技产业发展资金主要来自银行的指令性贷款和政府的补贴，力度远远不够，而且大部分资金提供给国家科研院所和高校科研机构。西部地区主要是一些中小企业，这些企业很难拿到发展高新科技所需的资金，从而也就不利于西部地区产业结构的升级。因此，西部地区金融对高新科技产业的发展及各产业技术创新的支持机制还不完善。

1.西部地区金融体系和工具不利于产业结构的优化升级

西部地区的银行以国有及国有控股的大型商业银行为主，而这些商业银行出于自身经营的考虑，重点关注短期收益，对于风险大、周期长的技术开发项目难以支持。同时，投资者可选择的金融工具主要是银行储蓄，区域性金融工具的种类和数量都较少，这导致金融体系不能够有效地通过多样化的金融工具,为居民和企业提供丰富的风险管理手段和途径,从而不利于风险较大的高科技项目融资的实现。

2.资本市场支持高新技术产业发展的功能有限

从西部地区在主板市场上上市的产业分布来看,传统产业较多,高科技产业较少,一些有潜力的成长型企业往往难以上市,虽然中小企业板块为中小企业提供了通过资本市场进行融资的途径,但目前中小企业板块所能支持的企业数量有限,对西部地区中小企业的支持则更少。因此,资本支持高新技术产业发展的功能还很有限,不能有效促进产业结构的优化升级。

3.风险投资机制的缺陷阻碍了产业结构的调整

风险投资机制包括风险资本的筹集机制、运作机制和退出机制。在风险资本的筹集方面,西部地区风险资金主要来源于政府和银行,因此,渠道比较狭窄,而保险基金、养老基金和其他民间资金等进入风险投资领域的渠道和运作机制尚未建立,从而导致资金缺口大。

在风险资本的运作方面,由于我国缺乏有效的风险投资企业的组织形式,使得有些风险投资机构蜕变为招商部门和房地产开发商,有些怕承担风险而将资金投向其他项目,只有很少的风险投资基金用于高新技术产业。

在风险资本的退出方面:一是退出方式单一,只有股权转让这一种方式,具体包括企业收购、兼并等,而且由于法人股不能流通,只能采取场外协议转让的方式;二是缺乏风险投资的中介服务,没有科学地为高科技企业提供技术定级的标准和方法,从而影响风险投资的有效退出;三是产权交易成本大于股票市场的成本,使得风险资本在投资不理想或失败后退出较为困难,退出成本高。

五、政策性金融机构支持产业结构调整的作用

政策性金融机构对弥补金融运行和资源配置的市场失效、实现社会发展的公平合理性和促进宏观经济协调发展起着重要作用,尤其对经济发展落后的西部地区充分发挥后发优势,推动产业结构优化升级具有关键意义。

1.银企关系尚未完全理顺

从经济领域来看,依赖政策性银行生存的主要是国有企业,而政策性银行贷款支持的国有企业经营不景气,国有资产权益没有得到有效保护,导致政策性金融资金浪费严重,资金利用效率低下,很难形成资金供给与偿还的良性循环。同时,由于政策性银行服务对象的特定性和融资原则的弥补性、专业性,加之西部地区金融市场不发达,企业对银行间接融资的依存度过强,使本就不正常的银企关系更加固化,政策性银行仍承担向国有企业提供资金的任务,与企

业保持着很深的资金供给关系。政策性银行与企业这种非经济关系的存在，对国家、企业和银行都产生了一定的负面影响。

2.政策性金融的资金来源不足

政策性金融的资金来源机制和渠道的不合理使得政策性金融资源不足。我国政策性金融资金主要来源于发行的债券和向中央银行的借款。向中央银行借贷会导致基础货币投放的增加和货币供应量增长过快。以向市场筹资为主的资金来源结构是我国政策性金融机构追求过多的商业利益、与商业性金融机构竞争、忽视基础产业发展的一个重要原因。

3.政策性金融机构缺乏自主性

我国政策性金融机构是具有财政和金融双重职能的新型金融机构，是财政目标和金融手段的结合体。一方面，政府希望政策性金融机构在宏观调控、调整产业结构、扶持基础产业和弱质产业方面能体现政府意图，这说明政策性金融机构是政府进行宏观调控的重要金融工具。另一方面，政策性金融机构是独立的法人，它具有一般金融机构的职能。在实际运行中，由于政策性金融机构享有有别于商业金融机构的特殊权利，受自身利益的驱动，容易出现营利冲动和信用扩张行为，这有可能破坏整个金融体系的竞争。

4.产业结构优化升级中的职能缺位

政策性金融的职能缺位主要是由于政策性金融体系的不完善造成的。我国在许多方面还存在政策性金融的职能缺位，即在某些需要政策性金融介入的产业和领域，政府仍然没有确立专门的机构或政策来加以支持。政策性金融的普遍目标是支持中小企业的融资，因为中小企业主要存在于第三产业。因此，建立支持中小企业的政策性金融机构不仅有利于产业组织机构的优化，也有利于产业结构的优化升级，但我国尚没有服务于中小企业的政策性金融机构。

第三节　西部金融促进产业结构优化的途径选择

一、完善西部地区金融机构

金融产业结构的建设应与资源禀赋和产业结构发展阶段相适应。现阶段西部地区资源禀赋结构的基本情况是资本相对稀缺，劳动力相对丰富。因此，西部地区发展农业、第三产业及劳动密集型工业具有比较优势。这些产业和行业较合适的融资方式是利用银行进行间接融资，所以在西部金融产业结构中银行业的发展对于促进产业结构优化升级具有重大意义。

1.建立健全商业银行服务企业发展的职能机构

(1)合理定位商业银行与国有企业关系。大型商业银行和国有企业本质上都归国家控股或所有,它们都不是独立的产权主体,没有自主的决策权、投资权、转让权和收益权,要受政府意志的左右。虽然它们都归国有,但并不是说大型的商业银行只是为国有企业服务的。商业银行和国有企业要按照现代企业的运作模式进行市场化运作,从而通过大型商业银行联系面广、信息灵通的优势,以市场为导向,积极支持企业的兼并与重组,使得资源自动流向有竞争力、市场成长性好的企业并辅佐其成长,而效益差、无市场生命力的企业因无法得到资本甚至资源流失而受到抑制或淘汰，这一过程最终促使产业结构的优化升级。

(2)设立中小企业融资服务专门机构。商业银行应进一步完善中小企业信贷服务机构,如部分银行已尝试设立中小企业信贷部门,为中小企业提供信贷服务,这是十分必要的。但也要看到商业银行服务于中小企业存在的客观局限性,并且根据金融成长周期理论,尤其是对大型商业银行全面服务于中小企业不能寄予太大的希望,而应该积极寻求其他更加有效的解决办法,为中小企业的发展提供资金,从而促进产业结构的优化升级。

由于我国已进入重化工业发展阶段,工业化与信息化、资本密集化同时进行，高新技术产业发展及各产业的技术创新在产业结构优化升级中的重要性日益突出，决定了资本市场及风险投资机制在我国金融产业结构中的重要地位。从西部地区产业发展的需要、资本市场制度建立的长期性特征及传统上对银行信贷的依赖等来看，银行体系在西部地区经济发展和产业结构优化升级中具有不可替代的作用。因此,在未来很长一段时期内,西部地区仍将是要建设和完善以银行业为主的金融体系,同时大力发展股票、债券等资本市场,二者相互补充,共同促进西部地区产业结构的优化升级。

2.培育发展地方金融机构

(1)培育和发展西部地方金融机构的作用

地方金融机构是指由地方政府、经济组织和居民个人投资组成的地方(区域性)商业银行、证券公司、信用社、信托、租赁、典当等各种金融组织的总称。与全国性的金融机构相比,地方性的金融机构存在很多的竞争弱势,如业务种类单一、获利能力低下等。即便如此,地方性的金融机构在西部地区经济发展和产业结构优化升级中是不可缺少的。

首先,地方性金融机构的发展有利于促进西部地区金融体系效率的改善。

发展西部地方性金融机构,能够打破大型商业银行在西部地区的垄断格局。一方面有利于银行业的竞争,提高银行业经营效率并改善金融体系的效率。通过多主体的市场竞争,在外部给大型商业银行增加经营压力,能够促进其加快自身的改革进程。另一方面,大力发展地方性金融结构,有利于增强中央银行的货币政策效果。大型商业银行垄断信贷市场意味着它们能够阻碍货币政策的有效传导,它们可以通过与中央银行讨价还价获取自身利益,从而会降低货币政策的有效性。

其次,与全国性商业银行相比,地方性商业银行对当地经济发展和产业结构的优化升级的支持作用更加直接和明显。一般来说,地方性金融机构比之全国性金融机构,更倾向于支持当地的经济发展,并且,地方性金融机构的建立,就是以服务地方经济发展为目的。比如1992年建立的浦东发展银行,就是为配合浦东开发、振兴上海、发展长江流域经济而建立的。自成立以来,浦东发展银行发挥其在资本结构、经营机制、新业务开发等方面的比较优势,广泛筹措融通国内外资金,积极支持地方经济建设和企业发展,为区域经济发展提供了有力的资金支持。类似的还有深圳发展银行、福建兴业银行、广东发展银行等几家区域性银行, 这些地方金融机构正以其特有的生机和活力活跃于区域经济领域,有的甚至已经成为当地经济发展的金融支柱,在当地经济发展中发挥着越来越大的作用。西部地区金融机构数量少、规模小、结构不合理,国有及国有控股的大型商业银行占绝对优势,其他形式的商业银行数量有限,没有一家区域性商业银行,这对西部发展十分不利。因此,西部要借鉴东部发达地区的经验,建立以股份制为主要形式的区域性商业银行,为西部产业结构的优化升级提供有力的资金支持。

最后,发展西部地方金融机构,有利于促进西部地区中小企业的发展,从而促进产业结构的优化升级。大力发展西部地方金融机构,有利于改善西部地区中小企业的融资环境,加大中小企业的资金支持,促进中小企业的发展。地方性金融机构与中小企业在组织、技术、内部管理、经营理念等方面有着许多的相同点,天然存在合作的基础;加上同处基层,有利于克服信息不对称所产生的合作障碍;再加之其在各自领域都受大企业、大银行的压制,双方容易产生共鸣,这都决定了地方性金融机构将成为中小企业融资的主要支持者。西部地区大力发展地方性金融机构将促进西部地区中小企业的发展, 从而优化产业结构。

(2)培育和发展西部地方金融机构的对策

①准确定位地方性金融机构在市场经济和金融体系中的地位和作用

地方性金融机构管理层次少、信息反馈灵活、金融交易成本低,在对风险有效控制的前提下,只有准确定位,才能够获得生存空间,能够为目标客户提供优质和具有特色的金融服务。在服务对象上,应定位在中高收入人群、中小企业、个体私营经济实体上;在服务品种上,不断完善储蓄存款、中短期贷款,开发投资咨询、财务顾问、信息调研、票据承兑、结算便利等品种的表外业务;在业务类型上,以零售业务为主,兼顾批发业务;在产权设置上,应定位在股份制商业银行上,以便把民间资本转变为金融资本,并形成真正的市场实体;在业务范围上,应定位在一定的区域范围内,确保中小银行为地方经济发展服务。

②对西部地区现有地方金融机构的发展给予必要扶持

第一是扩大西部地区地方金融机构的资金来源和应用渠道。建立股份制商业银行、城市商业银行与大型商业银行之间的同业借款制度,对经营规模较大、经营状况良好的西部地区的地方金融机构可适当放宽贷款和再贴现条件。

第二是支持地方金融机构业务创新,增加业务品种。大力发展财务公司,在业务创新上赋予财务公司新的经营方式和业务范围。不断完善储蓄存款、中短期贷款,开发投资咨询、财务顾问、信息调研、票据承兑、结算便利等品种的表外业务。

第三是适当加大地方金融机构的资本投入。一方面要增加政府的资本投入,以增强其抵御风险,加强服务的能力;另一方面,可鼓励中小企业特别是非国有企业和居民个人增资入股,引导地方性金融机构和非国有企业建立相对稳定的资金融合体,以适应中小企业经济发展的需要。

③积极发展多种形式的地方性金融机构

第一是要引进全国或区域性商业银行。积极引进股份制商业银行,如中信、民生、光大、深发展、浦发展、华夏、兴业等全国或区域性股份制商业银行以及外资银行到西部地区设立分支机构,开展金融业务,增强西部地区自身的"造血"功能。

第二是要积极发展融资租赁机构。融资租赁是现代中小企业的一种新的融资方式,对于承租人而言,不需要资本积累就可以进行生产经营,因此,投资少、风险小;融资租赁可使企业设备保持行业先进水平,从而在产品质量上领先,创造企业的发展优势。西部地区政府可以出资或提供优惠政策促进区域性的专业设备租赁公司的设立,由租赁公司根据中小企业的申请,购进所需设备,以出租给中小企业使用并收取租金。

第三是要组建中小企业商业信用联合会。西部地区中小企业应建立并改善商业信用,充分发挥企业间的关系,与生产经营的上游企业和下游企业建立长期稳定的业务合作伙伴关系,结成经营联盟,并通过这种生产关系扩大中小企业的商业信用。

二、发展西部地区资本市场

1.推进资本市场的多层次化发展

促进产业结构优化升级的资本市场建设主要是建设和完善多层次的、促进不同产业和不同类型企业发展与结构调整的资本市场。因为不同产业及不同类型的企业的融资及金融服务需求、投资经营的风险收益特征不同,要求有相应的资本市场类型和融资渠道。为满足不同产业和企业的融资需求,根据融资需求的风险收益特征,建立具有不同的上市标准、交易制度、监管要求的资本市场,形成多层次的资本市场体系。根据西部地区产业结构优化升级的要求,建立西部地区多层次的资本市场。

(1)建设证券交易市场

我国目前只有两个证券交易所,但从制度发展和资本市场体系建设的角度看,仅有两个证券交易所难以有效满足各地区不同类型企业的股权融资需求。对于西部地区这样一个技术基础设施较为落后、经济发展水平较低、市场发育尚不健全的地区而言,一方面,需要继续完善作为全国性交易所市场的建设;另一方面,鉴于我国现有交易所市场分布于东部发达地区,因此应在西部地区发展地方性或区域性的初级性质的交易所市场,支持中小企业,包括高新技术企业的股票融资和地方企业的债券融资等。

①发展股票市场

股票市场作为资本市场的重要组成部分,在筹集资金、转换机制、配置资源以及分散风险方面的功能是非常显著的,因此,在西部地区产业结构的优化升级过程中,股票市场的作用不能忽视,但同时也要对该地区股票市场作进一步完善和发展。

第一要支持更多的区内企业上市。西部地区上市公司数量有限,不仅不利于通过证券市场融通资金,而且也使区内企业失去了借助证券市场快速成长的机会,各产业的发展也没有充分利用证券市场的各项功能。因此,西部地区发展资本市场,就要鼓励和支持更多的区内企业上市。首先,政府应采取有效措施,为西部地区的企业上市创造宽松的条件;其次,对西部地区有独特优势、能充分体现当地资源特点的企业,给予大力的培育,加快其上市的步伐;最后,鼓励区域内企业的兼并重组,实现企业的规模经营,从而达到企业上市的条件。

第二要提高现有上市公司的质量。提高上市公司的质量,有利于企业在股票市场上的再融资能力,从而在带动行业发展、促进产业结构优化升级中发挥作用。一是加大上市公司的改制力度,完善上市公司的法人治理结构。上市公司为企业体制改革和机制转换提供了良好的组织形式和运转模式，发挥这种制度上的优势,对于推动西部地区企业建立现代企业制度具有重要意义。二是转化经营机制,提高上市公司的经营业绩。西部地区上市公司经营机制不活,管理水平有限。因此,要采取有效的措施,转换上市公司的经营机制,深化管理,增强竞争力。三是加大上市公司的重组力度。要充分利用上市公司的宝贵资源,进行大力度的资产重组,使股票市场有限的资金向经营有方、竞争力强、成长性好、业绩突出的企业聚集,充分利用和发挥股票市场的资源配置功能。

②发展债券市场

西部地区的债券市场由于受到企业资本结构不合理、重股轻债、债券发行实行严格的管制制度、债券交易市场发展缓慢、企业信用评级缺乏足够的公信力和权威性等因素的影响,其发展水平比较落后,不仅速度慢,而且规模小,使得西部地区依靠债券市场融资的能力低下。有鉴于此,西部地区在发展股票市场的同时,应该加快债券市场的培育。

第一要大力发展企业债券市场。发展企业债券市场，是调整资本市场结构、推动资本市场健康发展、降低金融体系风险的必然选择。因此,要大力发展各类企业债券,就要扩大企业债券发行规模,减少对企业债券市场运行的不必要的行政干预,使利率逐步市场化。

第二要建立以市场为主导的品种创新机制。一是要研究开发与股票和债券相关的新品种及其衍生品,以丰富金融市场工具,如高速公路建设债券、矿山开发债券、旅游基地建设债券等;二是要加大对风险较低的固定收益类证券产品的开发力度,如国债、政府债券、货币市场基金、金融债券等;三是积极探索并开发资产证券化品种,如信贷资产证券化、住房抵押贷款证券化等,加快资产证券化步伐。

第三要重视加强企业信用建设。一是筛选那些产业发展前景好、盈利能力强以及资产负债率较低的企业在债券市场上发债融资，这样有利于降低西部地区发债企业的信用风险,重建西部地区发债企业的信用体系;二是通过企业信用担保机制的建设提高西部地区发债企业的信用。

(2)建设创业板市场

创业板市场的建立,是完善西部地区资本市场体系的需要,是经济全面、协调、可持续发展的需要,是走新型工业化道路的需要。创业板市场的建立,将有效地解决新兴高科技产业融资难问题,促进企业健康发展,将为创业投资提供有效的退出渠道,有力地推动西部地区创业投资的发展,推动西部地区高新技术的产业化进程。

①确定合理的创业板市场制度模式。借鉴国外创业板市场发展的经验教训，我国创业板市场应该是一个完全独立、非从属的市场，要拥有自己的组织管理系统、交易系统和监管标准，通过建立与主板市场的公平竞争机制，实现创业板市场与主板市场的协调发展。

②注重上市企业的科技含量和高成长性。只有科技含量较高、成长性好的上市企业，才可能给投资者带来超额的投资回报，同时企业自身才有可能在市场上获得所需的资金。因此，要严把上市企业质量关，提高上市企业业绩水平，降低市场风险。

③强化对市场风险的监管。创业板的上市企业是具有较高风险的科技型中小企业，其整体风险较大，因此，必须对上市企业、投资主体、做市商进行严格的监管，相应地加强对市场风险的抵御能力。

(3)建设场外交易市场

由于现有的资本市场层次体系不能满足广大中小企业的融资需求，为了大力推进中小科技企业和中小民营企业的跨越式发展，推动金融发展和工业化进程，需要建立西部地区场外柜台交易市场。这有利于健全现行资本市场的层次结构，解决中小企业融资难问题；有利于非上市企业的股权流通；有利于促进中小企业的并购重组，规范中小企业的运作管理。

①制定和调整有关法律法规，优化发展环境。一是制定有关西部地区资本市场自身建设和发展的法律法规以及一些相关的配套性法律法规。如中介机构、信息披露机构的资格认证，市场准入和市场退出的法律法规等，通过一系列的法律法规为西部地区资本市场的健康运行创造良好的制度环境。二是建立和强化信用制度。各市场主体要强化信用观念，以信用程度作为市场准入和退出、业务发展以及享受开发区优惠政策的主要标准。

②通过兼并、重组等方式，实现不同层次资本市场间的对接。场外交易市场虽然与全国性的主板市场和创业板市场相对独立，但二者不是完全割裂的，可通过主板上市公司对区域性市场上的上市公司进行兼并、重组，从而实现技术和资本的结合以及不同层次市场间的合理对接，使西部地区的中小企业获得更大的发展机遇，促进产业结构的优化升级。

(4)发展产权交易市场

西部地区经济发展滞后，产权市场的发育还不算成熟和规范。西部地区产权市场的发展滞后，严重制约了西部地区利用资本市场筹集资金、形成资本的能力。因此，应该规范发展西部地区的产权交易市场，通过这个层次去培育和发展西部地区的资本市场。

①准确定位西部地区产权市场。西部地区发展产权交易市场一定要首先

争取中央政府的支持，通过制定有关产权交易的法律，明确产权市场的法律地位。同时，西部地区产权交易市场的建设起点要高，要摆脱地方的偏见和干扰，在设立区域性产权交易市场的基础上，争取在西部地区建立一个新型的金融中心。

②建立高效的产权交易市场中介服务体系。西部地区应以现代化的手段来装备产权交易市场，以通讯和服务系统的计算机化和网络化为基础，实现区域市场联网，形成交易网络和信息网络，保证交易活动和信息披露的及时性、准确性和广泛性，为产权交易市场的高效率运转提供条件。

③加强与其他要素市场的协调。企业资产和产权的流动，不是单一要素的流动，企业产权交易作为企业资产结构调整的一种方式，同时还伴随其他要素的调整。另外，产权市场能够防止产权交易中国有资产流失。因此，西部地区在发展产权交易市场的过程中应加强协调产权交易市场与其他要素市场的关系，确保产权交易市场的健康发展。

2.完善风险投资机制建设

(1)实现风险投资主体多元化

风险投资公司和风险投资基金是我国目前主要的风险投资主体，其大部分为政府或国有企业等出资设立。政府在发展风险投资中应该发挥重要的引导和扶持作用，但政府不宜成为风险投资主体，否则容易导致效率不高和道德风险问题，并且将会削弱民间资本进入产业风险投资领域的积极性。政府资本作为风险投资主体，应当只是发展产业风险投资过程中的过渡形式。政府资本在产业风险投资进入良性运作之后应逐步缩小其所占比例，使风险投资主体向多元化方向发展。

(2)大力优化风险投资外部环境

一是优化政策环境，政府要对具有成长潜力的中小高科技企业实行补贴以支持其发展。同时，建立政府信用担保机制，为中小企业风险投资提供担保，加大对高科技企业和产业的税收优惠。二是优化法律环境，建立并完善规范风险投资运营机制的法律制度，如《风险投资法》、《风险投资公司法》、《有限合伙基金管理办法》等，严格规定风险投资机构的性质、经营目标、投资方式、投资方向等，并就风险投资机构的创立、运营、风险转换等方面制定规范的管理办法。三是抓紧培养风险投资人才。高素质的风险投资人才是决定风险投资成败的关键因素，西部地区要推动风险投资事业的发展，就必须建立起一个完善的风险投资人才教育培养体系。

(3)完善促进风险投资发展的中介服务体系

中介服务体系的存在可以大大降低创业投资的风险和交易成本，为风险投资的高效、安全运作提供优质服务。

①推动西部地区的证券公司积极介入风险投资领域，为风险投资提供重要的中介服务。它们一方面可以充当高科技投资项目市场上供求双方的中介，使资金所有者和项目所有者实现成功的对接，另一方面可以在风险企业进行改制、资产重组过程中提供咨询和辅导。

②强化律师事务所、会计师事务所、资产评估机构等社会中介在风险投资运作过程中发挥作用的力度。这些中介机构是风险投资公司投资和撤资过程中必需的合作伙伴,律师事务所参与风险投资公司投资协议的拟订,处理合资双方当事人的法律纠纷；会计师事务所为风险企业提供上市前财务报表的审核服务;资产评估机构出具风险企业资产评估报告。

(4)完善风险投资退出机制

风险投资的顺利退出,对补偿风险资本承担的风险、准确评价创业资产和风险投资活动的价值、吸引社会资本加入风险投资行列具有重要意义。首先,发展创业板市场,为风险资本退出提供股票市场渠道,通过创业板市场进行风险资本交易可以更加公正、客观地体现风险资本和风险企业的价值。其次,发展场外交易市场,创业板市场难以满足所有中小企业股份交易、资本流动和融资的需要,从而需要场外交易市场作为必要的补充,以满足风险投资市场多元化、多层次的投融资需求,为风险资本的退出提供充分的流动性。最后是充分利用香港及国外二板股票市场,开辟新的风险投资退出渠道。

3.优化政策性金融支持体系

近年来,金融对西部信贷支持的力度不断加大,但相对于西部开发的需要来说,这些资金投入显然还远远不能满足需要,还必须在鼓励商业性金融支持的同时,加大政策性金融的支持力度。

西部大开发和产业结构的优化升级很大程度上要依赖政策性金融的支持。政策性金融可以弥补市场金融的不足,补充和完善产业融资。对于西部大开发中那些社会效益较高但经济效益不太好的基础建设投资，或虽具有一定的偿还能力,但又无力承担商业信贷利率的项目,通过政策性金融机构或政策性金融业务活动,可以增加这些产业的资金流,促进和扶持产业以及地区迅速成长和发展,政策性金融还可以诱导商业性金融的参与,作为政府实施产业调控政策和区域调控政策、引导社会资金流向的重要工具。在西部地区经济发展中,对一些处于成长初期、前景尚不明朗的产业,当商业性金融机构在投资决策中犹豫不定时,政策性金融机构可以先行投资,表明政府对这些产业的扶持意向,从而增强商业性金融机构的投资信心,引导民间金融资源向符合政府政策偏好的产业聚集。当该产业能够成功吸引商业性金融机构的投资时,政策性金融机构就逐渐退出,转而支持别的产业。西部地区产业结构的优化升级,需要大量的资金支持,仅靠市场机制难以实现资金向西部地区的大规模流动,必须借助政策性金融发挥作用,加大对西部地区经济发展的支持力度。

(1)完善政策性金融立法,规范政策性金融的业务定位。由于不同类型的政策性金融机构的业务差别较大,因此,应对不同的政策性金融机构分别立法,以规定其资本运作和业务经营的范围。依法明确政策性金融的业务定位,这样可以在政策性金融实践中做到有法可依,理顺政策性金融与商业性金融的关系,减少矛盾和摩擦,使政策性金融与商业性金融在产业结构优化升级中功能互补,充分发挥各自的优势。

(2)建立专门化的支持产业结构升级的政策性金融机构。西部地区支持产业结构优化升级的政策性金融机构的重点应放在支持科技开发和帮助西部中小企业产业整合上,以实现西部地区产业结构的优化升级。

①支持西部地区的科技开发。经济和金融发展之间存在着循环关系,要想实现西部地区的产业结构的优化升级,资本市场必须为其提供大量的资金,这就需要金融的发展,而金融的发展要在西部地区经济有了一定的发展程度后才能够实现大力推广,从而需要增强西部的科技力量,改善基础科研条件,大力发展经济,为金融的发展提供必需的资金。然而科技开发的风险一般较高,市场性资本不愿意为其提供资金,这就需要政策性金融发挥作用。

②支持西部地区中小企业的发展。中小企业的发展在西部地区产业结构优化升级中是不可忽视的,但是由于中小企业经营规模小,抗风险能力弱,其在发展道路上面临的主要难题是资金的严重不足,这就需要政策性金融为中小企业提供资金,促进中小企业和金融业共同发展,从而促进西部地区产业结构的优化升级。

(3)充实政策性金融资金来源,为西部地区产业结构的优化升级提供资金支持。

①确立稳定的资金来源渠道。受政策性金融的性质的制约,政策性金融机构的资金来源渠道十分有限,这就需要由国家财政确保政策性金融有稳定的资金来源。一方面是财政部门每年拨付给政策性银行的资本金,通过建立财政拨付资本金的固定化、合法化机制,提高政策性银行的资本充足率。另一方面是通过国家信用证券化,授予政策性金融机构有主权级或有条件主权级信用,在国内外市场向金融机构和个人发行债券筹资。

②开发新的筹资渠道。一是开发社会保障基金、邮政储蓄和保险基金等基金融资渠道,加大向国外筹集政府优惠贷款的力度。二是面向社会公众发债,筹集各种民间资金。三是政府保证债和政府保证借款,如向各专业银行发行中

长期建设债券等。只有有效增加政策性金融机构的筹资量,政策性金融机构才能切实为产业结构的优化升级提供服务。

(4)加强对政策性银行风险的防范和控制,提高政策性金融的运行效率。政策性银行具有一般商业银行的本性,即:流动性、安全性和营利性。要想成功地运用政策性金融支持西部地区产业结构的优化升级,要注意建立和完善政策性金融机构的信用风险防范和控制制度。一是加强资金使用的监督和信贷风险的控制。二是加强政策性金融机构与其委托代理业务的信息传递和反馈,避免信息的滞后和管理上的脱节。三是推行项目建设工程监理和保险制度,以保证工程建设质量,规避风险。四是建立开发银行与西部地区省级政府联席工作会议制度,以沟通情况,协商解决有关问题。

4.构建区域金融中心

西部金融中心即西部地区的金融增长极。金融中心是指那些金融机构集中、金融市场发达、金融信息灵敏、金融设施先进、金融影响面较大的融资枢纽。它通常以一个经济发达的中心城市为依托。区域金融中心一旦建立,会使大量金融资本和由此驱动的生产要素集中于这个地区,会极大地带动该城市并辐射周边地区经济和金融的发展。因此,构建区域性金融中心是发挥金融支持作用、促进西部地区经济发展的一种重要模式。如果能有效地利用西部地区中心城市较为发达的金融业,进一步完善区域金融中心的功能,就能够较好地带动西部地区经济、金融的迅速发展,有利于推动产业结构的优化升级。

(1)区域金融中心城市应具备的功能

①融资中心功能。金融中心是资金的集散地,促进与完成大宗货币的批发业务。通过金融中心建立起从中央政府、东部发达地区融通资金的管道。

②集中结算功能。了结工商企业、金融机构间因商品交易、借贷所形成的债权债务关系,为商业票据的流通、贴现创造便利条件。

③贸易服务功能。提供国际贸易融资和国际结算、信用证、跨国资信调查等服务。

④同业拆借功能。通过金融中心城市的相关市场机构,西部金融同业间充分利用与发挥系统优势,相互调剂资金余额,轧平头寸,可以兼收控制金融风险、提高资金效益、发现货币价格和观察市场走向的效果。

⑤自律协调功能。通过同业间的自律组织,在国家金融法规许可范围内制定西部金融市场竞争的规则,适当界定业务范围,并就防范金融风险方面协同行动。

⑥金融创新功能。主要是金融制度、金融机构、金融市场、金融工具等不同领域创新,金融中心提供金融机构激烈竞争的舞台,加强金融要素集中的趋

势,管理、竞争、集中则引致金融创新。

⑦信息传导功能。金融中心通过各方参与互动,利用现代技术手段,可以构造出信息平台,收集、过滤、生成和传导各方政治、经济与金融信息,服务于经济单元,促进公平竞争,提高市场效率,减少由于信息不对称所产生的市场扭曲,增加西部地区金融体系的透明度,沟通西部与外界的联系。

⑧离岸金融功能。区域金融中心不仅对内服务,也与外部包括国内其他地区金融市场和国际金融市场进行联系。随着我国金融市场逐步对外资和国外金融机构开放,人民币最终将实现自由兑换,国内会出现大量的离岸金融交易。西部大开发也必然会吸引国际方面的参与。所以,西部金融中心应承载离岸金融业务,并对其加强管理,力争从中获利,避免诱发金融动荡和金融危机。

(2)构建西部地区金融中心的主要措施

金融中心是金融机构和金融活动的聚集地,可以有效地聚集和配置大量的资金。西部地区经济发展落后,应选择区域性筹资型的金融中心模式,采取积极态度,培育和扶持西部金融中心的建立和完善。

①加快经济建设步伐。大力发展西部地区大跨越的硬件支持系统,如加大交通、通信、旅游业、房地产、城市环境、旅游等产业的发展力度。另外,加快地区产业结构的调整步伐,提高产业结构的质量,尽早建立现代企业制度,是提高自身产业和产品的竞争力、进一步提高经济实力的保证。经济的发展有利于金融中心的建立,而金融中心的建立又促进了经济的发展,这样就形成了经济与金融发展的良性循环。

②扩大金融机构规模。在金融中心城市成立金融机构,健全金融组织体系,并对各金融机构的资金投向可作一定引导或有弹性的约束,以避免资金逃逸,强化西部地区内源融资的功能。

③开发新的金融工具。西部地区是自然资源聚集区,涉及资源开发、利用和加工企业的市场交易达一定资金额度后,可以开发新的金融工具。虽然衍生金融工具的交易会加剧金融市场风险,但引入衍生金融工具对资本市场集中资金的功能具有放大作用。

④大力培养金融人才。当今世界各国的金融中心,不仅是资金集散地,更是现代金融人才的云集地。发展西部区域性金融中心,要注重人力资本开发,把金融创新人才的培养放在更重要的位置,培育一批有朝气、有魄力、精通资本市场运作的金融创新人才。主要是一方面要制定和实施专门的金融创新人才培养战略,采取教育培训手段提高区域内现有金融人才的素质;另一方面通过制定优惠政策,积极引导金融创新人才向西部地区合理流动。

由此我们可以知道,通过促进西部地区金融的发展,可以推动产业结构的优化升级,而产业发展的主要任务是实现工业化。由上一章我们知道,西部地区金融发展对工业化程度有推动作用,并且党中央提出了以工业化带动信息化,以信息化促进工业化,要求走出一条科技含量高、经济效益好、资源消耗低、环境污染少、人力资源优势得到充分发挥的新型工业化道路。因此,西部地区的金融发展还要响应国家新型工业化道路的号召,大力发展工业,实现工业化,进而促进产业结构的优化升级。

第四篇 西部金融发展与区域城乡差距

西部大开发战略实施以来，我国西部地区经济得到了迅速发展，各地区居民收入水平都有了大幅度提高。然而从1990—2007年西部十二省(区、市)的统计数据来看，农村居民人均纯收入的增长速度远远赶不上城市居民人均可支配收入的增长速度，由此导致了西部城乡居民收入差距不断扩大。从金融发展的角度对城乡收入差距做进一步的实证分析，是本篇重点讨论的内容。作为本书的最后一篇，旨在通过探讨西部金融与区域城乡发展的关系，寻求缩小区域城乡差距的金融策略。

本篇从结构上主要分为三个部分：

首先，从时空的角度对西部各省(区、市)城乡居民收入、城市化水平和生产率水平的现状进行了分析。数据显示：1990—2007年间，西部各省(区、市)城乡居民收入总体上呈现增长趋势，但同一时期西部各省(区、市)城乡居民收入差距也在不断地扩大，另一方面西部地区城乡居民收入差距比值明显高于东部与中部。从城市化水平的方面分析，西部在全国处于低位运行，而且西部地区内部西北地区与西南地区城市化水平也不具同步性。从城乡生产率水平方面分析，西部不仅远远低于东中部两大区域，而且西部地区内部西北地区和西南地区间及内部城乡之间也存在差距，并且差异的程度也不同。

其次，对西部金融发展与城乡居民收入差距进行了实证研究。一方面对金融发展与城乡收入关系理论进行了简明的介绍，突出强调了金融在缩小城乡差距中的重要作用；另一方面基于1990—2007年西部各省的相关统计数据，采用ADF检验、协整检验、方差分析和格兰杰因果检验方法，对西部地区金融发展和城乡居民收入差距的关系进行分析，结论显示：金融发展规模的扩大拉大了城乡居民的收入差距，而农业贷款的增加有助于缩小西部地区的城乡差距，同时储蓄投资转化能力的提高一定程度上也拉大了城乡收入差距。

最后，从金融发展的角度，对西部地区如何缩小城乡居民收入差距，实现城乡统筹发展和社会和谐发展提出了一些政策建议。通过寻找西部地区存在严重的农村金融抑制的原因及借鉴国际上发展农村金融、消除金融抑制的成功案例，发现消除西部农村金融抑制的根本是构建新型农村金融体系，并进一步阐述了适合西部农村金融新体系的基本内容及应采取的配套措施。

第十二章　西部地区城乡差距的现状分析

1988年，邓小平针对中国区域发展不平衡的特点，提出了“两个大局”的战略构想，随后中央政府出台政策，允许和鼓励一部分人、一部分企业、一部分地区通过充分发挥资金、技术、人才和区位优势，在提高经济效益的基础上合法地先富裕起来。东部地区利用自身的区位优势、资源优势以及政策制度优势，大力引进先进技术和吸收资金，开拓和发展外向型经济，财力大大增强，投资规模迅速扩大，经济率先飞速发展。与此同时，西部地区这一阶段的主要任务是在资源、资本、劳动力等生产要素方面全力支持东部沿海地区的发展。20世纪末我国迈入“两个大局”的第二阶段：东部反哺西部，国家政策向西倾斜，为此国家在1999年实施了西部大开发战略。毫无疑问，西部大开发战略实施的十年来，西部地区进入了增长速度最快、发展质量最好的时期，然而那些在区位环境、发展基础以及辅助资源等方面都较差的农村，制度政策的优势却得不到充分发挥，发展较城市缓慢，这必然造成西部整体国民经济发展形成地区等级差异，西部各省(区、市)城乡居民收入差距不断扩大。

第一节　西部地区城乡居民收入状况

西部地区城乡居民的收入状况直接关系到西部大开发战略是否能够顺利实施，同时也关系到社会的和谐，国际上也有漠视收入不平等问题结果造成社会不稳定的案例，像拉美国家等。所以，对西部城乡居民收入状况要高度关注。下面我们通过西部与东中部地区城乡收入状况的比较以及西部内部的比较加以说明。

一、西部与东中部地区城乡收入水平的比较

由表12-1和图12-1可以清楚地看出城乡居民收入水平差距明显，无论是东部地区、中部地区还是西部地区，农村居民的人均纯收入远低于城镇居民人均可支配收入。西部地区城乡居民人均收入差距最大，1990年差距为2.47倍，2007年增长为3.66倍；中部地区城乡居民家庭人均收入差距居中，但也呈现扩大趋势，从1999年的2倍，增加到2007年的2.91倍；东部地区城乡居民家庭人均收入差距最小，1990年为1.78倍，2007年为2.58倍。通过以上数据我们还可以看出，我国东部、中部和西部地区的城乡差距在逐步拉大。世界各国工业化过程中城乡相对收入差距一般在1.5倍以下，很少超过2倍，然而我国甚至超过了3倍，这明显高于世界平均水平。同时，我国西部地区城镇居民收入水平与东部地区和中部地区城镇居民的收入差距较小，而西部地区农村居民人均纯收入则远远落后于东部地区和中部地区，甚至是全国平均水平，这说明我国西部地区的贫困人口主要集中在农村。

表12-1 1990—2007年各地区居民收入水平

年份	城镇居民人均可支配收入/元			农村居民人均纯收入/元			城乡收入水平对比 农村居民=1		
	东部	中部	西部	东部	中部	西部	东部	中部	西部
1990	1738.19	1305.76	1391.08	976.09	654.41	563.64	1.78	2.00	2.47
1991	1956.74	1450.01	1573.10	1086.64	631.85	581.94	1.80	2.29	2.70
1992	2380.64	1740.63	1854.17	1220.24	716.23	624.83	1.95	2.43	2.97
1993	3125.97	2164.15	2293.78	1482.89	820.56	699.42	2.11	2.64	3.28
1994	4286.11	2924.34	3091.27	1918.32	1122.04	887.84	2.23	2.61	3.48
1995	5228.66	3628.34	3728.50	2469.93	1449.06	1084.24	2.12	2.50	3.44
1996	5939.87	4088.49	4216.01	2932.31	1822.23	1308.03	2.03	2.24	3.22
1997	6382.57	4364.89	4173.80	3135.88	2002.69	1450.92	2.04	2.18	2.88
1998	6679.20	4509.51	4786.63	3308.65	2063.48	1564.02	2.02	2.19	3.06
1999	7284.34	4845.45	5145.85	3420.63	2067.58	1597.40	2.13	2.34	3.22
2000	7849.83	5169.39	5501.84	3552.77	2074.83	1611.07	2.21	2.49	3.42
2001	8609.99	5654.64	6037.28	3792.62	2177.39	1675.14	2.27	2.60	3.60
2002	9355.79	6369.55	6566.16	4055.17	2303.23	1773.07	2.31	2.77	3.70
2003	10365.94	7036.25	7076.53	4363.50	2407.43	1896.49	2.38	2.92	3.73

续表12-1

年份	城镇居民人均可支配收入/元			农村居民人均纯收入/元			城乡收入水平对比 农村居民=1		
	东部	中部	西部	东部	中部	西部	东部	中部	西部
2004	11522.89	7828.86	7755.69	4831.08	2790.95	2111.52	2.39	2.81	3.67
2005	12883.95	8743.16	8424.55	5123.40	3029.16	2307.89	2.51	2.89	3.65
2006	14482.57	9803.10	9361.04	5656.43	3359.14	2548.58	2.56	2.92	3.67
2007	16488.95	11409.68	10824.45	6395.92	3917.94	2958.31	2.58	2.91	3.66

资料来源:《新中国五十五年统计资料汇编》、《中国统计年鉴》(2005—2008)。

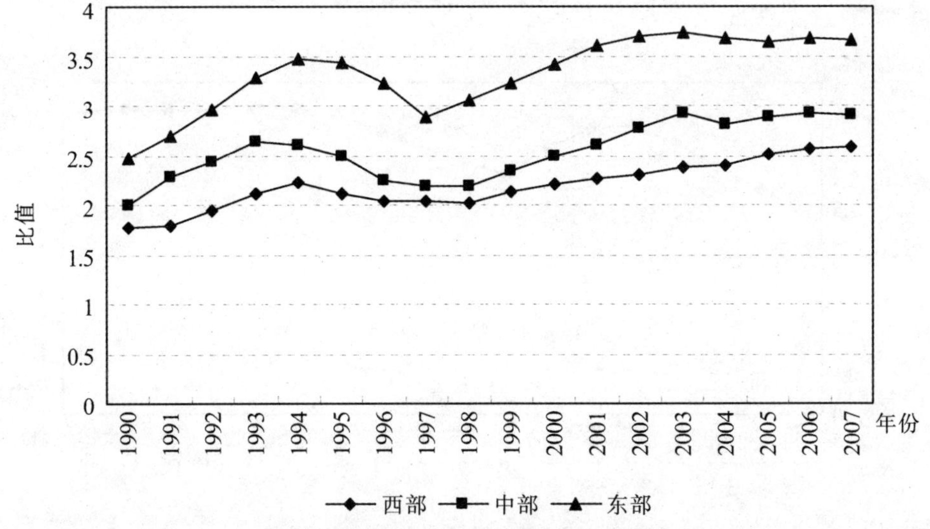

图12-1 东中西部地区城乡收入比变动折线图

通过西部与东中部城乡居民收入比的比较(见表12-1、图12-1),西部地区城乡居民收入差距显示出如下三个方面特点。

1.总体上呈现扩大趋势

1990年以来,西部城乡居民收入比由2.47:1上升到了1995年的3.44:1,1996、1997年有小幅度的回落,1998年又开始回升,一直上升到2003年的3.73:1,从2004年有小幅度的回落后又丌始一直上廾,到了2007年,西部地区城乡居民收入比值达到了3.66:1。

根据表12-1又绘制了图12-2(西部城乡居民人均收入绝对差异)和图12-3(西部城乡居民人均可支配收入相对差异),更加形象地说明了这一点。

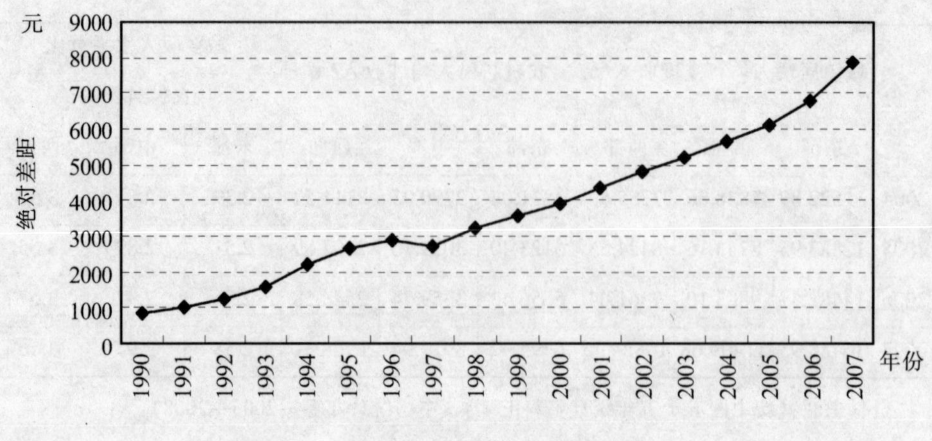

图12-2　西部城乡居民人均收入绝对差异

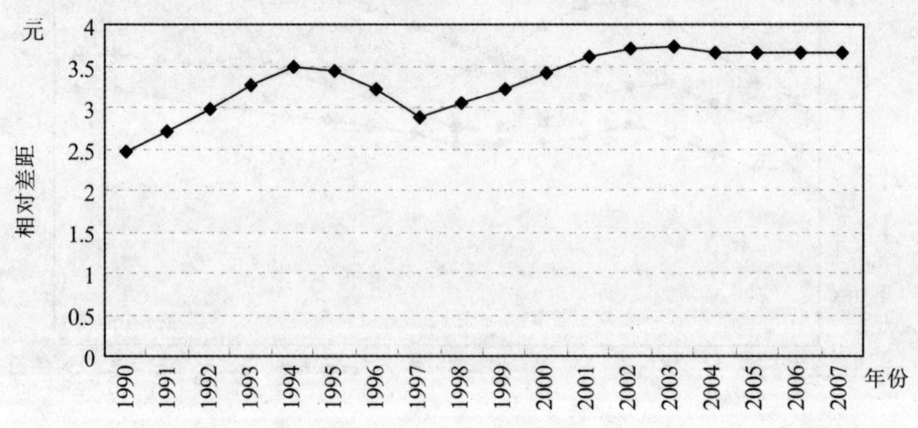

图12-3　西部城乡居民人均收入相对差异

由图12-2可看出，1990年到2007年，西部城乡居民人均收入绝对差异的特征差异总体上呈“30度角”逐年扩大的态势；由图12-3可看出，1990年到2007年相对差异总体上呈“波浪形”逐年扩大的态势，但在不同时期特点有所不同。1990—2001年，相对差异扩大，但2002年之后西部城镇居民人均可支配收入与农民人均纯收入比基本稳定。

究其原因主要是政府实施了不同的城乡发展政策，加重了西部城乡“二元社会经济结构”，拉大了城乡居民收入差距。各级政府通过“剪刀差”政策把一部分农村财富转移到城市，抽走了农村发展所必需的积累资本。这些从农业部门转移来的资本，极大地促进了西部地区工业的发展，城市居民收入自然快速上升，但毫无疑问也造成西部城乡居民收入差距在此基础上进一步扩大。

2.西部地区城乡居民收入差距比值明显高于东部地区与中部地区

1990年西部地区的城乡收入比为2.47:1，而东部地区的城乡收入比只有1.78:1,即使是中部地区的城乡收入比也只有2.00:1。2007年西部地区的城乡收入比为3.66:1,而中部地区的城乡收入比为2.91:1,东部地区这个比值只有2.58:1。

3.西部地区和东部地区、中部地区的城乡居民收入比的变化趋势几乎是一致的

从图12-1可以看出,东部地区、中部地区和西部地区城乡收入比总体呈现上升的趋势，这种高度的相关性反映出西部地区城乡收入的变化趋势几乎完全受到国家分配制度和宏观政策的影响。

城乡收入差距过大且呈不断扩大的趋势，这与西部地区立足于城乡统筹发展的总体规划不符,与西部大开发战略的总体部署不符,与构建和谐社会和实践科学发展观的要求严重相悖，这一问题应引起全社会关注并切实予以解决。

二、西部区域内城乡收入差距的比较

由表12-2可以清楚地看出城乡居民收入水平差距明显,无论是西北地区,还是西南地区,农村居民的人均纯收入远低于城镇居民人均可支配收入。西部地区城乡居民人均收入均低于全国平均水平。西北地区农村居民人均纯收入最低的甘肃比全国平均水平低1811.44元，最高的内蒙古也比全国平均水平低187.36元;城镇居民人均可支配收入最低的甘肃比全国平均水平低5910.03元,最高的内蒙古也比全国平均水平低1407.81元。西南地区农村居民人均纯收入最低的贵州比全国平均水平低1766.36元，最高的四川也比全国平均水平低593.67元;城镇居民人均可支配收入最低的贵州比全国平均水平低3107.41元,最高的重庆也比全国平均水平低70.56元。

我们根据表12-2,绘制了图12-4——全国及西部各省(区、市)城乡收入比柱状图。由图12-4可以看出,我国西部地区内部各省(区、市)之间的城乡差距相当大,而且西部地区内部西北地区、西南地区的差距也很大,且西南地区的差距比西北地区要大。另一个值得注意的特点就是我国西部地区除内蒙古、新疆、四川外,城乡收入水平对比均高于全国3.33的平均水平,西北地区城乡收入水平对比最高达到了4.07,西南地区最高达到了4.50。这也就是说我国西部地区的城乡差距还很大。

表12-2 2007年西部地区城乡收入水平

区域	省(区、市)	农村居民家庭人均纯收入/元	城镇居民人均可支配收入/元	城乡收入水平对比农村居民=1
全国	全国平均值	4140.36	13785.81	3.33
西北	陕西	2645.00	10763.00	4.07
	内蒙古	3953.00	12378.00	3.13
	甘肃	2328.92	7875.78	3.38
	青海	2683.8	10276.06	3.83
	宁夏	3181.00	10859.00	3.41
	新疆	3183.00	10313.00	3.24
西南	云南	2634.00	11496.00	4.36
	西藏	2788.00	11131.00	3.99
	广西	3224.00	12200.44	3.78
	重庆	3509.29	13715.25	3.91
	四川	3546.69	11098.28	3.13
	贵州	2374.00	10678.40	4.50

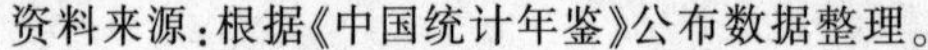

资料来源:根据《中国统计年鉴》公布数据整理。

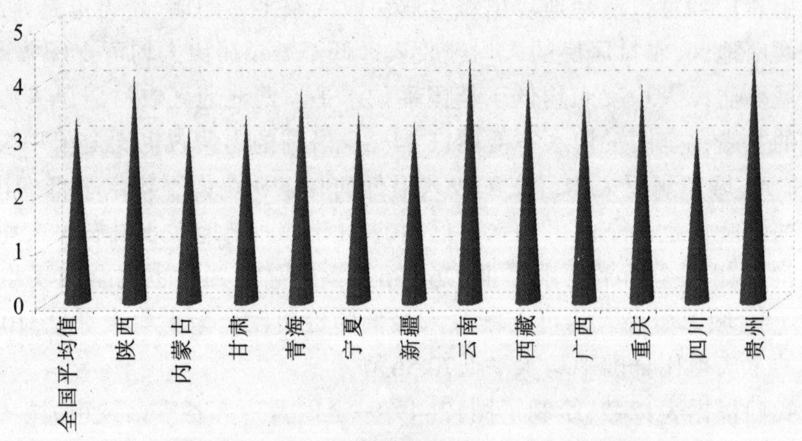

图12-4 全国及西部各省(区、市)城乡收入比

第二节 西部地区城市化状况

城市化水平是指某地区城市人口占总人口的比重，它是衡量城乡差距大小的重要指标。城乡差距较小的国家往往具有较高的城市化率,中上等收入国

家的城市化水平一般在70%以上，如美国的城市化率达到94%，欧盟国家的平均城市化率在80%左右，亚洲相对发达的国家如日本和韩国的城市化率分别达到92%和90%；中等收入国家城市化水平为50%左右；中下等收入国家在43%以下。我国2007年平均城市化率只有44.94%，我们将通过表12-3和表12-4加以说明。

一、西部与东中部地区城市化水平的比较

由表12-3东、中、西部地区城市化水平统计表可以看出：1990—2007年期间，西部地区城市化率由31.9%上升到了36.01%，上升了4.11个百分点；东部地区城市化率由55.97%下降到了54.73%，下降了1.24个百分点；中部地区城市化率由22.97%上升到了40.83%，上升了17.86个百分点。总体来讲，西部地区的城市化水平是不断上升的。

表12-3　东、中、西部地区城市化水平统计表

年份	城市化率		
	东部	中部	西部
1990	55.97	22.97	31.90
1991	56.22	23.04	32.92
1992	55.87	24.04	36.98
1993	55.69	24.51	38.46
1994	55.31	24.83	39.92
1995	56.02	26.11	41.20
1996	55.89	27.44	42.81
1997	56.37	27.53	44.49
1998	56.88	28.20	45.62
1999	57.66	29.50	46.30
2000	59.24	31.92	37.54
2001	59.27	32.97	33.65
2002	57.75	34.26	27.21
2003	56.32	35.48	28.25
2004	56.12	36.82	29.62
2005	52.76	38.16	33.66
2006	54.07	39.52	34.80
2007	54.73	40.83	36.01

资料来源：根据《新中国五十五年统计资料汇编》、《中国统计年鉴》公布数据整理。说明：由于数据不全，东部剔除河北，中部剔除吉林，西部剔除重庆。

从表12–3我们还可以看出，东部、中部和西部城市化水平在不同阶段有所不同，以1999年为分界，分成两个阶段。

1990—1998年间，西部地区城市化率从31.9%上升到了45.62%，上升了13.72个百分点；东部地区城市化率由55.97%上升到了56.88%，上升了0.91个百分点；中部地区城市化率从22.97%上升到了28.2%，上升了5.23个百分点。由此可以看出：1990至西部大开发战略实施前，城市化水平增长幅度西部地区第一、中部地区其次、东部地区最低。

1999—2007年间西部地区城市化率从46.3%下降到了36.01%，下降了10.29个百分点。与此相对，东部地区城市化率从57.66%下降到了54.73%，下降了2.93个百分点；中部地区城市化率从29.5%上升到了40.83%，上升了11.33个百分点。由表12–3可以看出西部大开发政策有时滞性。在政策实施的第三年即2002年，城市化率稳步提升。2002—2007年间西部地区城市化率从27.21%上升到了36.01%，上升了8.8个百分点。与此相对，东部地区城市化率从57.75%下降到了54.73%，下降了3.02个百分点；中部地区城市化率从34.26%上升到了40.83%，上升了6.57个百分点；可以看出，西部大开发战略的效应发挥作用后，城市化水平增长幅度西部第一、中部其次、东部最低。

为了形象地说明东中西部城市化水平的变动趋势，我们根据表12–3绘制了图12–5。由图12–5可以看出，东部地区城市化水平比较稳定，中部地区城市化率逐渐升高，西部地区地区城市化率呈波浪形变化。

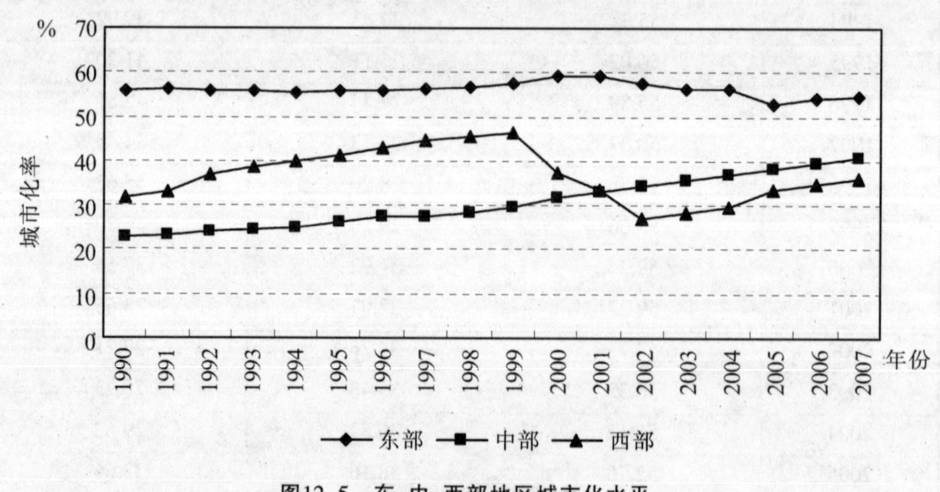

图12–5 东、中、西部地区城市化水平

二、西部区域内部城市化水平的比较

不仅西部城市化水平跟东中部地区有一定的差异，西部地区内部西北地区与西南地区城市化水平也不具同步性，如表12-4。

表12-4　2007年西部地区城市化水平

区域	省(区、市)	城市化率/%	与全国比较
全国	全国	44.94	—
西北	陕西	40.62	-4.32
	内蒙古	50.15	5.21
	甘肃	31.59	-13.35
	青海	40.07	-4.87
	宁夏	44.02	-0.92
	新疆	39.15	-5.79
西南	云南	31.60	-13.34
	西藏	28.30	-16.64
	广西	36.24	-8.70
	重庆	48.34	3.40
	四川	35.60	-9.34
	贵州	28.24	-16.70

资料来源：根据《中国统计年鉴》公布数据整理。

由表12-4可以看出，西部地区内部，省(区、市)之间城市化进程的不平衡性也十分明显，2007年，西部地区内部，城市化率最高的内蒙古是城市化率最低的贵州的1.78倍。西北地区内部，城市化率最高的内蒙古是城市化率最低的甘肃的1.59倍。西南地区内部，城市化率最高的重庆是城市化率最低的贵州的1.71倍。

第三节　西部地区城乡生产率水平状况

一个人劳动生产率的大小在一定程度上是其人力资本在实际应用中的体现，一般来说，一个人的人力资本越高，那么他的劳动生产率越高，从而获得的报酬也就越多。由于第一产业主要是农业，而第二、三产业主要是城市的工业、服务业等，所以可以通过第二、三产业(非农业部门)的劳动力生产率与第一产业相比较的办法来衡量西部城乡生产率水平的状况，如果非农业部门的劳动生产率提高幅度比第一产业提高的幅度大，那么城乡居民收入差距扩大的可能性就会增加。

一、西部与东中部地区城乡生产率水平的比较

生产率的高低在一定程度上决定着人们创造财富的多少,因此,可以通过城乡生产率的高低来说明西部的城乡差距，如表12－5。需要加以说明的是，这里农业部门劳动生产率代表农村的劳动生产率，非农业部门劳动生产率代表城市的劳动生产率。

表12－5　农业部门和非农业部门劳动生产率　单元：元／人

年份	农业部门劳动生产率			非农业部门劳动生产率		
	东部	中部	西部	东部	中部	西部
1999	6117.56	4005.79	3178.29	32418.98	20033.38	17600.66
2000	6268.23	3996.98	3289.16	36367.37	22166.96	18510.40
2001	6667.09	4255.64	3432.92	39423.61	24347.78	20244.57
2002	7074.13	4536.03	3437.85	42410.35	25967.69	21612.85
2003	7682.25	4771.72	4074.86	46607.30	28582.56	23499.61
2004	9410.22	6177.92	4977.61	52364.02	32308.70	26790.90
2005	10777.07	6873.00	5554.30	60497.63	35780.87	31394.76

注:某部门的劳动生产率=该部门的GDP/该部门的从业人员数。根据《中国统计年鉴》公布数据整理。

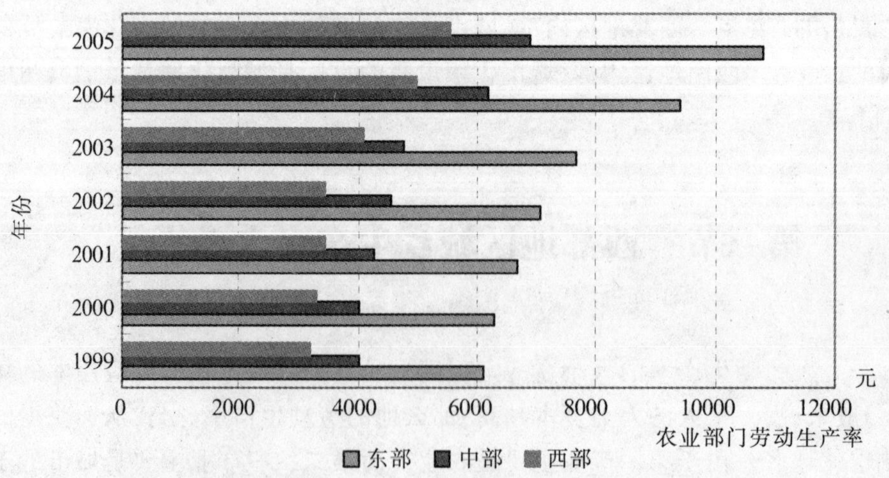

图12-6　农业部门劳动生产率

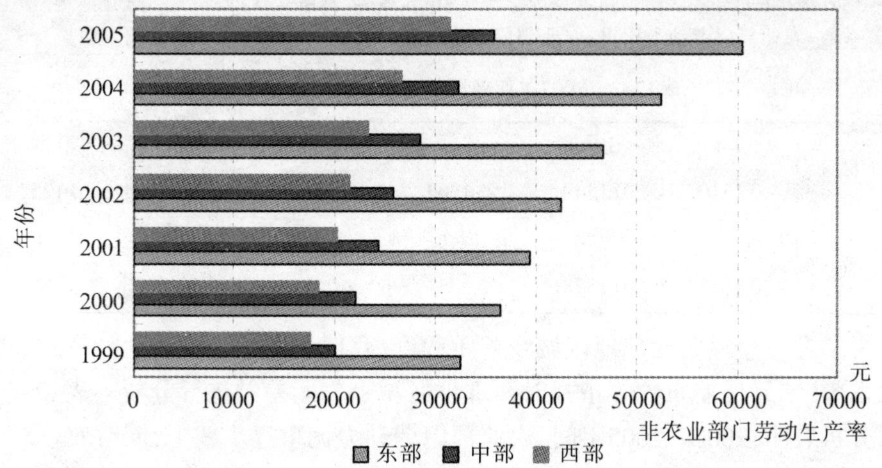

图12-7 非农业部门劳动生产率

通过表12-5、图12-6与图12-7可以看出,两部门劳动生产率差异巨大,单就每个区域来说,两部门劳动生产率差异也相当大,农业部门生产率远低于非农业部门,致使出现城乡差异。东部地区农业劳动部门和非农业部门的劳动生产率都是西部地区的2倍左右;而中部地区农业劳动部门和非农业部门的生产率都接近西部地区的1.2倍,可见西部地区劳动生产率是相对落后的。

二、西部区域内部城乡生产率差距的比较

通过上面的分析可以看出,西部地区无论是农业部门劳动生产率还是非农业部门劳动生产率跟东部地区和中部地区相比都有一定的差距,下面我们分析西部地区内部城乡生产率的差异,如表12-6。

表12-6 2000—2005年西部地区农业和非农业部门的比较

年份	农业部门GDP比重(a)	农业部门劳动力比重(b)	比较劳动生产率		二元对比系数(c/d)	二元反差系数(b–a)
			农业(c)	非农业(d)		
2000	0.2220	0.6800	0.3265	1.6735	0.1951	0.4580
2001	0.2070	0.6300	0.3286	1.6714	0.1966	0.4230
2002	0.2000	0.5800	0.3448	1.6552	0.2083	0.3800
2003	0.1950	0.5600	0.3482	1.6518	0.2108	0.3650
2004	0.1950	0.5000	0.3900	1.6100	0.2422	0.3050
2005	0.1760	0.4100	0.4291	1.5709	0.2731	0.2340

注:比较劳动生产率为某一部门的收入比重与该部门的劳动力数量比重的比值。该表中二元对比系数=农业部门劳动生产率/非农业部门劳动生产率,其值越小,说明农业部门与非农业部

门的比较劳动生产率差距越大，说明二元差异性越强；反之，其值越大，说明二元差异性越弱。二元反差系数=农业部门劳动力比重-农业部门GDP比重，其值越小，经济的二元性越不明显。

表12-7　2007年西部地区省级二元对比系数

西北	甘肃	内蒙古	青海	宁夏	新疆	陕西
	0.1510	0.1349	0.1363	0.1369	0.2072	0.1257
西南	西藏	云南	广西	四川	贵州	重庆
	0.1618	0.1578	0.2331	0.2641	0.1819	0.1599

为了进一步说明西部地区城乡差距程度，我们利用比较劳动生产率、二元对比系数、二元反差系数等指标对西部地区城乡二元差异进行分析。表12-6数据分析表明，2000—2005年间，农业部门劳动力比重逐步减少，同时农业对GDP的贡献份额在逐步减少，与此相伴随的是农业和非农业比较劳动生产率差距仍然很大。

表12-7显示了西部各省（区、市）2007年二元对比系数，从中我们可以看出，西北地区二元对比系数最高的是新疆（0.2072），最低的是陕西（0.1257）；西南地区二元对比系数最高的是四川（0.2641），最低的是云南（0.1578）。甘肃、内蒙古、青海、宁夏、陕西二元对比系数低于全国平均水平，说明西部各省（区、市）存在明显的城乡差距。

综上所述，西部地区内部城乡之间存在差距，但差异的程度不同。西北地区、西南地区内部差异的程度也不同。1999—2005年间的农业与非农业二元对比系数数值总体上呈渐增的趋势，二元反差系数数值总体上呈渐减的趋势，这说明西部大开发以来，西部地区农业、非农业两个部门以及农村与城市之间的差距越来越小。

第十三章　西部金融发展与城乡差距关系的实证研究

中国自1978年改革开放以来，取得的主要成果之一,就是在经济持续增长的基础上,居民收入水平总体攀升。1978年城镇居民家庭恩格尔系数达到57.5%、农村居民家庭恩格尔系数则是达到了67.7%；而2007年城镇居民家庭恩格尔系数减小到36.3%、农村居民家庭恩格尔系数更是减小到43.1%。但不可否认的是,伴随着收入水平的提高,居民之间的收入差距也在不断扩大。就全国居民总体收入差距来说，上世纪80年代初期中国的基尼系数是0.28,1995年是0.38,到90年代末为0.458,2007—2008年度据联合国公布的数据,中国的基尼系数竟然达到了0.469,排在世界的92位。这一数据除了比撒哈拉地区的非洲国家、拉丁美洲国家稍好外,贫富差距要比发达国家、东亚其他国家和地区以及东欧国家都大,可见中国城乡居民收入差距总体呈不断上升趋势。虽然纯粹用基尼系数来反映收入差距有所欠缺,但至少可以警示我们收入分配差距问题应该引起重视。通过第十二章的分析可以看出,西部城乡差距问题已经相当严重,而国内外主要从经济发展战略的工业化偏好理论和政治结构的特殊性理论解释城乡收入差距,从金融发展的角度来研究城乡收入差距问题的文献相对较少,研究中国某个区域城乡差距的文章就更少了,只有章奇(2003)和姚耀军(2005)作了相对零散的研究且缺乏足够的理论解释。为此,本章选取西部地区城乡收入差距作为研究对象,系统地从金融发展的方面实证研究西部地区城乡收入差距问题,以促进西部大开发战略的深入推进。

第一节 文献概述

在探讨金融发展与收入分配的关系问题上，学者们自20世纪90年代开始纷纷提出不同的理论假说,归纳起来具有代表性的理论如下所述。

美国著名经济学家格林伍德(Greenwood)和约万诺维奇(Jovanovic)在1990年第一次提出金融发展和收入分配的关系是倒U形的,即金融发展在初期既会促进经济增长但也会扩大收入差距,随着收入的增长,金融发展将逐步缩小收入差距,并在一个动态模型中进行了解释和说明。

美国经济学家格拉尔(Galor)、泽拉(Zeira)、班纳吉(Banerjee)和纽曼尼(Neoan)在1993年分别构造理论模型,表明在金融市场完善的前提下,金融发展与收入不平等负相关,即金融发展将逐步缩小收入差距。同时,他们认为在有信用约束以及对人力资本与物质资本的投资不可分割的假设下，金融发展水平越低,信用约束越多,收入分配差距就越大。

美国经济学家毛雷尔(Maurer)和哈伯(Haber)在2007年则认为,金融深化并没有使金融服务向穷人和新企业延伸，金融服务尤其是信贷服务依然只是针对富人和具有某种政治联系的企业和部门，并使他们的相对收入进一步上升,从而使收入差距日益扩大。

Clarke、Xu和Zou于2003年进一步指出,如果金融发展使得劳动力转入现代产业部门的壁垒降低,那么随着现代产业部门比重的不断上升,收入分配差距会拉大,其结果是在现代产业部门比重更高、金融发展程度也更高的经济中,收入分配不平等程度要高于那些不同时具备“两高”比例的经济,学术界称之为金融发展的扩展库兹涅茨效应。

在实证研究方面，国内外学者对金融发展与城乡差距从多个角度进行了深入的研究,实证结果也不尽相同,具有代表性的实证研究如下所述。

Wei(1997)利用1989—1991年中国城市层面的数据考察了中国国有银行和国有企业之间的联系。通过数据说明在贷款上国有银行系统存在严重的信贷歧视,国有银行系统更倾向于向国有企业贷款,私营企业和乡村小企业几乎得不到国有银行的贷款支持。然而,国有企业大多位于城市。因此,城市可获得更多的信贷支持。中国的金融系统在金融资源的配置上表现出明显的城市化倾向,这即为金融发展的城乡非均衡效应,从而导致城乡经济发展的差异和收入增长的差别,金融发展的城乡非均衡效应拉大了城乡收入差距。

Clarke、Xu和Zou(2003)通过建立线性回归模型来研究金融中介部门的发展与收入分配差距之间的关系。因变量为基尼系数取对数，自变量包括私人信贷/GDP的值、现代部门(工业和服务业)增加值/GDP的值等指标来具体衡量，CV_{it}为控制变量，包括每单位资本的初始GDP量、政府消费、通货膨胀、现代部门(工业和服务业)增加值/GDP的值、制度变量等因素。他们运用全球91个国家1960至1995年的数据对金融部门发展和收入差距之间的关系进行实证，研究表明金融发展会显著降低一国收入分配差距的结论，但是Greenwood和Jovanovic关于金融发展与收入分配差距的“倒U”假说在这里并未得到证实。当然，他们的结论也有一些局限性，如基尼系数的选取、没有控制样本期的人口流动等，这要求我们在进一步的研究中考虑这些因素。

美国经济学家班克 (Beck)、德米尔居奇·昆特 (Demirguc Kunt)、莱文(Levine)(2005)考察了中小企业在经济增长、金融发展和消除贫困、降低收入差距中的作用。他们首先进行了中小企业发展与经济增长之间的回归分析，因变量为2000年每单位资本的实际GDP产出的对数值减去1999年每单位资本的实际GDP产出的对数值除以10得到的值；自变量分别为衡量中小企业发展的指标、衡量一国商业环境的指标，一般用产权保护程度(Property Rights)、合约实施成本(Cost of Contract Enforcement)、进入成本(Cost of Entry)、破产效率(Efficiency of Bankruptcy)来表示。回归结果显示中小企业的发展促进了经济增长。接着对中小企业发展与收入差距、贫困减少进行了回归。因变量为最低收入阶层2000年每单位资本的实际GDP产出的对数值减去1999年每单位资本的实际GDP的对数值除以10所得到的值，自变量分别为2000年和1999年的基尼系数和一国居于贫困线以下的人口在总人口中的比重。解释变量还包括如政策变量(教育、政府消费、通胀、对外贸易、私人部门信贷占GDP的比重、黑市收益等)等因素，私人部门信贷占GDP的比重就直接反映了金融发展的情况。回归结果显示中小企业发展并没有对穷人收入有显著的有益影响，换而言之，中小企业发展并不一定能降低贫困。总之，中小企业的发展促进了经济增长和金融发展，但并不一定能降低贫困。

章奇、刘明兴和陶然(2003)研究了中国的金融中介增长与城乡收入差距的关系。他们用国有及国有控股银行信贷额占GDP比例来衡量各省金融中介发展水平，控制变量如OPEN(出口贸易占GDP的比重)、FDI(外国直接投资占GDP的比重)、HRS(家庭联产承包责任制在农村中的推广程度)、FISAGR(财政支农资金占财政支出比例)等因素，利用1978—1998年的各省数据对银行信贷和城乡收入差距之间的关系进行了分析。结果发现金融发展显著拉大了城乡收入的差距。他们又进一步把样本期分为两个时期：1978—1988年和1989—

1998年,发现金融中介发展对城乡收入差距的负面作用主要体现在第二阶段。而且,金融机构在向农村和农业配置资金方面缺乏效率。同时,他们发现金融中介发展对城乡收入差距的负面作用并不依赖于经济结构(如产业结构和所有制结构)的特征。金融发展与城乡收入差距的Kuznets假说在他们的数据样本中并不成立。然而他们并没有对金融发展与城乡收入差距的Kuznets假说不成立的原因进行很好的解释和提出很好的金融发展政策建议。可以说,章奇、刘明兴和陶然(2003)对中国金融发展与城乡收入差距的关系进行了开创性的研究。

姚耀军(2005)认为现代金融发展理论的主流观点是金融发展对经济增长意义重大。按照这种理论逻辑,中国金融非均衡发展应该会产生显著的经济后果。姚耀军基于VAR模型及其协整分析,利用格兰杰因果关系检验法,对中国1978—2002年间金融发展与城乡收入差距的关系做出实证研究。协整检验结果表明,金融发展与城乡收入差距关系存在着一种长期均衡关系;格兰杰因果关系检验表明金融发展规模与城乡收入差距正相关且两者具有双向的格兰杰因果关系,金融发展效率与城乡收入差距负相关且两者也具有双向的格兰杰因果关系。其政策含义是,从解决金融发展非均衡问题上着手来缩小城乡收入差距是有现实意义的。但他没有对省际和传统意义东中西部三大地带的金融发展与城乡收入差距进行细致分析。姚耀军(2005)的研究主要把中国作为一个整体作为研究对象,未考虑中国金融发展的地区和省际差异。

温涛、冉光和和熊德平(2005)在对中国金融发展与农民收入增长进行制度和结构分析的基础之上,运用1952—2003年的实际数据,对中国整体金融发展、农村金融发展与农民收入增长的关系进行了实证研究。结果显示:中国金融发展对农民收入增长显著负相关,用金融发展与经济增长的正向作用关系直接替代金融发展与农民收入增长的关系,与我国经济发展的事实是并不相符;同时,也验证了制度和结构分析所揭示的"中国金融发展中防止结构和功能失衡至关重要"的命题。研究认为只有改进现行中国金融结构和功能,通过优化农村金融制度安排,促进农村正规金融的改革和非正规金融的规范化发展,才能使中国金融发展促进农民收入的增长。

其次,刘敏楼(2006)和万文全(2006)通过实证研究发现金融发展与我国城乡收入差距之间呈倒U形关系。另外,也有学者认为金融发展和城乡收入差距的关系不明显或者不能确定。

陆铭和陈钊(2004)有关城市化与城乡收入差距的实证研究表明,中国金融发展水平对城乡收入差距的影响并不显著。

实证研究过程中,在衡量金融发展水平的指标选取上,如果度量指标出现偏差或者不够全面,就无法得出金融发展与城乡收入差距之间的真实关系。同时,上述文献大都是跨国研究及基于中国整体或者区际的实证研究,缺乏对不同地区的金融发展和城乡收入差距之间关系的具体研究。而西部地区作为国家尤为关注的地区,其金融发展与城乡收入差距之间的关系尚未得到研究。因此,在综合分析现有指标的前提下,本章设计了金融发展规模指标、金融发展结构和金融发展效率指标来衡量西部地区的整体金融发展水平,同时选取了城市居民人均可支配收入/农村居民人均纯收入指标来衡量西部地区的城乡差距状况,并在此基础上实证检验西部地区城乡收入差距与整体金融发展水平之间的关系。

第二节 指标的选取及研究方法

一、指标选取

为了揭示西部金融发展与城乡收入差距之间的关系,本章选取了下列指标,分别反映西部城乡收入差距状况、西部金融发展水平和城市化水平。

1.城乡收入差距指标

在城乡收入差距的测定上,章奇等(2004)和陆铭、陈钊(2004)等都用城乡收入比率指标。与反映城乡居民收入差距的其他指标相比,城乡收入比率更为方便、直接,本章亦采用该指标。其计算公式为:$CJ=\frac{\text{城市居民人均可支配收入}}{\text{农村居民人均纯收入}}$。

2.金融发展规模指标

衡量金融发展规模的指标常见的有戈氏指标(FIR)和麦氏指标($\frac{M_2}{GDP}$)。然而,麦氏指标受到众多置疑。正如国内学者普遍认为的那样,中国较高的$\frac{M_2}{GDP}$应该归因于投资渠道不畅、交易手段的落后以及支付体系的效率低下,而非较高的金融发展水平的直接表现。李广众、陈平(2002)认为,中国较高的$\frac{M_2}{GDP}$也许更应该归因于长期的通货膨胀、交易手段的落后以及支付体系的效率低下,而非较高的金融发展水平的直接表现。因此,本章采用戈氏“金融相关比率”指标,同时考虑到中国是一个银行主导型的国家,因此在计算FIR时,用金融机构的存贷款余额代替金融资产,用国内生产总值GDP代表国民财富,金融相关系数的计算公式为$FIR=\frac{\text{金融机构存贷款余额}}{GDP}$。

3.金融发展结构指标

衡量城乡金融结构的指标可以从两个方面来考虑：一是根据各金融机构网点的分布来衡量；另一种则是根据金融机构业务量的分布来衡量。我们认为,单纯地通过机构设置的分布不能科学地说明金融产业的城乡结构差异,从金融业务量的角度来衡量更有说服力。基于此,我们采用农贷比作为衡量城乡金融结构指标,其计算公式为$NDB=\frac{\text{农业贷款}}{\text{金融机构总贷款额}}$。

4.金融发展效率指标

一个地区的金融资源总量是我们考察该区域金融发展水平的重要方面,同样这些金融资源总量有多少转化为生产要素也是衡量区域金融发展的重要因素,因为这种转化是区域金融财富创造能力的直观体现,是金融发展效率的集中体现,为此我们定义新的金融财富创造指数:金融转化能力*FUE*,其计算公式为$FUE=\frac{\text{资产形成额}}{\text{总储蓄量}}$,*FUE*的含义为在总储蓄中能够转化为资本形成额的比重,所以*FUE*值越大说明总储蓄中传化成资本形成额的数量越多,区域金融的财富创造能力越强，相反,*FUE*值越小则说明区域金融的财富创造能力越差。

5.非农产业化指标(*FNH*)

该指标是影响城乡收入差距的重要因素,作为模型的控制变量被引入。其计算公式为$FNH=\frac{\text{二三产业产值}}{\text{GDP}}$。

二、样本数据的来源及处理

我们选取的样本容量为1990年到2007年,所用样本数据均来源于《新中国五十五年统计资料汇编》、《西部各省统计年鉴》(1991—2008)、《中国统计年鉴》(1991—2008)、《中国金融年鉴》(1991—2008)、《西部各省金融运行报告》。原始数据见表13-1(经计算而得)。

表13-1　1990—2007年西部金融发展与城乡差距指标

年份	*CJ*	*FIR*	*NDB*	*FUE*	*FNH*
1990	2.468019	1.538184	0.094051	1.194882	0.712903
1991	2.703183	1.724023	0.085502	1.205360	0.735175
1992	2.967473	1.645708	0.091356	1.207742	0.696477
1993	3.279535	1.608890	0.086652	1.258152	0.703278
1994	3.481792	1.649973	0.066736	1.216288	0.724324

续表13-1

年份	*CJ*	*FIR*	*NDB*	*FUE*	*FNH*
1995	3.438829	1.726372	0.070917	1.185909	0.728195
1996	3.239283	1.947474	0.069636	1.144426	0.725180
1997	3.089861	1.950749	0.063103	1.134937	0.740718
1998	3.056811	2.103464	0.051088	1.163179	0.748568
1999	3.217033	2.251600	0.057222	1.156534	0.764216
2000	3.400420	2.272535	0.057472	1.194458	0.777318
2001	3.577964	2.350725	0.061164	1.234630	0.789909
2002	3.678750	2.510078	0.062843	1.249034	0.801190
2003	3.724038	2.553274	0.066111	1.267396	0.779238
2004	3.673049	2.601882	0.070848	1.241393	0.841997
2005	3.649935	2.323304	0.079189	1.302290	0.819423
2006	3.705846	2.313540	0.072256	1.287409	0.833747
2007	3.683263	2.234002	0.073166	1.269725	0.827098

三、研究方法

经济变量大都具有非平稳性，本章将首先利用Dickey和Fuller提出的考虑残差序列相关的ADF单位根检验法，检验变量的平稳性，对于非平稳的变量进行处理使之成为平稳时间序列。如果变量是同阶单整的，那么我们将对相关变量进行协整检验以确定西部金融发展和城乡收入差距之间的长期均衡关系，并在协整的基础上，通过向量误差修正模型考察其短期变动关系，通过格兰杰因果检验来验证其因果关系。

第三节 实证检验

一、平稳性检验

对任何时间序列数据进行计量分析时，需要首先对时间序列数据进行平稳性检验，否则可能会造成一个随机游走变量对另一个随机游走变量的谬误回归(Spurious Regression)。由于应用协整检验的时间序列数据必须为同阶差分平稳过程，因此，我们需要对获得的时间序列数据进行单位根检验。本章采用增广迪基—富勒检验（Augmented Dickey- Fuller，ADF检验），ADF检验模型为：

$$\Delta Y_t=\beta_1+\beta_2\times t+\delta Y_{t-1}+\alpha_p\times\sum_{p=1}^{n}\Delta Y_{t-p}+\varepsilon_t \tag{13.1}$$

其中Y是时间序列，Δ表示差分，p是滞后期，β_1是常数，t是时间趋势项，β_t和α是参数，ε_t是白噪音。检验的原假设是$\delta=0$，即包含单位根；备择假设是$\delta<0$，即Y为趋势平稳序列。若回归系数δ的t统计量$t(\delta)$小于ADF分布临界值，拒绝原假设，Y为趋势平稳序列，否则，接受非平稳的原假设。对*CJ*、*FIR*、*FUE*、*NDB*和*FNH*做ADF单位根检验，其检验结果见表13-2。

表13-2 变量的ADF检验表

变量	ADF值	检验形式（C,T,L）	临界值			P值	稳定性
			1%	5%	10%		
CJ	−1.938	（C,T,3）	−3.959	−3.081	−2.681	0.3076	不平稳
Δ*CJ*	−3.613	（C,0,3）	−2.728	−1.966	−1.605	0.0014	平稳
FIR	−1.505	（C,T,3）	−3.887	−3.052	−2.667	0.5067	不平稳
Δ*FIR*	−3.422	（C,0,3）	−2.718	−1.964	−1.606	0.0020	平稳
FUE	−1.108	（C,T,3）	−3.887	−3.052	−2.667	0.6873	不平稳
Δ*FUE*	−3.869	（C,0,3）	−2.718	−1.964	−1.606	0.0007	平稳
NDB	−2.147	（C,T,3）	−3.887	−3.052	−2.667	0.2300	不平稳
Δ*NDB*	−4.273	（C,0,3）	−2.718	−1.964	−1.606	0.0003	平稳
FNH	0.2138	（C,T,3）	−3.9203	−3.066	−2.673	0.9644	不平稳
Δ*FNH*	−6.290	（C,0,3）	−2.718	−1.964	−1.606	0.0000	平稳

注：检验形式（C、T、L）中C、T、L分别表示模型中的常数项、时间趋势、滞后阶数。

通过表13-2我们可以看出，对*CJ*、*FIR*、*NDB*、*FUE*和*FNH*平稳性检验，在10%、5%和1%的显著性水平下均不显著，因此我们认为*CJ*、*FIR*、*NDB*、*FUE*和*FNH*是非平稳的时间序列。并且通过对这四个时间序列作一阶差分后发现，这四个时间序列的一阶差分形式在5%的显著性水平下均是显著的，因此，*CJ*、*FIR*、*NDB*、*FUE*和*FNH*均是一阶单整时间序列$I\sim(1)$，可以对这五个时间序列数据做协整检验。

二、协整检验

本章利用Johansen协整检验法对VAR模型中的变量进行协整检验，在进行协整关系的个数检验时采用迹统计量与最大化特征根统计量来检验。其检验方法是，首先计算回归方程的迹和最大化特征根，然后逐一与不存在协整关系、存在一个协整关系等前提下的临界分布值进行比较，当回归方程的迹值或最大化特征值大于临界值时，拒绝其前提假设，当小于临界值时，则接受前提假设。运用赤池信息准则(AIC)和施瓦茨准则(SC)选择滞后阶数，通过Eviews 6.0统计软件得到相应的协整检验结果见表13-3、表13-4。

表13-3　迹统计量检验结果表

Hypothesized		Trace	0.05	
No. of CE(s)	Eigenvalue	Statistic	Critical Value	Prob.**
None *	0.998728	210.8326	76.97277	0.0000
At most 1 *	0.949715	104.1591	54.07904	0.0000
At most 2 *	0.847025	56.31829	35.19275	0.0001
At most 3 *	0.710984	26.27863	20.26184	0.0065
At most 4	0.330444	6.418241	9.164546	0.1608

注:*表示拒绝原假设。

表13-4　最大值统计量检验结果表

Hypothesized		Trace	0.05	
No. of CE(s)	Eigenvalue	Statistic	Critical Value	Prob.**
None *	0.998728	106.6735	34.80587	0.0000
At most 1 *	0.949715	47.84078	28.58808	0.0001
At most 2 *	0.847025	30.03967	22.29962	0.0034
At most 3 *	0.710984	19.86038	15.89210	0.0113
At most 4	0.330444	6.418241	9.164546	0.1608

注:*表示拒绝原假设。

通过迹检验和最大特征值检验结果显示，原假设(5个变量之间不存在长期均衡关系)在5%的显著性水平下已被拒绝，说明它们存在协整关系；原假设(5个变量之间最多存在1个协整向量)在5%的显著性水平下已被拒绝；原假设(5个变量之间最多存在2个协整向量)已被拒绝；原假设(5个变量之间最多存在三个协整向量)在5%的显著性水平下已被拒绝；原假设(5个变量之间最多存在四个协整向量) 在5%的显著性水平下没有被拒绝；所以检验结论是*CJ*、*FIR*、*NDB*、*FUE*、*FNH*之间存在4个协整关系，即*CJ*和其相关金融变量和控制变量存在一个长期稳定的协整关系。

为了继续探究这种关系，我们将其分为三个VAR系统，第一个系统为(*CJ*,

FIR,*FNH*)，用来探讨金融发展规模对城乡差距的影响；第二个系统为(*CJ*,*NDB*,*FNH*),用来说明城乡金融发展结构对城乡收入差距的影响;第三个系统为(*CJ*,*FUE*,*FNH*),用来具体探究金融发展效率对城乡收入差距的影响。下面我们就三个系统分别进行分析。

第四节　系统Ⅰ的实证分析

一、协整检验

通过上述的单位根检验可知*CJ*、*FIR*、*FNH*都是一阶单整的，在此基础上，我们进一步利用Johansen协整检验来判断它们之间是否存在长期均衡关系,并进一步确定相关变量之间的符号关系。表13-5、13-6是相应的协整检验结果。

表13-5　系统I的迹统计量检验结果

Hypothesized		Trace	0.05	
No. of CE(s)	Eigenvalue	Statistic	Critical Value	Prob.
None *	0.879513	53.35707	35.19275	0.0002
At most 1	0.659096	19.49770	20.26184	0.0634
At most 2	0.132771	2.279232	9.164546	0.7217

注:*表示拒绝原假设。

表13-6　系统I的最大值检验结果

Hypothesized		Max-Eigen	0.05	
No. of CE(s)	Eigenvalue	Statistic	Critical Value	Prob.
None *	0.879513	33.85938	22.29962	0.0008
At most 1	0.659096	17.21846	15.89210	0.0308
At most 2	0.132771	2.279232	9.164546	0.7217

注:*表示拒绝原假设。

通过迹检验可以看出,*CJ*、*FIR*、*FNH*在5%的显著性水平下存在且只存在1个协整关系,然而最大特征值检验结果显示,在5%的显著性水平下存在2个协整关系,这说明它们之间存在稳定的协整关系。

上面分析暗示了*CJ*和其它相关金融变量*FIR*存在一个长期稳定的协整关系,由它们三者之间存在长期的稳定关系,可以得出这种长期协整关系的方程,这种长期均衡关系的标准化协整系数见表13-7。

表13-7 标准协整化系数

Cointegrating Equation(s):		Log likelihood	85.54879
CJ	FIR	FNH	C
1.000000	-0.697257	0.571014	-2.403588
	(0.17896)	(1.56307)	(0.86334)

所以根据以上结果得到协整的方程为(括号内为标准差):

$$CJ=2.403588+0.697257FIR-0.571014FNH+U \qquad (13.2)$$
$$(0.86334) \quad (0.17896) \quad (1.56307)$$

由协整方程可得金融发展规模(*FIR*)与城乡收入差距正相关,非农产业化(*FNH*)与城乡收入差距负相关。西部地区金融发展规模的扩大拉大了城乡收入差距,这与国内大多数学者的结论一致。并且,加快西部地区非农产业化的进程有利于缩小城乡收入的差距。

二、构建基于VAR系统的误差修正模型

协整模型表述的是变量之间的一种长期均衡关系,而在短期内由于随机干扰,变量可能会暂时偏离均衡值,不过最终会回到均衡状态。误差修正模型正是描述了变量由短期动态非均衡向长期均衡逼近的过程。根据格兰杰定理,若非平稳变量间存在协整关系,则必有误差修正模型存在。通过Eviews 6.0统计软件得到相应的向量误差修正模型的估计结果,见13-8表。

表13-8 系统Ⅰ ECM输出结果

Error Correction:	D(CJ)	D(FIR)	D(FNH)
CointEq1	-0.543589	0.155414	-0.012301
	(0.13378)	(0.43436)	(0.06462)
	[-4.06318]	[0.35780]	[-0.19034]
D[CJ(-1)]	0.606531	0.249172	0.003468
	(0.19356)	(0.62843)	(0.09350)
	[3.13362]	[0.39650]	[0.03709]
D[CJ(-2)]	0.054090	-0.201505	-0.010693
	(0.21583)	(0.70076)	(0.10426)
	[0.25061]	[-0.28755]	[-0.10256]

续表

Error Correction:	D(CJ)	D(FIR)	D(FNH)
D[FIR(-1)]	-0.766673	0.635602	-0.006601
	(0.21731)	(0.70554)	(0.10497)
	[-3.52808]	[0.90088]	[-0.06288]
D[FIR(-2)]	-0.631685	0.214671	0.011197
	(0.24190)	(0.78538)	(0.11685)
	[-2.61137]	[0.27333]	[0.09582]
D[FNH(-1)]	2.076867	-2.032887	-0.552683
	(0.86212)	(2.79908)	(0.41645)
	[2.40903]	[-0.72627]	[-1.32713]
D[FNH(-2)]	1.399504	1.353398	-0.220633
	(0.75423)	(2.44881)	(0.36434)
	[1.85553]	[0.55268]	[-0.60558]
C	0.042522	0.005973	0.014191
	(0.01924)	(0.06246)	(0.00929)
	[2.21049]	[0.09564]	[1.52718]
R-squared	0.950637	0.274680	0.422047
Adj. R-squared	0.901274	-0.450639	-0.155907
Sum sq. resids	0.013773	0.145188	0.003214
S.E. equation	0.044358	0.144018	0.021427
F-statistic	19.25815	0.378702	0.730243
Log likelihood	31.16403	13.49922	42.07845
Akaike AIC	-3.088538	-0.733229	-4.543794
Schwarz SC	-2.710911	-0.355602	-4.166167
Mean dependent	0.047719	0.039220	0.008708
S.D. dependent	0.141173	0.119574	0.019930

我们将有约束的VECM写成矩阵形式：

$$\Delta y_t=\begin{pmatrix} 0.606531 & -0.766673 & 2.076867 \\ 0.249172 & 0.635602 & -2.032887 \\ 0.003468 & -0.006601 & -0.552683 \end{pmatrix}\times\Delta y_{t-1}+$$

$$\begin{pmatrix} 0.054090 & -0.631685 & 1.399504 \\ -0.201505 & 0.214671 & 1.353398 \\ -0.010693 & 0.011197 & -0.220633 \end{pmatrix} \times \Delta y_{t-2} + \begin{pmatrix} -0.543589 \\ 0.155414 \\ -0.012301 \end{pmatrix}$$

$$\times \mathrm{VECM} + \begin{pmatrix} 0.042522 \\ 0.005973 \\ 0.014191 \end{pmatrix}$$

其中$\Delta y = \begin{pmatrix} CJ & FIR & FNH \end{pmatrix}^{\mathrm{T}}$,

在上面的结果中,每一列都代表了一个独立的方程,每一列顶端的变量名是被解释变量。最值得注意的是“一个协整方程”对应的数值,它的t统计量越大,则越显著,那么所构建的误差修正模型就越成功。我们知道CJ和FIR、FNH之间存在长期协整关系,当然在短期内也许会出现失衡的现象,而误差修正机制即是将城乡差距(CJ)的短期行为和长期值联系起来。通过表格我们可以看出误差修正模型的检验准则AIC和SC的统计量都比较小,所以整个模型是合适的,中间存在一些没有通过t检验的滞后变量,这些对模型的影响不大。其稳定性检验结果见图13-1。

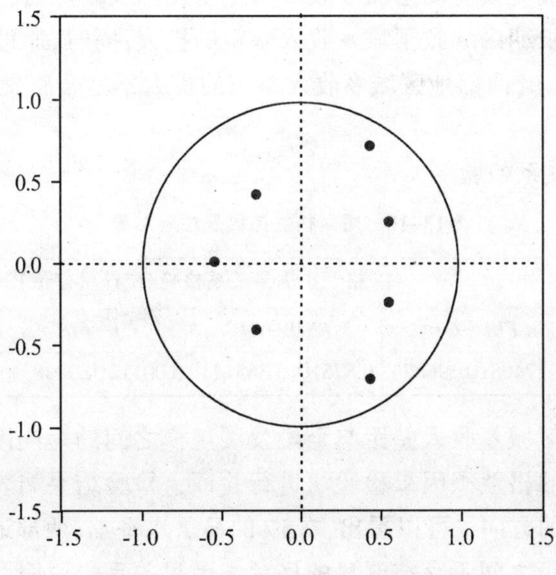

图13-1　系统Ⅰ单位根检验结果

协整系统的特征多项式的根在单位圆以内,因此,可以看出模型稳定性条件得以满足,其估计结果是稳健的。

三、格兰杰因果关系检验

1.长期因果关系检验

就因果关系分析而言，Johansen等（1992）、Hall与Milne（1994）说明了在一个存在协整关系的VAR系统中对变量的弱外生性（weakly exogenous）进行检验可以等同于对变量之间长期的因果关系的检验。根据Demetriades与Hussein的研究，这种长期因果关系的检验可以通过对VECM中协整方程对应调整系数的参数显著性检验来实现。本章将遵循该方法检验长期因果关系（张晓峒，2001）。对上述VECM中协整方程对应调整系数的参数显著性检验如表13–9所示。

表13–9 弱外生检验结果

弱外生检验（α=0）	*CJ*	*FIR*	*FNH*
误差调整系数	–0.543589	0.155414	–0.012301
*t*统计量	–4.06318*	0.35780	–0.19034

注:上标*代表在5%的显著水平上拒绝原假设。

从表13–9中可以看出，*CJ*的*t*统计值在5%的显著性水平上显著为负，表明西部地区金融发展规模变动是城乡收入差距变化的长期原因，这说明金融发展规模的提高在长期内导致了城乡收入差距的扩大；同时，通过对*FIR*和*FNH*的*t*统计量检验可知，西部地区城乡收入差距的扩大不是金融发展规模提高的长期原因。

2.短期因果关系检验

表13–10 短期格兰杰因果检验结果

自由度	格兰杰因果关系检验*F*统计量（*P*值）			
	FIR→*CJ*	*FNH*→*CJ*	*CJ*→*FIR*	*CJ*→*FNH*
1	1.17408（0.29687）	0.87610（0.36514）	0.00112（0.97383）	1.47625（0.24446）

对于西部地区城乡收入差距与金融发展规模之间的短期因果关系，我们采用VAR模型下的格兰杰因果检验法进行验证，检验结果如表13–10所示，箭头表示因果关系的方向。可以看出，在5%的显著水平上，西部地区金融发展规模与城乡收入差距之间不存在明显的格兰杰因果关系，说明西部地区金融发展规模与城乡收入差距之间虽然存在稳定的长期因果关系，但是二者之间没有明显的因果关系，通过增加金融发展总量，并不能对城乡收入差距产生直接影响。

四、方差分解

格兰杰因果关系检验结果仅能说明变量之间的因果关系，但不能说明变量之间因果关系的强度。应用方差分解法对变量*CJ*、*FIR*的不同预测期限的预测误差的方差进行分解(见表13–11、13–12)。方差分解能够给出随机信息的相对重要性信息，主要思想是把系统中每个内生变量的波动按其成果分解为与各方程信息相关联的若干组成部分，从而了解各信息对模型内生变量的相对重要性。方差分解不仅是样本期间以外的因果关系检验,而且将每个变量的单位增量分解为一定比例自身原因和其他变量的贡献。

表13–11 *CJ* 的方差分解结果

Period	*S.E.*	*CJ*	*FIR*	*FNH*
1	0.044358	100.0000	0.000000	0.000000
2	0.100243	96.93929	0.978402	2.082309
3	0.141807	89.47271	6.318317	4.208975
4	0.211977	47.91143	47.09921	4.989364
5	0.345176	18.22964	78.46952	3.300834
6	0.491259	9.513180	88.45165	2.035172
7	0.604009	7.003867	91.52828	1.467854
8	0.678462	5.928609	92.84579	1.225604
9	0.731669	5.221122	93.65368	1.125196
10	0.780944	4.644677	94.27146	1.083864

表13–12 *FIR* 的方差分解结果

Period	*S.E.*	*CJ*	*FIR*	*FNH*
1	0.144018	16.84815	83.15185	0.000000
2	0.241616	10.03858	89.90583	0.055597
3	0.327570	12.86734	87.05347	0.079200
4	0.386329	13.16632	86.75880	0.074874
5	0.439115	13.37738	86.55960	0.063016
6	0.492563	13.41189	86.53726	0.050849
7	0.549166	13.52043	86.43739	0.042181
8	0.602816	13.69844	86.26242	0.039142
9	0.649506	13.92674	86.03212	0.041139
10	0.689213	14.08810	85.86894	0.042959

表13-11表明，金融发展规模对城乡收入差距不存在当期影响，在第二期占城乡差距预测误差的1%左右，随后影响逐步增强。由此可以看出长期金融发展规模对城乡差距的作用较大，到第10期约占95%。

由表13-12可知，对于*FIR*的方差分解，当期*CJ*的贡献占到了17%，但随后减少，*CJ*对*FIR*的贡献度稳定在13%左右，由此可以看出*FIR*来自其自身的影响比重较大，占87%左右，其余2个变量的影响比重相对较小，可见*FIR*的波动主要来自于其自身的波动。

第五节　系统Ⅱ的实证分析

一、协整检验

通过上述的单位根检验可知*CJ*、*NDB*、*FNH*都是一阶单整的，在此基础上，我们进一步利用Johansen协整检验来判断它们之间是否存在长期均衡关系，并进一步确定相关变量之间的符号关系。表13-13、表13-14是相应的协整检验结果。

表13-13　迹统计量检验结果

Hypothesized		Trace	0.05	
No. of CE(s)	Eigenvalue	Statistic	Critical Value	Prob.**
None *	0.850484	47.35547	35.19275	0.0016
At most 1	0.527608	16.94988	20.26184	0.1344
At most 2	0.266129	4.950750	9.164546	0.2889

注:上标*代表在5%的显著水平上拒绝原假设。

表13-14　最大值统计量检验结果

Hypothesized		Max-Eigen	0.05	
No. of CE(s)	Eigenvalue	Statistic	Critical Value	Prob.
None *	0.850484	30.40559	22.29962	0.0030
At most 1	0.527608	11.99913	15.89210	0.1860
At most 2	0.266129	4.950750	9.164546	0.2889

注:上标*代表在5%的显著水平上拒绝原假设。

通过迹检验和最大值统计量检验表可以看出，*CJ*、*NDB*、*FNH*在5%的显著性水平下存在且只存在1个协整关系，说明*CJ*和*NDB*、*FNH*存在长期稳定的关系。由它们三者之间存在长期的稳定关系，可以得出长期协整关系的方程，这种长期均衡关系的标准化协整系数见表13-15。

表13-15　标准化协整系数

Cointegrating Equation(s):		Log likelihood	126.6962
CJ	NDB	FNH	C
1.000000	2.642820	-5.356255	0.542496
	(2.56243)	(0.71581)	(0.60861)

所以根据以上结果得到协整的方程为(括号内为标准差)：

$$CJ=-0.542496-2.64282NDB+5.356255FNH+U \quad (13.3)$$

$$(0.60861)\ (2.56243)\ (0.71581)$$

由协整方程可得城乡金融结构(*NDB*)对城乡收入差距起负的影响。也就是说，西部地区可以通过加大对农业的贷款来缩小城乡收入差距，这与我国西部实际情况基本上是一致的。

二、构建基于VAR系统的误差修正模型

表13-16　系统ⅡECM输出结果

Error Correction:	D(CJ)	D(FIR)	D(FNH)
CointEq1	0.037174	-0.039251	0.029009
	(0.17503)	(0.00975)	(0.04322)
	[0.21239]	[-4.02763]	[0.67126]
D[CJ(-1)]	1.245035	-0.038658	0.041307
	(0.29297)	(0.01631)	(0.07234)
	[4.24964]	[-2.36981]	[0.57102]
D[CJ(-2)]	-0.776386	0.077422	-0.078571
	(0.38628)	(0.02151)	(0.09538)
	[-2.00988]	[3.59966]	[-0.82378]
D[FIR(-1)]	2.684170	-0.515540	0.129018
	(3.78745)	(0.21088)	(0.93516)
	[0.70870]	[-2.44467]	[0.13796]

续表

Error Correction:	D(CJ)	D(FIR)	D(FNH)
D[FIR(-2)]	0.673568	-0.494950	0.450750
	(3.73109)	(0.20775)	(0.92125)
	[0.18053]	[-2.38248]	[0.48928]
D[FNH(-1)]	0.165535	-0.200157	-0.301715
	(2.25035)	(0.12530)	(0.55564)
	[0.07356]	[-1.59745]	[-0.54301]
D[FNH(-2)]	0.769229	-0.074636	0.025210
	(1.77071)	(0.09859)	(0.43721)
	[0.43442]	[-0.75702]	[0.05766]
C	0.022158	-0.003829	0.014502
	(0.03185)	(0.00177)	(0.00786)
	[0.69569]	[-2.15932]	[1.84406]
R-squared	0.811908	0.798777	0.424621
Adj. R-squared	0.623817	0.597555	-0.150758
Sum sq. resids	0.052481	0.000163	0.003200
S.E. equation	0.086587	0.004821	0.021379
F-statistic	4.316556	3.969619	0.737985
Log likelihood	21.13105	64.45320	42.11194
Akaike AIC	-1.750806	-7.527094	-4.548258
Schwarz SC	-1.373179	-7.149467	-4.170631
Mean dependent	0.047719	-0.001213	0.008708
S.D. dependent	0.141173	0.007600	0.019930

我们将有约束的VECM写成矩阵形式：

$$\Delta y_t=\begin{pmatrix} 1.245035 & 2.684170 & 0.165535 \\ -0.038658 & -0.515540 & -0.200157 \\ 0.041307 & 0.129018 & -0.301715 \end{pmatrix}\times\Delta y_{t-1}+$$

$$\begin{pmatrix} 0.776386 & 0.673568 & 0.769229 \\ 0.077422 & 0.494950 & -0.074636 \\ -0.078571 & 0.450750 & 0.025210 \end{pmatrix}\times\Delta y_{t-2}+\begin{pmatrix} 0.037174 \\ -0.039251 \\ 0.029009 \end{pmatrix}\times\text{VECM}+$$

$$\begin{pmatrix} -7.421250 \\ -0.191588 \\ -166.3344 \end{pmatrix}$$

其中$\Delta y=\begin{pmatrix} CJ & DNB & FNH \end{pmatrix}^{T}$,

通过表格我们可以看出VECM模型的检验准则AIC和SC的统计量都比较小,所以整个模型是合适的。虽然存在相关系数不高的问题,但目前还没有研究者提出相关系数评定标准,一般认为,相关系数在0.8以上模型拟合程度为良好。

其稳定性检验结果如图13-2。

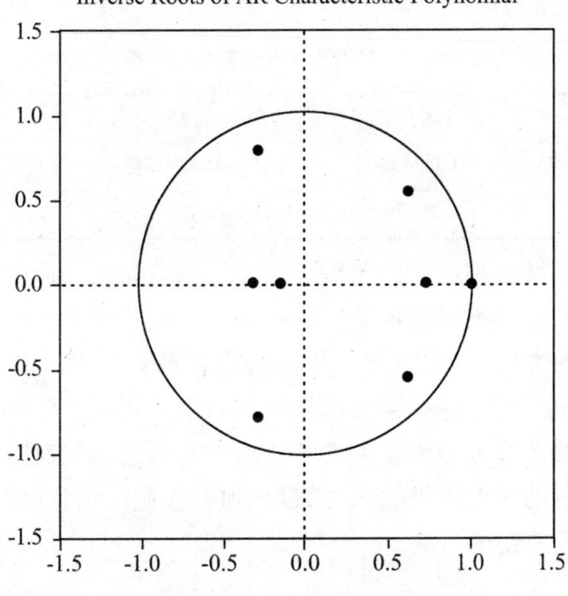

图13-2 系统Ⅱ单位根检验结果图

图13-2显示,协整系统的特征多项式的根在单位圆以内,因此,可以看出模型稳定性条件得以满足,其估计结果也是稳健的。

三、格兰杰因果关系检验

1.长期因果关系的检验

通过上面系统Ⅱ的分析,长期因果关系的检验可以通过对VECM中协整方程对应调整系数的参数显著性检验来实现，本章将遵循该方法检验长期因果关系(张晓峒,2001)。对上述VECM中协整方程对应调整系数的参数显著性检验如表13-17所示。

表13-17　弱外生检验结果

自由度	格兰杰因果关系检验F统计量(P值)	
	NDB→CJ	CJ→NDB
1	0.22595(0.64188)	0.11563(0.73887)

注:上标*代表在5%的显著水平上拒绝原假设。

从表13-17中可以看出,NDB的t统计值在5%的显著性水平上显著为负,表明西部地区城乡收入差距变化是导致西部农业贷款相对较少的长期原因。同时,通过对CJ和FNH的t统计量检验可知,西部地区城乡金融结构的变化不是西部地区城乡收入差距扩大的长期原因。

2.短期因果关系检验

表13-18　短期格兰杰因果检验结果

弱外生检验(α=0)	CJ	FIR	FNH
误差调整系数	0.037174	-0.039251	0.029009
t统计量	0.21239	-4.02763*	0.67126

对于西部地区城乡收入差距与城乡金融结构之间的短期因果关系，我们采用VAR模型下的格兰杰因果检验法进行验证，检验结果如表13-18所示,箭头表示因果关系的方向。可以看出,在5%的显著水平上,西部地区城乡金融结构与城乡收入差距之间不存在明显的格兰杰因果关系，说明西部地区城乡金融结构的变化与城乡收入差距扩大之间虽然存在稳定的长期因果关系，但是二者之间没有明显的短期因果关系,通过增加对农业的贷款,并不能在短期内达到缩小城乡收入差距的目的。

四、方差分析

现应用方差分解法对变量CJ、NDB的不同预测期限的预测误差的方差进行分解(见表13-19、表13-20)。

由表13-19可知,对于CJ的方差分解,从第1期一直到第10期CJ来自其自身的影响都占到90%以上,其余2个变量的影响比重不到10%,可见CJ的波动主要来自于其自身的波动，西部地区农贷比对城乡差距的方差贡献度虽然不断上升,但影响微乎其微,最高也只有第10期的5%左右。

表13-20表明,城乡收入差距对城乡金融结构随着滞后期的延伸,贡献度越来越大,在第1期占农贷比预测误差的0.06%左右,到第3期达到63%左右,到第10期更是达到了70%左右，由此可以看出在长期城乡差距的扩大对农业获

得的贷款量影响较大。

表13-19 Variance Decompodition of *CJ*

Period	*S.E.*	*CJ*	*FIR*	*FNH*
1	0.086587	100.0000	0.000000	0.000000
2	0.217613	99.73755	0.246975	0.015476
3	0.334569	98.74065	1.196212	0.063134
4	0.414680	97.62894	2.087248	0.283813
5	0.462917	96.41715	3.014096	0.568750
6	0.488123	95.28232	3.873690	0.843990
7	0.501193	94.45945	4.451463	1.089087
8	0.511742	93.98506	4.770935	1.244006
9	0.525153	93.73947	4.949013	1.311516
10	0.543137	93.62260	5.036164	1.341239

表13-20 Variance Decompodition of NDB

Period	*S.E.*	*CJ*	*NDB*	*FNH*
1	0.004821	0.059257	99.94074	0.000000
2	0.010547	57.66210	36.59431	5.743595
3	0.013955	62.41008	28.07463	9.515291
4	0.016421	54.64886	35.24190	10.10923
5	0.021104	57.78954	32.09889	10.1115
6	0.026256	64.04223	25.71786	10.23991
7	0.030117	65.62256	24.38342	9.994020
8	0.034402	67.57872	22.93942	9.481865
9	0.038796	70.10873	20.66983	9.221438
10	0.042132	70.98248	19.86870	9.148822

第六节 系统Ⅲ的实证分析

一、协整检验

对VAR系统中的变量进行协整检验，相应的协整检验结果见表13-21、表13-22。

表13-21 迹统计量检验结果

Hypothesized		Trace	0.05	
No. of CE(s)	Eigenvalue	Statistic	Critical Value	Prob.
None *	0.865710	50.44849	35.19275	0.0006
At most 1	0.498256	18.32438	20.26184	0.0904
At most 2	0.365938	7.289745	9.164546	0.1119

表13-22 最大值统计量检验结果

Hypothesized		Max-Eigen	0.05	
No. of CE(s)	Eigenvalue	Statistic	Critical Value	Prob.
None *	0.865710	32.12410	22.29962	0.0016
At most 1	0.498256	11.03464	15.89210	0.2493
At most 2	0.365938	7.289745	9.164546	0.1119

通过迹检验和最大值统计量检验表可以看出,CJ、FUE、FNH在5%的显著性水平下存在且只存在1个协整关系，说明CJ和FUE、FNH存在长期稳定的关系。所以我们可以得出这种长期协整关系的方程,这种长期均衡关系的标准化协整系数见表13-23。

表13-23 标准协整化系数

Cointegrating Equation(s)		Log likelihood	110.8556
CJ	NDB	FNH	C
1.000000	-0.855496	-3.177178	0.088497
	(0.75489)	(0.93326)	(0.62027)

所以根据以上结果得到协整的方程为(括号内为标准差)(白万平,2005):

$$CJ=-0.088497+0.855496FUE+3.177178FNH+U \quad (13.4)$$
$$(0.75489) \qquad (0.93326)$$

由协整方程可得,储蓄投资转化能力(*FUE*)对城乡收入差距起正的影响。也就是说,西部地区储蓄投资转化能力的提高一定程度上拉大了城乡收入差距,这与国内大多数学者的结论一致,与我国西部实际情况基本上是一致的。

二、构建基于VAR系统的误差修正模型

表13-24 系统ⅢECM输出结果

Error Correction:	D(CJ)	D(FUE)	D(FNH)
CointEq1	-0.687791	-0.241765	0.119795
	(0.10937)	(0.10754)	(0.05940)
	[-6.28863]	[-2.24817]	[2.01688]
D[CJ(-1)]	0.427917	-0.122030	0.145182
	(0.18867)	(0.18551)	(0.10246)
	[2.26805]	[-0.65780]	[1.41694]
D[CJ(-2)]	0.179541	0.165626	-0.163768
	(0.16586)	(0.16309)	(0.09008)
	[1.08246]	[1.01557]	[-1.81811]
D[FIR(-1)]	1.217447	0.059734	-0.031435
	(0.38164)	(0.37525)	(0.20726)
	[3.19000]	[0.15918]	[-0.15167]
D[FIR(-2)]	0.463627	0.370095	-0.285826
	(0.42873)	(0.42155)	(0.23283)
	[1.08139]	[0.87794]	[-1.22761]
D[FNH(-1)]	-0.352297	0.530493	-0.477219
	(0.49098)	(0.48275)	(0.26663)
	[-0.71755]	[1.09889]	[-1.78979]
D[FNH(-2)]	0.044777	0.379775	-0.171355
	(0.47989)	(0.47185)	(0.26061)
	[0.09331]	[0.80487]	[-0.65751]

续表

Error Correction:	D(CJ)	D(FUE)	D(FNH)
C	-0.003013	-0.009921	0.018479
	(0.01182)	(0.01162)	(0.00642)
	[-0.25488]	[-0.85347]	[2.87816]
R-squared	0.975140	0.584211	0.632109
Adj. R-squared	0.950280	0.168423	0.264218
Sum sq. resids	0.006936	0.006706	0.002046
S.E. equation	0.031479	0.030952	0.017095
F-statistic	39.22492	1.405068	1.718198
Log likelihood	36.30850	36.56185	45.46626
Akaike AIC	-3.774467	-3.808247	-4.995501
Schwarz SC	-3.396840	-3.430620	-4.617874
Mean dependent	0.047719	0.004132	0.008708
S.D. dependent	0.141173	0.033942	0.019930

我们将有约束的VECM写成矩阵形式：

$$\Delta y_t=\begin{pmatrix} 0.427917 & 1.217447 & -0.352297 \\ -0.122030 & 0.059734 & 0.530493 \\ 0.145182 & -0.031435 & -0.477129 \end{pmatrix}\times\Delta y_{t-1}+$$

$$\begin{pmatrix} 0.179541 & 0.463627 & 0.044777 \\ 0.165626 & 0.370095 & 0.379775 \\ -0.163767 & -0.285826 & -0.171355 \end{pmatrix}\times\Delta y_{t-2}+\begin{pmatrix} -0.687791 \\ -0.241765 \\ 0.119795 \end{pmatrix}\times VECM+$$

$$\begin{pmatrix} -0.003013 \\ -0.009921 \\ 0.018479 \end{pmatrix}$$

其中$\Delta y=\begin{pmatrix} CJ & FUR & FNH \end{pmatrix}^{T}$，

通过表格我们可以看出VECM模型的检验准则AIC和SC的统计量都比较小，所以整个模型是合适的。虽然存在相关系数不高的问题，但目前还没有研究者提出相关系数评定标准，一般认为，相关系数在0.8以上模型拟合程度为良好。

其稳定性检验结果如图13-3。

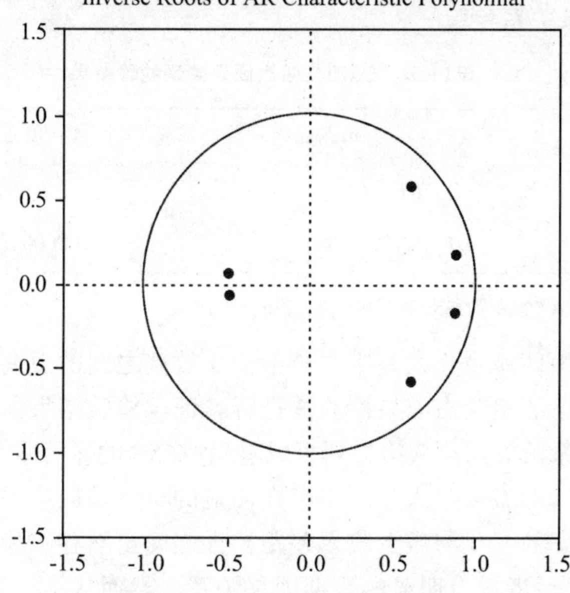

图13-3　系统Ⅲ单位根检验结果

图13-3显示,协整系统的特征多项式的根在单位圆以内,因此,可以看出模型稳定性条件得以满足,其估计结果也是稳健的。

三、格兰杰因果关系检验

由协整的定义可知，协整分析只是帮助我们分析变量之间是否存在长期均衡的比例关系,但没有对这些变量之间的因果关系进行说明,为了说明这种因果关系,我们需要用格兰杰因果关系检验进一步验证。

1.长期因果关系检验

表13-25　弱外生检验结果

弱外生检验(α=0)	*CJ*	*FUE*	*FNH*
误差调整系数	−0.687791	−0.241765	0.119795
*t*统计量	−6.28863*	−2.24817*	2.01688

注:上标*代表在5%的显著水平上拒绝原假设。

从表13-25中可以看出,*FUE*的*t*统计值在5%的显著水平上显著为负,表明西部地区城乡收入差距扩大是导致西部地区储蓄投资转化能力相对较弱的长期原因。同时,*CJ*的*t*统计量在5%的显著性水平上同样也显著为负,这说明西部地区储蓄投资转化能力较弱也是西部地区城乡收入差距扩大的长期原因,即它们之间存在长期的双向因果关系。

2.短期因果关系检验

表13-26 短期格兰杰因果关系检验结果

自由度	格兰杰因果关系检验F统计量(P值)	
	FUE→CJ	*CJ→FUE**
1	0.00132(0.97156)	4.80001(0.04588)

注:上标*代表在5%的显著水平上拒绝原假设。

对于西部地区城乡收入差距与金融发展效率之间的短期因果关系，我们采用VAR模型下的格兰杰因果检验法进行验证，检验结果如表13-26所示，箭头表示因果关系的方向。从第二列可以看出，在5%的显著水平上，西部地区储蓄投资转化能力对城乡收入差距不存在明显的格兰杰因果关系，说明西部地区金融发展效率的变化与城乡收入差距扩大之间虽然存在稳定的长期因果关系，但是前者对后者没有明显的短期因果关系。然而从第三列可以看出，西部地区城乡差距的扩大是导致西部地区储蓄投资转化能力变弱的格兰杰原因。

四、方差分析

表13-27表明，金融发展效率指标对城乡收入差距不存在当期影响，但在第二期开始占到城乡差距预测误差的24%左右，随后相对稳定在20%。由此可以看出，长期金融发展效率对城乡差距的作用较大且稳定。

表13-27 Variance Decompodition of CJ

Period	*S.E.*	*CJ*	*FUE*	*FNH*
1	0.031479	100.0000	0.000000	0.000000
2	0.091495	64.48888	23.92507	11.58605
3	0.152525	50.86799	24.76876	24.36325
4	0.187479	46.15705	22.14615	31.69680
5	0.199215	43.63669	20.18466	36.17865
6	0.201714	42.66189	20.00602	37.33209
7	0.202810	42.20512	20.67964	37.11523
8	0.203379	42.30993	20.68797	37.00210
9	0.207637	43.26885	20.30656	36.42460
10	0.219395	44.13347	20.12375	35.74278

由表13-28可知，西部地区城乡收入差距对储蓄投资转化能力指标贡献度较大且稳定，稳定在23%左右，可见西部地区城乡差距的不断扩大也是西部地区金融发展效率相对低下长期而稳定的原因。

表13-28 Variance Decompodition of FUE

Period	*S.E.*	*CJ*	*FUE*	*FNH*
1	0.030952	24.67671	75.32329	0.000000
2	0.052589	21.04543	63.25200	15.70257
3	0.064753	25.03453	59.62593	15.33953
4	0.073260	23.34223	59.32770	17.33007
5	0.077809	22.94609	59.67493	17.37898
6	0.081139	22.30294	60.52900	17.16805
7	0.084536	22.10476	61.40718	16.48806
8	0.089128	22.12722	62.02565	15.84713
9	0.094898	22.48713	62.10751	15.40536
10	0.101066	22.73040	61.84852	15.42108

第七节 主要结论

本章通过对系统Ⅰ(*CJ*、*FIR*、*FNH*)、系统Ⅱ(*CJ*、*NDB*、*FNH*)、系统Ⅲ(*CJ*、*FUE*、*FNH*)的协整分析、格兰杰因果检验和方差分析等实证研究，我们发现在中国经济转型过程中，西部地区金融发展因素对城乡差距的作用是不相同的。金融发展规模、结构和效率都对西部地区城乡差距产生了巨大影响，下面是通过三个系统实证分析得到的具体结果。

一、系统I的结论

系统I实证分析表明城乡差距与金融发展规模之间存在一个稳定的长期关系。从协整方程可以看出：金融发展规模的扩大拉大了城乡居民的收入差距，金融规模每增加1%，城乡差距大约扩大0.7%；从格兰杰因果检验和方差分析也同样可以看出，从1990年至今，西部地区金融发展规模的扩大一定程度上扩大了城乡差距，但从实证结果还可以看出城乡差距的扩大不是西部地区金融发展规模的格兰杰因果原因。

二、系统Ⅱ的结论

系统Ⅱ的协整检验表明西部地区农贷比和城乡差距存在一个稳定的长期关系。从协整方程可以看出，随着农业贷款在总贷款中比重的增加，城乡差距不断缩小，农业贷款比重每增加1%，西部地区城乡差距就缩小2.6%。

但从系统Ⅱ的误差修正模型可以看出，农贷比的增加不是西部地区城乡差距不断缩小的格兰杰原因，它们之间只是存在变动趋势上的相关性，农贷比不是城乡差距缩小的原因，而且从方差分析可知在系统Ⅱ里城乡差距受自身影响较大，其他两个因素的贡献率比重还不到15%；相反，格兰杰因果检验和方差分析可以得到西部城乡差距扩大是西部地区农业贷款比重缩小的格兰杰原因，从表13-17中可以看出，*NDB*的*t*统计值在5%的显著性水平上显著为负，表明西部地区城乡收入差距变化是导致西部农业贷款相对较小的长期原因。

三、系统Ⅲ的结论

系统Ⅲ的协整检验表明西部地区储蓄投资转化能力和城乡差距也存在一个稳定的长期关系。由协整方程可得西部地区储蓄投资转化能力的提高一定程度上拉大了城乡收入差距，储蓄投资转化能力每提高1%，西部地区城乡差距就扩大0.86%，这与国内大多数学者的结论一致，与我国西部实际情况基本上也是一致的。

同时通过系统Ⅲ的格兰杰因果检验中的弱外生检验结果可以看出，*FUE*的*t*统计值在5%的显著性水平上显著为负，表明西部地区城乡收入差距扩大是导致西部地区储蓄投资转化能力相对较弱的长期原因。同时，*CJ*的*t*统计量在5%的显著性水平上同样也显著为负，这说明西部地区储蓄投资转化能力较弱也是西部地区城乡收入差距扩大的长期原因，即它们之间存在长期的双向格兰杰因果关系；由方差分析也可以看出*CJ*对*FUE*的方差贡献率始终在25%左右，*FUE*对*CJ*的方差贡献率也一直在25%左右。

第十四章　西部金融缩小城乡差距的政策建议

通过上一章的分析，我们可以得到三个结论：一是无论从系统I的协整方程还是从格兰杰因果检验和方差分析都可以得出，1990—2007年，西部地区金融发展规模的增加拉大了城乡居民的收入差距，大约金融发展规模每增加1%，城乡差距大约扩大0.7%；二是从系统Ⅱ的格兰杰因果关系检验可知，农贷比的增加不是西部地区城乡差距不断缩小的格兰杰原因，它们之间只是存在变动趋势上的相关性，农贷比不是城乡差距缩小的原因，相反格兰杰因果检验和方差分析可以得出西部城乡差距扩大是西部地区农业贷款比重缩小的格兰杰原因；三是由系统Ⅲ的协整方程和弱外生检验结果可知，西部地区储蓄投资转化能力的提高一定程度上拉大了城乡收入差距，同时西部地区城乡收入差距扩大也是导致西部地区储蓄投资转化能力相对较弱的格兰杰原因，即它们之间存在双向的格兰杰因果关系。综上所述，无论从金融发展规模、金融发展结构还是从金融发展效率方面，西部地区金融都一定程度上扩大了城乡收入差距。

出现上述情况的原因则要归结为西部地区存在严重的金融抑制问题，而且金融抑制在农村经济中尤为突出，结果导致了资金大量地从农村通过金融中介体(主要是银行)流向城市。城市金融发展水平越高，伴随着这种资金流出就会越多，农村就成了资金补给区，其后果就是通过实际经济途径和虚拟经济途径等经济系统的其他部分影响收入分配，扩大城乡收入差距。国家在1999年实施西部大开发战略以后，财政投资多集中在城市，农户的储蓄流向企业和其他地区，大量的农村资金在地域上沿着村→县→市区运动，农民、农业和农村难以获得足够的发展基金,农村经济发展出现了恶性循环。然而西部地区农村金融抑制到底是如何扩大城乡差距,其作用的途径是什么,如何大力发展西部农村金融,逐步消除西部农村金融抑制,本章将进行研究分析。

第一节 金融抑制与城乡差距关系的理论描述

一、金融抑制作用于城乡差距的机理

在第一章的文献综述里,我们已经详细地叙述了麦金农的金融抑制理论,在这里我们就不再赘述,仅简单介绍一下金融抑制的具体表现。1973年,麦金农在《经济发展中的货币和资本》里对巴西、阿根廷、智利、德国、韩国、印尼二战后的金融体系与经济增长的状况进行研究后,发现发展中国家的金融市场是不完全的,这导致了资源配置的扭曲和低效运用,具体表现为货币化程度低、正规金融和非正规金融并存、金融市场不完善和对金融活动进行管制等。

下面通过金融抑制的表现形式来详细阐述金融抑制导致城乡差距不断扩大的作用机理。首先,发展中国家政府为了刺激投资,对金融实行了不适当的过分干预或管制的政策。如政府硬性地规定存款和放款利率的上限,使利率不能正确地反映各地区的资本匮乏现象和资金供求状况。同时,政府又没有有效地控制通货膨胀(有时反而有意地实行通货膨胀政策),使名义利率无法补偿通货膨胀率,以至实际利率为负数。这种负利率一方面导致社会储蓄的下降,一方面使投资需求脱离约束,其导致大量稀缺的资金用于无效率的投资项目上,从而使资金的配置和利用效率大大降低。其次,政府对外汇市场也实行严格的管制,通常采取高估本币币值的汇率政策,即实行所谓的“以进养出”,使汇率无法真实地反映外汇的实际供求状况,不仅严重削弱了本国出口产品的竞争能力,也刺激了进口需求的过度增加,长此以往就必然导致发展中国家国际收支的严重逆差,从而给经济发展带来沉重的压力。

总之,由于政府实行了过分干预或管制的政策,使利率和外汇汇率被人为压低,所造成的这种金融体系与实际经济两者相互制约,从而同时呆滞落后,其结果是政府所能满足的往往只是重点发展的现代部门和国有大中型企业或少数特权阶层的资金需求,而为数众多的小企业、小商人和农户则被排斥在金融市场之外,这必然会加剧经济和金融的二元化倾向,城乡差距不断扩大。

国外经济学家戈巴斯(Galbis)于1977年提出两部门金融发展模型,较好地说明了金融抑制扩大城乡差距的机理。在该模型中,他假定整个经济由两个部门组成:部门A是落后或低效率的部门,部门B是现代或技术先进的部门。在金融抑制的作用下,部门A把一部分储蓄存入银行,但全然得不到银行贷款;部门B则将其全部储蓄都用于投资,并可按银行吸收的存款量取得一定的贷款。在此基础上,Galbis构造回归模型证明了金融抑制造成了收入分配的不平等。因为存款利率低于均衡利率,且存款利差很大,银行和部门B中获得贷款的企业得到了“意外利润”;而部门A和部门B中未获得贷款的企业在遭受损失的同时,也失去了好的投资机会。于是,在抑制的金融政策下,得利者部门与未得利者部门的收入差距不断扩大了,因此金融抑制造成了收入分配的不平等。

二、金融抑制作用于城乡差距的途径

图14–1描述的是金融抑制导致城乡差距扩大的传导途径,可以看出,金融抑制通过门槛效应、交易成本费用和利率水平三条途径扩大了城乡差距,下面我们就各种途径路线,分别进行分析。

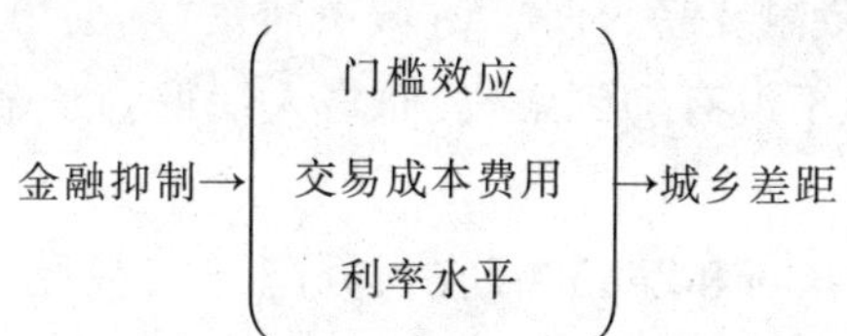

图14–1　金融抑制扩大城乡差距流程图

1.门槛效应

金融发展的门槛效应是指在金融抑制的条件下，穷人由于自身资本积累的限制达不到财富门槛要求(如享受金融服务的门槛等)而得不到高收益的回报,富人则由于自身在资本积累上的优势可以享受到高收益的回报,从而金融发展影响社会收入差距的效应。如果把城市居民近似为富人,把农村居民近似为穷人(显然这种分类与实际有差别,但具有其合理性),那么,金融发展通过门槛效应机制也将影响到城乡收入差距。假设贷款既需要监督成本又要求抵押品,考察在金融市场不完善性和不可分的投资(包括教育投资)条件下,金融发展的门槛效应对收入差距的影响。结果发现,整个社会由于初始财富水平的不同最后分化为贫穷阶层和富裕阶层两个集团。由此,我们推断在西部地区存在典型城乡二元结构的情况下，金融发展的门槛效应也会对城乡收入差距产生影响。

同时美国经济学家格林伍德(Greenwood)和约万诺维奇(Jovanovic)在1990

年写的《金融发展、增长和收入分配》中，认为个人加入金融中介需要支付一个固定成本，而且在使用金融中介服务时需要支付变动成本。加入中介后，可以获得中介提供的信息收集处理以及风险分担服务，从而提高这部分人的收入，收入分配差距因而逐渐扩大。莱文(Levine)于1993年也在其模型中引入固定的进入费或固定的交易成本。汤森德(Townsend)于2003年在GJ模型的基础上进行简化和改进，以一个动态模型讨论金融深化对收入分配的影响，论证金融发展与收入差距的关系遵循库兹涅茨曲线。

国外经济学家班纳吉(Banerjee)和纳尼(Neoan)在1993年通过模型研究了个人职业选择与财富分配的相互作用。在金融市场不完善的情况下，信息不对称所造成的信贷限制往往都发生在穷人身上，因为穷人没有资金去投资于他们的项目，也没有抵押(或社会关系)去获取银行贷款，因此，他们只能在自雇和为富人工作之间进行选择，而不能投资高收益的项目。

2.交易成本费用

即使穷人(农村居民)能够跨过门槛享受金融服务，然而由于金融结构不完善，信息的不对称性，穷人利用金融中介的成本会比较高，可能无法支付这一成本而不能得到金融支持，而富人(城市居民)则会更加方便地取得融资。在这种情况下，穷人由于没有得到融资，而富人却得到了金融的大力支持，城乡差距不断拉大。

美国经济学家Galor和Zeira在《收入分配与宏观经济》(1993)中认为，由于金融结构不完善，利用金融中介的成本会比较高昂，穷人无法支付这一成本而不能得到金融支持，而富人则会更加方便地取得融资。在分析模型中，Galor和Zeira假定个人的寿命分为两期，个人可作为不熟练劳动者在两期都工作，或者在第一期进行人力资本投资后在第二期作为熟练劳动者工作，不熟练劳动者工作于传统部门，工资水平低，熟练劳动者工作于现代部门，工资水平高。由于信贷市场不完善，借款利率要高于贷款利率(由于交易成本，如监督费用的存在，模型设定个人借款可以违约，金融中介必须付出成本对借款者进行跟踪以避免违约。借款者违约的代价越小，违约的可能性越大，借款的门槛越高，收入分配越容易出现两极分化的情况。反之，消除市场不完全在其模型中表现为实施合同能力的提高，在其他条件不变的情况下，更多人可以借到足够的资金进行人力资本投资，将降低贫富两极分化的程度)。同时，人力资本投资存在一个投资门槛，穷人达不到这个投资门槛，富人不需要借款就可以投资人力资本。又由于信贷市场的不完善，初始财富不同的人筹资的能力也不同，因此，人力资本投资将局限于拥有足够财富的个人，这样将造成贫富两极分化。从而初始财富的差异影响着未来的收入分配差距，进而影响着经济活动。

3.利率水平

在金融资源稀缺、分配很不平等的经济环境里,贷款者稀少,借款者众多,市场属于贷方市场,利率理所当然很高。高的利率反过来恶化了借款约束,从而使得社会升迁不可能,这直接影响下一期财富稀缺和分配不平等,而且这种状况会持续下去。而到了金融市场有效和生产率水平比较高的阶段,收入分配状况逐渐收敛于稳定的平等状态。

国外经济学家Aghion和BoIton(1997)、Piketty(1997)认为由于生产函数的资本边际生产率递减,随着富人投资的增加,其资本边际生产率不断下降,其投资需求也不断下降,他们最终成为贷款人;而穷人边际生产率较高,他们最终成为借款人。由于"滴落效应"的存在,随着富人资本积累,穷人能够得到更多可用于投资的资金,使之变得更富。富人的财富积累使得利率下降,从而将穷人推出贫困陷阱。但"滴落效应"不保证平等的收入分配。

然而MatSuyam(2000)对此不以为然,他首先提出两个假设条件:第一,有效益的投资存在最低投资门槛;第二,有效益的投资存在信贷约束。在这两个假设条件下,穷人唯一的选择就是把其财富以极低的利率收益借给富人,富人则有机会接触到便宜的信贷供给,从事高收益的项目,获得很高的财富水平。需要强调的是,相对的财富分配状况而不是绝对的财富分配状况决定了信贷分配。总之,富人获得高水平的财富是以穷人存在为基础的,短期内收入差距会扩大,然而长期内收入差距会消失,这是因为长期内富人对信贷需求猛增,以致把利率调得很高,穷人从中受益,通过"滴落效应"财富逐渐从富人流到穷人口袋,收入分趋于均等(这点与Aghion和Bolton(1997)的观点不同,他们认为"滴落效应"不足以使收入分配均等)。

第二节　西部地区金融抑制的具体表现

一、农村金融二元结构突出

在西部地区,强势的现代金融部门由于历史计划经济体制的原因与农村金融市场有着千丝万缕的关系,大量的农户存款通过现代金融部门投向风险较小但收益较高的行业,然而农村金融市场和农村经济发展却得不到这些金融机构的信贷支持,实际支持农户借款的民间金融部门由于受到政府的金融管制,长期处于抑制状态,这就导致了在农村经济中,现代规范的金融部门(农行、农发行等)与众多不规范的金融部门(民间金融部门等)并存,即农村二元金融结构。

农村的二元金融结构还表现为区域金融的二元结构,即城乡之间的差异。现代金融机构在西部地区的布局主要集中于城市，而在农村活跃的大多是些不规范的民间金融机构。这种区域金融的二元结构一方面是由计划经济体制造成的,现代金融机构主要是由原有计划体制下的金融机构演化而来,而原有的西部地区金融机构大多设立在城市;另一方面,城市比农村具有信息发达、交通便利等方面的优势,易于形成有效的金融交易市场。

一个地区有效金融市场的发展与创新,是经济发展的内在要求。西部地区农村金融抑制归根结底是因为“三农”问题,即农村落后、农业粗放、农民贫困,所以说消除西部地区农村金融抑制的根本是实现西部地区农村经济与金融深化的互动发展。

二、西部地区农村金融市场容量较小

目前西部地区农村金融系统中,形成中国农业银行、农业发展银行、中国农村信用合作社和中国邮政储蓄银行并存的局面。但对于西部地区的普通农村居民来说,起到金融支持作用的仅有中国农村信用合作社。究其原因,一是中国农业银行在西部地区大多数乡镇及乡镇以下的行政区域，根本没有营业网点,再加上20世纪90年代银行部门实行减员增效措施,少量布局于乡镇的银行中介机构也被大量撤并;二是农业发展银行作为国家的政策性银行,其主要从事农村基础建设贷款、商品粮基地建设贷款、农副产品收购贷款等,根本不和个体农户发生信贷业务关系；三是中国邮政储蓄银行是近些年兴起的金融中介机构,然而其主要的业务是吸收农村剩余资金,基本不对个体农户实行信贷服务。由此可以看出,在西部地区中国农村信用合作社已经成为个体农户金融活动的主要中介，在西部不少边远的农村地区甚至是唯一合法的金融中介机构。

由于存在金融抑制,西部地区农村金融市场远远落后于城市金融市场,在城市金融市场上实施的现代化有价证券交易系统，其交易手段根本不适合落后的农村金融市场。同时,因为农村金融市场的运营效率较低,农村居民能够参与交易的金融商品更是有限。

在网络交易日益普遍的今天，西部地区的农村居民甚至连常规的金融商品(国库券、金融债券、企业债券、股票)都没有机会参与,对于各种金融衍生产品交易(期货交易、期权交易、互换交易、股票指数交易、汇率期货交易等),许多农村居民更是闻所未闻。因此,个体农户在储蓄之外的投资渠道只有合伙投资和集资入股两种方式。风险相对较小的金融资产投资(如购买国库券、金融债券、企业债券)虽然是农村居民最为理想的投资选择,但由于农村金融市场的落后而无法实现。正是由于西部地区农村金融抑制,农村金融市场上商品单一,个体农民才不得不冒较高的风险将其储蓄资金通过非正规渠道贷给资金需求者。

三、西部地区金融资源利用率较低

在农村金融市场上,金融机构吸收存款,再按照一定的原则将其贷放到农村经济建设上去,储蓄转化为投资的渠道越通畅,效率越高,那么存款越能促进西部农村经济的发展。然而从本书第二章西部金融发展现状可以得出,西部地区农村存贷款比普遍较低,尤其是1997年东南亚金融危机以来,为了防止金融泡沫的出现,加之严格的监管,各农村银行及其分支行都小心翼翼,生怕贷出一笔收不回来的坏账。

其实造成储蓄投资利用率低的原因主要是正规金融组织的存款利率比非正规金融借款的利率低,加上个体农民从正规金融组织获得贷款的机会又较小的现实,对个体农户储蓄积极性产生不好的影响,从而导致农村金融市场上正规金融机构的储蓄动员能力未能得到很好的发挥,个体农民手中的金融资源利用率必然较低。

另一方面,贷款量明显缩水,由于农村金融贷款存在较大的风险,使得农村金融中介机构的存款无法正常转化为生产性资金,很大一部分都沉淀在了金融中介机构的内部。这说明西部地区农村金融市场金融机构储蓄转投资渠道不畅,金融机构的金融资源没有发挥它应有的作用。

四、西部地区金融资源逆向流动

通常来说,金融抑制表现为一国在一个地区或多个地区实行不适当的财政货币政策(如利率上限、外汇管制、行业进入限制等),导致金融市场处于抑制状态,难以形成有效的金融供给途径,不能发挥其对经济的持续推动作用。

在我国近些年实施的财政货币政策下,西部地区农村资金通过财政和金融渠道流出农村金融市场的数量呈不断增加趋势,农户的资金经过金融中介机构的运作,绝大部分都贷给了城市金融部门,这样农户以净存款人的身份为城市其他经济部门贡献了金融剩余,农村和城市的差距不可避免地不断拉大了。一方面,这种逆向流动现象不是偶然的,从金融机构规避风险的角度来看,在较低的利率水平下,向具有较大风险的农户贷款,违反了收益性、风险性和安全性原则,这样金融机构自然就会通过严格的申请程序限制农户的请贷,即人们经常说的“惜贷”;另一方面,农村金融市场中缺乏有效的投资渠道,因此,富足的农户只有把剩余资金大多以存款的形式存入金融机构,然而需要资金的农户由于贷款能力较低,又缺少足够的担保和抵押,不得不向利率较高、申请便利的民间金融机构借款。

第三节　国际发展农村金融经验的启示

农村金融发展理论是在金融发展理论的基础上衍生发展起来的,农村金融发展理论具体论述了发展中国家农村地区的金融发展与农业、非农产业的发展以及农村居民的收入增长、消除贫困等方面的关系,是金融发展理论在发展中国家农村地区的具体运用。我们选取了美国、日本、印度等国家阐述国外农村金融的概况。美国是世界上农业最发达的国家,这与其有完备的农村金融体制密不可分,它有许多值得我们学习的地方。日本和印度与我国农业发展有许多相似之处,地少人多、具有小农经济的历史传统,具有农业生产以及农业在国民经济中的重要作用等特点。相对于我国农村金融体系建设而言,这些国家普遍建立了比较完备的农村金融体系,很好地支持农村和农业经济的发展,这为我国西部地区农村金融发展提供了有益的经验和参考。

一、国外典型国家发展农村金融概述

1.美国农村金融

美国农村金融是一种复合信用型模式,它是以商业性金融为基础、以合作性金融为主体、以政策性金融为辅助构成的,是一个分工明确、功能互补、结构完善、多层次、全方位的农村金融体系。这种体系较好地满足了农业和农村经济发展的资金需求,为农村和农业现代化提供了强有力的金融保障。

美国商业性农村金融体系主要是指在美国农村办理农业信贷的商业银行,主要由地方性的城镇商业银行构成,主要负责发放农业生产经营中的短、中期农业贷款业务。其商业化运作有效地保障了农村最基本的资金需要。

美国合作性农村金融体系由联邦土地银行及联邦土地银行合作社、联邦中期信用银行、生产信用合作社及合作银行三大系统组成,由美国的农业信用管理局(NCUA)领导,并与该局领导下的私营农村商业信贷银行、国家农村政策性信贷银行共同承担着美国农村融通资金的任务。其组织模式属于典型的

多元复合式体制模式,三大系统都有一套自主经营的体制,有独立的运行体系和明确的职责范围。

最初,美国农村合作金融组织都是在政府领导下出资支持建立起来的,随着国家资金的逐步退出,三个系统已成为由农场主所拥有的合作金融组织。同时为保证农村合作金融机构的健康发展,美国采取了不同于商业银行的管理模式,专门设立了比较健全的农村合作金融管理体系,包括资金融通清算中心、互助保险集团、行业自律协会和监管机构,这四种机构及其附属机构各自独立,职能也有所不同,但目标一致,形成了以农村合作金融机构为服务对象的管理服务体系。

美国政策性农村金融体系是由美国联邦政府主导创建的,专门为本国农村和农业发展提供资金融通的机构。它由美国农民家计局、农村电气化管理局、商品信贷公司和小企业管理局组成,其宗旨为控制农业生产规模,改善农业和农村生产环境,调整农业生产结构,增加农民收入。

2.日本农村金融

日本与中国有许多相似之处,地少人多,自然条件差,具有小农经营的历史传统。然而二战以后,日本政府采取了一系列的政策措施,积极培育农村金融体系,引导资金流向农村,增加农业积累,取得了显著成绩。目前日本建立的农村金融体制包括合作金融和政府金融两部分,比较具有特色的是,日本民间合作性质的农村金融机构占主体地位,政府的政策性金融机构则为重要补充。

日本农村合作金融组织是农协系统所办的信用事业部,是农协的一个子系统,它由基层农协的信用组织、都道府县的信用联合会、中央的农林中央金库和全国信联协会三级构成。和美国的合作性农村金融体系一样,三级组织均独立核算、自主经营,但三级组织不以赢利为目的,各级之间也不存在领导与被领导的关系。日本信用合作体系资金来源主要是吸收农村存款,服务对象主要针对在农协系统内部作为会员的农户和农业团体。

日本农村合作金融经过多年的发展,形成了独具特色的合作金融体系,主要表现在:一是农村合作金融组织政府背景浓厚,信用合作体系在创立初期,政府给予了很大的支持,时至今日,日本农村合作金融体系仍带有一定程度的官方色彩;二是体系内的三级组织之间并无行政隶属关系,上级组织主要运用经济手段对下级组织进行指导,整个体系内形成了独立的资金运行系统,保证了合作金融体系的运行效率;三是信用合作体系立足于社区发展,树立为社员服务的理念,金融机构的设立依据立足基层、方便农户、便于管理的原则;四是为了保证合作金融安全、健康地运行,设立农村信用保险制度、临时性资金调剂的相互援助制度以及存款保险制度、贷款担保制度等制度措施。

日本这种合作农村金融体制将合作金融机构与国家的产业发展和产业政策紧紧联系在一起,信息资源较为充分,服务领域相对固定,贷款决策成功率较高,同时也易于政府对基础行业的扶植,而且各级信用社独立性较强,经营自主权较大。不足之处是业务范围狭窄,资金利润薄,政府财政压力大。

3.印度农村金融

同属亚洲的印度是发展中国家的农业大国，其农业对国民经济增长起着决定性作用,然而在印度农业发展中,农业金融体系的支撑发挥了重要作用。20世纪60年代中期起,印度实施了以推行现代化农业技术为中心,辅之以农业信贷、财政补贴和农产品价格支持等一系列政策措施刺激农业发展的“绿色革命”,印度农村金融体系也逐步得到了完善。

印度农村金融体系由政策性金融机构、农村合作信贷机构、国有商业银行和私人放款者四个部分组成。在这四部分中农村合作信贷机构提供各种期限的贷款，是最主要的农村金融机构；其国有商业银行直接向农民提供短期信贷,也向有关农业机构提供间接贷款,已成为仅次于农村合作信贷机构的农村金融机构。目前,印度农业信贷主要有四条渠道:农村合作信贷机构、商业银行(主要是国有化银行)、地区农村银行及政府农贷机构等。

印度农村信贷合作机构,按照贷款期限的长短可分为中、短期信贷合作系统和长期信贷合作系统两大类。其中,印度农村中、短期信贷合作系统有三级组织机构:初级农业信用社、中心合作银行和邦合作银行;长期信贷系统主要是土地开发银行。该行由两级构成,高层是每个邦的中心土地开发银行,基层是初级土地开发银行。

初级农业信用社是基层农村信贷合作组织,资金来源有自有资金、社员购买股票、各种存款、中心合作银行及政府拨款,利息率一直固定在6%的低水平上,主要业务是直接向社区成员提供贷款,期限一般为一年左右;中心合作银行，是印度地区一级的中层信贷合作机构，是为解决初级信用合作社资金不足、不能满足社员信贷需求的困难而建立起来的;各邦合作银行是印度各邦最高的信贷合作机构,其成员为邦内所有的中心合作银行,任务是满足成员的信贷资金需求及供给。

印度商业银行1955年以后才开始发展农业信贷业务。其业务分为直接信贷和间接信贷两大类。直接信贷向农民提供购买拖拉机、抽水机及其他价值高的农机具、建设水井和管井、购买牲畜及发展果园的贷款。间接信贷则向有关农村机构提供贷款。印度商业银行虽然开始农村信贷活动较晚,但发展迅速,现已经成为印度仅次于农村合作机构的向农民提供农业贷款的第二大金融机构。

印度地区农村银行是根据1975年颁布的《建立地区农村银行法令》而设立的农村金融机构,其经营目的是"满足农村地区到目前为止受到忽视的那部分人的专门需要"。包括主要向小农、边际农民和小手工业贷款,贷款利率不高于当地信用社,除了与农业直接有关的贷款外,还提供贫苦农民经常需要的消费贷款等。

印度国家农业和农村开发银行于1982年7月成立,是印度中央政府和中央银行的代理机构,是当前全国最高一级的农业金融机构,它有权监督和检查农村信贷合作机构、地区农业银行工作,并资助商业银行的农村信贷活动。

综上所述,可以看出印度农村金融的特点:农业金融机构齐全,既有政府农贷机构,又有农业合作信贷机构,还有民间多种信贷组织;农业信贷资金来源多元化,除了股票筹资、储蓄存款、发行债券以外,还有国际开发协会和世界银行的贷款;农业信贷业务种类众多,中、短期农业信贷与长期农业信贷既相互分开又互相联系。

二、国外典型国家发展农村金融的借鉴

农村金融是农业现代化进程中的一个重要促进因素。从上述国家的农村金融发展来看,由于农业生产条件、国民经济发展水平、发展道路选择以及社会文化传统的不同,农村金融的组织方式、各种农村金融机构的作用和运作方式会有很大的不同。但是,由于农业生产的共同特点,以及农业在国民经济中的重要作用,农村金融在各国千差万别的国情之中,也有许多共同的发展趋势。

1.国际农村金融发展趋势

(1)各国和地区政府对农村金融积极扶持和协助的趋势。由于农业生产和农业资金积累的特殊性,使农业贷款具有明显的季节性、非均衡性和风险性,因而要弥补农业金融吸收资金水平低、能力差的不足,保证农业资金的充分供给,政府的重视与参与是十分必要的。归结起来,政府扶持与协助农业金融的方式大致有三种途径:一是通过官方农业金融机构,提供农业信贷资金;二是政府用补贴办法,通过其他信用系统,保证农业资金的供给;三是政府以各种方式提供低利资金。

(2)提供农业专门性金融服务的机构种类有增加的趋势。各国农业生产的发展使资金的需求量不断增加,不仅要求保证充足的资金供给,而且要求金融服务的种类与项目相应增加,否则难以满足农村经济的需求,当然这种趋势除了为了满足农业生产力的发展,也是为了适应整体金融竞争的需要。

(3)各国农村金融组织机构有系统化、集中化的趋势。这是因为如果没有

农村金融制度的系统化、集中化,资金力量分散,不仅有碍于金融对农业生产调节功能的运用,同时也降低了农业信贷资金的使用效益。

(4)农业长期信用证券化趋势。发行金融债券,筹措农业信贷资金,越来越成为各国农业发展的重要资金来源,通过发行债券,可吸收一部分社会游资,适度缓解农业信贷资金的供求矛盾,有利于农业生产发展。

(5) 国外农村金融都有信用渠道不断增加的趋势。随着农业发展的专业化、现代化,农业劳动生产率日益提高,科学技术普遍推广,自然条件给农业带来的危害被控制到越来越弱的程度,农业信贷资金的回收效果日益明显,致使农业吸收资金的能力不断增强,农业信贷资金来源越来越广泛。

2.国外典型国家发展农村金融的借鉴

(1)适合本国本地区的模式。美国农村金融是一种复合信用型模式,它是以商业性金融为基础、以合作性金融为主体、以政策性金融为辅助构成的,分工明确、功能互补、结构完善、多层次、全方位的农村金融体系;日本农业可获得国家给予的财政性补贴,所以其农业政策性银行基本上已经不需要国家补贴;印度农村金融体系由政策性金融机构、农村合作信贷机构、国有商业银行和私人放款者组成。各国都采用适合其国情的模式,只有适合本国国情的模式才能有效推动农村金融的发展。

(2)政策扶持不可少。在每个国家,农业都是国民经济中属于基础性而又相对弱质的产业,政府必须以这样或者那样的方式给予补贴,各国政府也都会对农村政策性金融机构给予政策扶持(雷蒙德·W.戈德史密斯)。常见的扶持方式有:税收减免,隐形担保,专门立法,特别监管,资金来源,法律支持等。

(3)建立分层次的农村政策性金融体系。这里有三层意思:其一,不是所有农村政策性业务都适合政策性银行来经营。农村政策性银行也是银行,要想获得长期发展,同样必须在业务上有所选择,即至少是可以实现盈亏平衡的业务。对于资质太差的需求,必须由财政资金予以支持。比如,对于自然条件很差地区的绝对贫困人口,需要的不是贴息贷款而是救济,包括人口迁移。其二,国际上获得成功的农村政策性金融机构以专业型居多,一般专注于农村和农业的某项具体领域。只有专注才可能深入到农村最低层,探索适合对路的组织、运营模式和开发适合对路的金融产品。其三,强调因地制宜。只有中国这样各地情况千差万别的地理大国,在制定政策时才有必要讲究因地制宜,像新加坡那么小的国家,估计没有必要。国土面积与中国不相上下的美国人就好像深谙其意,他们把其全国划分为12个农业信贷区,每个区的联邦土地银行、联邦中期信贷银行和合作社银行都自成一套、互相独立。

第四节 西部地区农村金融体系的构建

我国农村金融制度的变迁是政府主导下的强制性变迁。其变迁结果只是从属于政府利益最大化需要的农村金融制度主导西部农村金融市场，虽然其在历史上也曾促进了西部农村金融和农村经济的发展，但却不适应西部农村金融需求和经济发展的制度供给，在西部农村金融改革过程中，面对改革的核心部分——产权制度改革方面总是停滞不前。目前，西部农村金融出现的一系列问题都与制度缺陷有关，如农村金融供需矛盾问题以及农村资金外流问题。因此，必须深化农村金融改革，按照服务“三农”的目标和西部农村经济发展特殊性的要求，结合西部农村金融之商业性金融、合作金融、政策性金融和民间金融共同发展的格局，构建适应西部农村经济发展需要的农村金融制度。

一、西部地区农村金融体系构建的原则

1.从静态角度看

要针对农村金融需求的特点，加快构建功能完善、分工合理的农村金融体系(刘锡良等，2006)。目前，毫无疑问，小农经济仍然在西部农村中占主导地位，按照需求决定供给的原理，在相当长的时间里，满足小农户金融需求的农村金融制度安排仍然是非常有必要的，完全商业化的制度安排是与农村现状不相符的。所以对西部农村来说，应从县域农村经济发展的角度出发，商业性金融、合作性金融和政策性金融可以长期并存，商业性金融主要负责乡镇经济和西部工业化的推进；合作性金融把满足农户小规模的信贷作为主要方向；而政策性金融主要是在一些市场调节失灵的领域发挥积极作用，如长江三峡水利工程的修建、兰渝铁路的修建以及农业基础设施建设等方面。

2.从动态角度看

应该建立一个灵活、有弹性的农村金融体系。农村经济发展过程中不断产生新的农村金融需求要求农村金融体系相应地做出动态的调整（刘锡良等，2006)。西部大开发战略实施十年来，一方面国家农业政策调整力度加大，中央决定从2004年起全面取消农业特产税，推进减征、免征农业税改革试点，用五年时间在全国范围内全面取消农业税；另一方面，西部地区农业增长方式逐渐由粗放型向集约型转变，农业科技投入加大。这些都要求农村金融系统的资金投向转向那些推广良种、农田水利基础设施建设、农业机械化等方面。所以说，

为了适应西部不断变化的农村生产经营状况,应建立一个灵活、有弹性的农村金融体系,并容许西部各地根据情况或发展的变化灵活选择相应的农村金融制度安排。

二、明晰各农村金融机构的功能定位

1.中国农业发展银行的功能定位

当前理论界主要强调农业发展银行应该拓展业务范围,将其从单纯的“粮食银行”转变为支持农业开发、农村基础设施建设、农业结构调整、农产品进出口的综合性政策性银行(张红宇,2004)。实际上,农业发展银行的改革应结合农村金融的发展阶段和其他各类金融形式,给予更为深入的探讨(陆磊,2003)。在中西部地区,商业性金融基本撤出县以下地域,而农户缺乏起码的资金难以形成真正的互助合作,政策性金融的作用应该是主导性的,从这个角度出发,一方面,我们依然可以得出扩大农业发展银行业务范围的结论;另一方面,它还应该起到在全国范围内组织资金,代理财政支农资金拨付,代理农业保险或农业信贷保险,代理国际组织贷款的作用。简言之,它应该发挥转移支付职能,协助欠发达农村地区实现经济起飞所必需的原始积累。这一点是合作金融和商业性金融在目前无法实现的。

要充分发挥农业发展银行在农业和农村经济发展中的作用,应采取如下一些措施:

(1)建立多元化的筹资渠道。目前,农业发展银行的资金来源主要是人民银行再贷款,这种单一的筹资渠道与开办新的项目贷款业务是不相适应的。应结合我国实际,可考虑通过发行金融债券、境外筹资以及建立农业发展基金等途径筹措信贷资金,保证农业发展银行有稳定的资金来源。

(2)尽快为政策性金融制定专门的法律。美、日等发达国家普遍建立了比较完善的农业政策性金融法律体系,对农业政策性金融进行严密、规范的监管。如美国有《农业信贷法》、《农产品信贷公司特许法》,日本有《农林渔业金融公库法》等(刘荣茂、马林靖,2005)。

(3)建立财政补偿机制。政策性金融是财政职能的延伸,但政策性金融又不同于财政。与财政相比,它需要注重自身经济效益。因此,对一些国家指定办理而又必然发生亏损的业务,国家应建立相应的补偿机制,及时弥补亏损,避免长期挂账,保证政策性金融做到可持续发展。

2.中国农业银行的功能定位

近年来,各商业银行出于防范风险和提高经济效益的考虑,纷纷向西部地区大、中城市转移和集中,有的甚至大规模撤离农村,贷款权也纷纷上收,导致西部农村资金外流,农村资金供求矛盾严重。

要加大农业银行支持西部农村的力度。首先,根据基层行的管理水平、经营能力、风险控制能力和当地经济发展水平,合理配置信贷权限,适当增加基层行的审批权限,尤其是流动资金贷款,简化贷款审批和发放程序;其次,降低商业银行资金上存比例,限制农村资金通过上存的形式外流;再次,放开和降低农村金融市场,吸引其他商业金融机构进驻农村金融市场。针对农村资金从商业银行流失的现状,可以借鉴美国《社区再投资法》的运作方式,即规定依据此法设立的金融机构必须将其一定比例资金投放社区服务型机构或该区域内的居民,从而在一定程度上缓解金融资源外流对农村经济发展的制约。

3.中国农村信用合作社的功能定位

农村信用社作为农村合作金融的主要组成部分, 担负着社会主义新农村建设的重大使命。从合作金融的本意来讲,是指按照规范的合作制原则建立起来的资金互助组织,它可以利用从银行或政府机构获得的资金或社员股金、存款向合作成员提供贷款。正因为如此,在农村和农业领域以合作金融的方式开展金融服务,可以充分利用合作成员所在地域比较接近、彼此信息比较透明、成员之间能够信用互保以及在组织中自我雇佣等优势, 以较低的成本向农户发放低利率、无抵押的小额信用贷款,解决农户临时性、季节性、分散性的资金需求。

农村信用社改革首先要解决产权问题, 现在农村信用社的治理结构问题也应得到解决。实际上,产权缺陷必然导致治理结构问题,这也是各种以改善治理结构、建立现代企业制度为目标的改革方案所依赖的理论依据(易纲、郭凯,2002)。农村信用社产权改革关键要对历年积累做出产权界定。经过几十年的变迁,农村信用社历年积累产权的形成因素十分复杂。从可操作的角度讲,可以考虑将大量产权不明的积累资本明确为国有, 这部分国有产权可以委托经营,也可以出售。在解决了历年积累的产权问题后,对于新增股金,一定要做到产权明晰。

农村信用社改革另外的一个重点是改革模式的选择。应该充分考虑地区差别, 不能一味追求统一的吸收小股东的所谓合作模式。在发达地区经营较好、更适合商业化运作的信用社,应该转变为地方性股份制商业银行;在适合合作金融发展的地区, 应该建立充分体现社员权利和义务的真正的合作金融组织,原有的国有股本也可以逐步出售给社员;在一些地区,农村信用社主要经营政策性贷款,那么可将这些农村信用社改组为农业发展银行的基层网点。总而言之,要因地制宜地选择农村信用社的改革模式。只要对农村金融发展有利,对服务"三农"有利,任何模式的改革都应该被允许进行。

4.中国邮政储蓄银行的功能定位

农村资金通过邮政储蓄存款方式外流近年来受到大量的关注。邮政储蓄的出现有着深刻的制度原因,但由于只存不贷,其快速的膨胀使得它已成为抽取农村资金的一个重要渠道。一种改革方案建议创立单独的邮政储蓄银行或者创立农村储蓄银行,这种方案可能会有利于邮政储蓄提高资金的使用效率,但都不符合中央以农村信用社改革为核心的农村金融体制改革思路,而且其最终结果可能是重复并放大正规金融在农村金融发展中所遇到的问题(章奇,2004)。另一种改革方案建议取消县以下邮政储蓄,但该方案只注意到了邮政储蓄抽取农村资金这种负面作用,而没有注意到邮政储蓄也为农户和农村企业提供了及时有效的非贷款金融服务,如存款服务、汇兑服务及其近年来逐步拓展的代理保险业务。显然,取消县以下邮政储蓄既可能减弱农村存款市场的竞争,从而削弱农村信用社等改善存款服务的激励,又会显著减少农村金融服务的供给(姜长云,2004)。

邮政储蓄银行改革的关键是,在逐步取消邮政储蓄机构相对于其他金融机构所享受的超国民待遇的同时,实现邮政储蓄资金"取之于农,用之于农"。而这要求对邮政储蓄的资金运用加以控制。例如,邮政储蓄转存人民银行的资金可通过再贷款形式由农业发展银行和农村信用社放贷给农村地区;邮政储蓄通过购买投入农业农村的国债、政策性金融债券或其他农村金融债券,使资金回流农村;可以规定县及县以下邮政储蓄按余额的一定比例直接转存当地信用社或者其他农村金融机构,而且这部分资金主要用于支农。总之,要发挥邮政储蓄的优势,变"吸血机制"为"输血机制",真正做到服务"三农"。

5.农村小额信贷机构的功能地位

近几年来,由一些国际组织、慈善机构和私人资助的非正规金融机构在我国有了一定的发展,这类组织以小额信贷的方式扶助贫困农户,发挥了积极的作用,成为西部地区正规金融机构的必要补充。我国政府的扶贫资金,有一半以上是扶贫信贷资金,目前由中国农业银行管理,其中就有以小额信贷形式发放的,在很多地区都由扶贫社负责配合政府确定扶持对象,协助中国农业银行投放和回收贷款。虽然小额信贷组织有很大的作用,是正规金融机构的必要补充,但其合法化问题之前一直没有解决。

在西部农村,民间融资普遍存在。民间融资具有互助互利的积极作用,但也存在消极因素,如高利贷、黑恶势力的参与等。因此,应趋利避害,对其进行引导和规范,使地下金融机构转化为合法金融机构。2008年中央一号文件允许私人发起成立小额贷款组织,为一部分地下金融机构向合法金融机构转化提供了法律依据，应鼓励其向商业性小额信贷组织转化。此外，私人之间的借贷也要加以规范，可以采用使用统一借贷票据的方法，以减少纠纷的发生。

中国银监会于2008年5月8日发布《小额贷款公司试点指导意见》，为民间借贷行为松绑。自然人、企业法人和其他社会组织可以投资设立小额贷款公司。但是，小额贷款公司的门槛并不低，如果采取有限责任公司形式，则注册资本不低于500万元；如果采取股份有限公司形式，则注册资本不低于1000万元。注册资本必须全部为实收货币资本，由出资人或发起人一次足额缴纳。个人和机构如申请设立小额贷款公司，应向省级政府主管部门提出正式申请，经批准后，到当地工商行政管理部门申请办理注册登记手续并领取营业执照。此外，还应向当地公安机关、银监会派出机构和央行分支机构报送相关资料。与银行不同，小额贷款公司不得吸收公众存款，其资金来源主要是股东缴纳的资本金和捐赠资金，也可以向不超过两个银行业金融机构借入资金。在资金运用方面，小额贷款公司旨在引导资金流向农村和欠发达地区。银监会要求，小额贷款公司应在服务"三农"的原则下自主选择贷款对象，面向农户和微型企业提供信贷服务。小额贷款公司的设立在政策方面完善了民间金融的发展。

6.社区银行的功能定位

"社区银行"的概念主要来自英国，"社区"并不是一个严格界定的地理概念，既可以指一个州、一个市或一个县，也可以指城市或乡村居民的聚居区域。因此"社区银行"并不是我们中文字面简单理解的位于城市社区的银行。凡是资产规模较小、独立地按照市场化原则运行的、主要为经营区域内中小企业和居民家庭服务的地方性小型商业银行都可称为社区银行。从国际经验看，社区银行是一种普遍得到公认的中小金融机构模式，对农村经济的发展具有很大的作用。在中国，目前为止还不存在严格意义的社区银行。但从近年来农村信用社变成农村商业银行等一些新的变革看，逐渐具有了社区银行的一些特点，出现了社区银行的雏形，这也预示着社区银行是农村地区金融机构发展的趋势。

根据社区银行的特点，可以论证社区银行是解决西部农村金融困境的一种可选途径。在微观上，西部农村金融困境主要表现为供求不平衡，农村的金融供给不能满足金融需求，而社区银行的模式能够较好地解决这一问题。

社区银行在定位上，以农村金融需求的主体——本区内的农户和中小企业为对象，能够根据需求主体的需要提供个性化的服务，满足其需要。社区银行的规模小，实质上也是一个中小企业，因此能够比较好地了解中小企业的特点和金融需求，并据此提供相应的服务和金融创新。从宏观上而言，造成西部农村金融困境的关键在于农村金融体系资源配置功能的缺位，而资源功能的缺位源于资源配置成本过高，即农村金融机构提供金融服务的成本过高，收益过低，从而导致金融机构在向农村提供业务时"动力"不足。因此，社区银行这样一种模式从微观上和宏观上都能较好地缓解我国的农村金融困境。在目前农村的金融环境下，并没有严格意义上的社区银行。但是，近年来，在浙江和江苏等经济较发达地区的农村金融机构所进行的一系列变革，使得这些金融机构逐渐具有了社区银行的一些特点，出现了社区银行的雏形，这也预示着社区银行是农村地区金融机构发展的一种趋势。所以，在我国农村地区尝试建立社区型银行很有必要。

三、构建农村信贷市场的风险分担机制

自1999年西部大开发战略实施以来，西部农村经济取得了阶段性的发展。但由于西部农村经济的弱质性和经济发展的转轨特点，决定了在较长时期内西部农村区域投资收益绩效较差，这客观上导致了农村金融风险加大，银行不敢把过多的资金投入农村，农村金融抑制现象较为突出。如何化解这种矛盾成为当前推动西部大开发战略的阶段性任务，也是缩小城乡差距的关键一环。我们认为应该建立一个能够有效控制、分散和化解风险的多元化信用担保体系，这个体系应当以政策性担保为主体，互助性担保为辅助，商业性担保积极参加。下面具体介绍农村信贷市场的风险分担机制。

1.确定政策性信用担保机构的主体地位

政策性信用担保机构主要以扶持乡镇中小企业发展为宗旨，通过专业化的信息搜集，把确有还款能力的、确有发展潜力的都市型和社区服务型等中小乡镇企业作为担保对象，充分发挥政策导向、桥梁纽带、信用扩张和风险分散等功能，运用信用担保方式构建信用链条使交易的渠道通畅，从而优化农村信贷资源，促进西部农村金融的发展。

在担保业务定位与扩展方面，担保业务主要定位为小额度服务、信用征集管理和信用担保业务。由于西部地区经济实力较弱，市场发育不完全，在信用担保机构运行初期，可选择短期流动资金贷款、票据贴现贷款等作为担保种类，额度尽量以小额为主，这样可以避免出现因运作而出现的漏洞。待资金形成一定规模、运作相对熟练以后，可以不断扩大业务范围，增加额度。

在资金来源方面，张乐柱(2008)在他的博士论文《需求导向的竞争性农村金融体系重构研究》中谈到，考虑到我国目前收入分配格局现状及未来收入分配格局的变化趋势，政策性担保组织的资金来源以政府出资为主，同时吸取协作商业银行的捐资，其他机构、团体的捐赠或资助。我们也认为政策性担保组织应以政府出资为主，其他组织机构出资为辅，也可以通过发行债券的形式筹

集资金。

2.大力发展农村互助式信用担保组织

农村互助式信用担保组织，是指由乡镇中小企业出资为主，只为入会中小企业提供担保服务而组建的担保机构。其最大的特点在于拥有信息上的绝对优势，能够有效弱化金融机构与乡镇中小企业之间的信息不对称问题，非常适合解决西部地区县域内各种乡镇中小企业筹集资金问题。

目前我国各地区已形成的互助式信用担保形式有：政府参与的互助式信用担保、完全民间的互助式信用担保、互助式担保与商业性担保相结合等多种模式，我们认为在西部地区由于资金比较匮乏，宜采用互助式担保与商业性担保相结合的模式，当地政府是互助式担保组织的服务者和监督者，只负责提供良好的环境、维持有序的秩序；当地的商业性银行作为发起人，除协助组建互助式担保组织外，还需提供组织的部分资本金；各会员企业作为组织的主体，自愿参加，自筹资金，自我管理。

3.探索商业性担保组织的发展思路

商业性担保组织是指企业、个人等作为发起人，非财政资金出资组建的担保类型。其不同于政策性担保组织和互助式担保组织，它是一个商业化组织机构，商业性既是担保业的起点，也是担保业最终的发展方向。

但在西部地区，商业性担保组织的经营空间有逐渐缩小的趋势。其原因主要是商业性担保组织承担了对中小企业等弱势贷款者的担保责任，而这些中小企业往往资金比较匮乏，无法提供较高的担保费率，所以商业性担保组织因收取较低的担保费率而无法持续经营。我们认为商业性担保组织和政策性、互助式担保组织一样，对解决中小企业融资困难发挥了重要作用，应该获得各级政府一定的补贴。

四、加快西部农村中介服务机构的发展

1.社会中介机构的含义及在消除农村金融抑制中的作用

社会中介机构是指依法设立的运用专门的知识和技能，按照一定的业务规则或程序为委托人提供中介服务，并收取相应费用的组织。包括：独立审计机构；资产、土地、工程等评估机构；工程监理机构；法律、档案等服务机构；信息、技术、工程等咨询机构；检测、检验、公证、认证机构；职业、人才、婚姻等介绍机构；工商登记、商标、专利、税务、房地产、招投标、因私出入境等代理机构及法律法规、规章规定的其他组织等。

社会中介机构是社会信用体系的组成部分，这些中介机构提供的服务，就是维护和促进信用交易的顺利进行，以维护社会信用关系，降低交易成本。因

此,社会中介机构的好坏直接关系到金融环境的优劣。西部地区农村经济中存在严重的金融抑制,其原因之一就是西部地区社会中介机构素质不高,不能真正为农村金融活动的深化提供充分优质的服务，导致西部农村金融信贷市场风险加大，众多银行从规避风险的角度出发不愿意把贷款贷到农村以支持农业经济的发展。

所以说,要消除西部地区农村金融抑制现象,首先要加快发展西部农村中介机构,因为讲诚信是开展金融活动的前提,失去诚信,也就失去了从事金融活动的保障。信用制度是信用文化的物质表现,它包括信用评级制度、征信制度、担保制度、公证制度等制度。信用制度与信用文化相辅相成,互为补充,对形成良好的西部农村金融环境起着非常重要的作用。

2.西部农村地区社会中介机构存在的问题

目前西部地区农村中介机构存在的主要问题是机构从业人员道德和业务素质低下。在长期的计划经济时期,西部地区很不重视这类中介机构的建设,而一旦需要这些中介机构提供服务时,又不严格地鉴别和管理这些中介机构,导致这类中介机构一哄而起，许多在这类机构中供职的人员道德水准和业务素质低下,无法履行好维护良好金融环境的职责,少数中介机构甚至起着恶化金融环境的作用。一些西部农村乡镇企业借改制之名,通过伪造业绩,欺骗股民,它们的行为之所以能够得逞,是与一些中介机构不履行职责是分不开的。因此，一些西部好的乡镇公司在发展中宁愿花大钱请国际著名的会计师事务所、律师事务所对其进行审计,进行评级,也不愿光顾国内的中介机构。但是,我国西部地区农村金融活动范围广、数量多,仅靠国际著名中介机构是解决不了问题的,需要大力发展西部农村中介机构。

3.加快西部地区社会中介机构发展的举措

加强基础建设,提升农村中介服务水平,特别是中介服务的诚信水平,正日益成为推动西部地区农村金融信用环境建设的一项迫切任务。我们认为可以从下面三个方面改善西部农村中介机构。

第一,积极营造农村中介机构健康发展的良好氛围,引导中介机构合法诚信服务。规范发展社会中介机构,建立健全中介机构信用制度和信用体系,这既是社会主义市场经济的客观要求,也是西部大开发战略的重大举措。西部各省(区、市)必须提高认识,统一思想,加强领导,牢固树立以讲信用促发展的观念,组织力量,采取必要措施,大力支持各类社会中介机构的发展,充分发挥中介机构桥梁和纽带作用,坚持不懈地推动中介机构信用建设工作,促进中介机构的健康发展。同时,要重视广大群众和新闻媒体对建设中介机构信用环境的监督作用,积极营造良好的发展氛围。

积极倡导中介信用观念,引导中介机构加强信用管理。加强对各类中介机构从业人员的公民道德教育、职业道德教育、法制教育,提高其素质,使其牢固树立自律意识,在行业内形成一种合法诚信服务的道德风尚和舆论导向。

第二,依法加强对社会中介机构的监管,规范整顿中介市场秩序。严厉打击违法中介行为,净化中介市场。充分发挥各自的监管职能,严厉查处非法中介活动,着重查处出具虚假验资、审计、评估报告、认证、买证、卖证和其它虚假证明材料,发布虚假信息,合同欺诈,串通舞弊等信用缺失行为和违法行为。对无证无照从事中介活动的单位和个人,依法予以取缔。

重新清理登记社会中介机构,规范社会中介机构组织形式。各有关职能部门要对已登记注册的社会中介机构进行清理登记,对按照法律、法规、规章规定应纳入而未纳入工商和社团登记的社会中介机构,要在清理整顿基础上限期办理工商和社团登记。同时,要按照公司法和合伙企业法等法律、法规要求,逐步将现有的社会中介机构规范为合伙制或有限责任公司。

第三,大力培育和发展农村中介服务组织,加快中介机构行业协会建设。改善农村中介服务业产业结构,合理确定社会中介服务业发展目标和重点,注重提高社会中介服务业的档次,实现为生产服务和为生活服务相结合,农村服务体系与城市服务体系相结合,最大限度地发挥总体效益。充分调动各方面兴办社会中介服务业的积极性。积极引进国内外实力强、信用度高的中介机构,让它们为消除西部农村金融抑制创造条件。同时要遵循"谁投资、谁所有、谁受益"的原则,扩大投资渠道。

要加快中介机构行业协会建设。中介机构应当加入行业协会或成立中介行业协会,行业协会要制订本行业自律规范和惩戒规则,做好自律管理和监督,发挥行业自律作用,及时掌握中介机构及其从业人员执业情况和违法违规情况,在协会内及时通报行政管理部门对中介机构及其从业人员的奖励、惩戒、处罚等情况,做好中介机构及其从业人员的信用记录。

第五节　西部农村金融体系构建的政策环境

一、放松政策管制

正如著名经济学家茅于轼(2004)所认为,目前我国农村金融中所存在的最大问题是政府的过度管制,所以促进西部地区农村金融的发展,消除农村金融抑制首先要求政府放松管制。具体来说,放松管制包括如下两个方面。

1.放松利率管制

西部地区农村金融抑制问题，必须通过从根本上改变农村金融市场上的价格形成机制来加以缓解。由于农村利率管制不仅扭曲农村剩余资金使用价格,造成农村金融资源配置不合理和寻租行为的时常发生,而且还直接影响农村金融机构在农村金融市场上的生存能力。所以要从根本上消除西部地区农村金融抑制问题,就要实行利率市场化。顾名思义,利率市场化是指利率的数量结构、期限结构和风险结构由市场交易主体自主决定。

西部地区实施农村利率市场化有三方面的好处:其一,农村利率市场化有助于抑制西部农村资金流向城市,使原来“逃离”农村市场的资金回到农村,相应地降低农村融资活动的利率水平,提高农村市场的资金形成能力,起到增加农村金融机构的资金来源,支持西部“三农”经济发展的作用;其二,农村利率市场化可以引导西部非正规金融“浮出水面”,变非法金融为合法金融(钱小安,2003);其三,农村利率市场化有利于增强西部农村金融机构的盈利水平,使其能够做到可持续发展。

目前,放松农村利率管制,进一步推进西部农村利率市场化进程的重点在于:一方面,进一步加大农村信用社贷款利率浮动的改革力度。可以汲取2002年3月21日起在浙江、福建、吉林、黑龙江、内蒙古5省区农村信用社实行浮动利率试点的经验,将农村信用社利率浮动试点扩大到西部地区的市(县)以及更高的行政级别(从乡营业点扩大到县营业点);另一方面,在贷款利率市场化之后,要逐步汲取东部先进地区存款利率市场化的经验,小幅度放开存款利率。容许存款利率小幅度上浮,其风险不会很大,因为金融机构之间的变相高息吸储在许多地方本来就是公开的秘密。

2.放松金融市场准入管制

金融市场准入管制是中国多年来经济体制改革和转型的一个重要特征,这使得直至今日我国的金融体系仍然是计划经济色彩最为浓厚的一个部门,西部地区尤为如此。其管理的行政化、组织体系的官僚化是最为明显的特点,而所有制歧视是这种管制的重要内容之一，也是西部地区金融市场缺乏竞争的重要原因。

所以说,要逐步放松金融市场准入管制、推动金融市场竞争。笔者认为可以通过下面措施逐步放松西部农村金融市场准入管制。首先,要降低农村金融机构存贷款利差，增加货币资金的流动性，这样可以提高中介机构的功能效率;其次,要大力整合农村金融资源的配置效率,消除选择性信贷计划和利率限制;最后,要规范西部农村金融机构会计审查程序,避免因信息不对称所导致的道德风险问题。

二、完善法律制度体系

目前,西部各省(区、市)农村金融法制建设十分薄弱,在关系到农村金融发展的很多重要方面都有无法可依的情况,这些成为导致西部地区农村金融发展滞后、农村金融抑制的重要原因。因此,必须尽快制定有关法律,才能对西部农村金融活动实行有效的规范和监督。

1.加强农业政策性金融立法

应加快制定《农业政策性金融法》或《政策性银行管理条例》。在明确中国农业发展银行的性质、地位、作用、政策性亏损与经营性亏损界限的同时,要对其经营目标、经营原则、业务范围、管理体制、运作机制、资金来源及运用、外部监管等方面进行规范,还要进一步理顺农业发展银行与各级政府、金融管理部门及商业银行之间的关系,为其依法经营、稳健发展提供重要的法律保障。

2.制定《合作金融法》

针对西部各省(区、市)农村合作金融发展快速,应尽快制定《合作金融法》,为其依法经营、稳健发展提供重要的法律保障。

3.司法部门要有法必依,执法必严

对于司法部门的问题,我们认为当务之急是尽快提高其从业人员的职业素质和道德素质;其次从保障西部大开发的大局出发,改进西部地区投资环境,依法制止和打击各种逃债、骗贷、赖债、恶意欠息等失信行为,切实维护西部农村金融机构的合法权益。

三、加强农村社会信用环境建设

信用环境是衡量金融环境好坏的一条重要标准,它一般包括信用文化和信用制度两个方面。信用文化主要是指人们的信用意识、信用理念以及由此产生的信用氛围,这是经过长期积累的东西,一般会在很长时间内起作用。信用文化的核心是讲不讲诚信,因为讲诚信是开展金融活动的前提,不讲诚信,谁也不敢在那里从事金融活动。信用制度是信用文化的物质表现,它包括信用评级制度、征信制度、担保制度、公证制度等制度。信用制度与信用文化相辅相成,互为补充,对形成良好的金融环境起着非常重要的作用。

因此,要加强西部农村信用体系建设,建立良好的社会信用环境。现在西部农村普遍开展的农户小额信贷就是破解农民“贷款难”问题的有效途径。只有西部农村个体农户普遍树立了“借贷还钱”的观念,盲目跟风贷款和恶意贷款问题就不会发生,农村金融机构从风险型和收益型的角度,才愿意给他们贷款, 这样发展西部农村经济所需的资金也就解决了, 城乡差距也就会不断缩小。

在建立完善农村信用体系方面,重点要建立和健全消费者诚信信息账户,这样能够帮助农村金融机构筛选出违约概率较低的借款人, 降低金融机构处理贷款成本,从而增加贷款的供给。消费者诚信信息账户还有助于通过建立和维护信用记录,促进改善信贷文化,对借款人履行合同、按时足额偿还贷款产生约束力。

四、引导农村非正规金融发展

一般来说,金融体系通常会随着社会经济的发展不断变革,以满足社会经济的需要。而这种金融体系一方面有现代化的金融机构和金融市场,另一方面也有这些市场之外的非正规金融活动。在两种不同的金融制度安排下,资金在相互竞争中流动,在正规金融与非正规金融之间,无论重要性或规模均会互为消长。因此,随着正规金融的健全发展,非正规金融的规模与重要性也会弱化(易宪容,2005)。但是,非正规金融在发展中国家的农村往往有着重要作用。由于西部不同地区发展水平不同,对非正规金融的需求规模、参与主体、资金用途等不同,要对非正规金融采取不同的规范措施。政府要特别注意肯定符合供求关系的非正规金融的作用,采取有效措施引导民间借贷组织发展,扼制非法金融活动,逐步实现西部非正规金融的合法化,建立正规金融信贷市场和非正规金融市场之间的互动机制。

针对西部农业相对发达地区的非正规金融发展而言, 要逐渐实现非正规金融的正规化。发达的农村地区,非正规金融交易规模较大,参与者组织化程度较高,以专业放贷组织和广大民营企业为主,交易方式规范,具备良好的契约信用。对于这类非正规金融可以使其合法化,使其交易、信用关系及产权形式等非正式制度得到法律的认可和保护, 并使其成为农村金融市场的重要参与者和竞争者;针对西部农业欠发达地区的非正规金融发展而言要合理引导。经济相对欠发达的地区,非正规金融规模较小,参与者大多是分散的农户,资金主要用于农户生产和生活需要,主要依据血缘、地缘关系进行资金的交易。此类非正规金融存在和发展的基础是相对落后的小农经济和极度匮乏的正规金融供给。对于此类非正规金融,我们要给予鼓励和合理的引导,防止其转化成高利贷形式、形成恶性的资金供给需求链。

五、加大政府支持西部农村的力度

鉴于西部农村经济、金融发展落后的状况,国家财政在支农方面应适当向西部地区倾斜,提高对西部农村金融的支持力度。具体可以采取下面措施:

1.合理调整和适当延长西部农村贷款期限

根据西部地区自然条件比较差、农业生产的周期相对较长、不同农户生产经营状况,农村金融机构支农再贷款期限应当合理调整或适当延长,如对春种秋收的季节性农业生产发放1年期贷款,对专业户、农产品加工户等发放2至3年期贷款,这样可以避免个体农户因资金短缺而无法正常经营。

2.适度拓宽支农再贷款发放范围

各类农村金融机构在适当增加西部农村支农再贷款规模的同时,要适当扩大农户小额贷款使用范围。同时为了支持现代农业的发展,贷款投向也要发生变化,将支农再贷款由主要投向分散的农户转向支持规模化、集约化经营的农村经济大户和农村经济组织。

3.努力降低或减免农村金融机构贷款的各种费用

为了引导信贷资金流向西部农村,对于支持特定项目和扶持特定对象的贷款利率,农村金融机构要实施低于正常贷款利率的办法,其中的差额由政府进行利息补贴。同时对于因执行国家西部产业政策或西部农村经济发展政策所形成的亏损,政府应设立专门的财政账户,将其纳入政府的财政预算,给予财政补贴等。

参考文献

[1]陈雨露,汪昌云. 金融学文献通论(宏观金融卷). 北京:中国人民大学出版社,2006.

[2]亚当·斯密. 国民财富的性质和原因的研究:上卷(中译本). 北京:商务印书馆,1972.

[3]维克塞尔. 国民经济学讲义(中译本). 上海:上海译文出版社, 1983.

[4]熊彼特. 经济发展理论(中译本). 北京:商务印书馆, 1990.

[5]爱德华·肖. 经济发展中的金融深化. 上海:三联书店,1988.

[6]约翰·G.格利,爱德华·肖. 金融理论中的货币. 上海:三联书店,1988 .

[7]雷蒙德·W.戈德史密斯. 金融结构与金融发展. 上海:三联书店,1990.

[8]罗纳德·I.麦金农. 经济发展中的货币与资本. 上海:三联书店,1988.

[9]白钦先,等. 金融可持续发展研究导论. 北京:中国金融出版社, 2001.

[10]艾伯特·郝希曼. 经济发展战略. 北京:经济科学出版社,1989.

[11]保罗·克鲁格曼. 发展、地理学与经济理论. 北京:北京大学出版社,2002.

[12]张军洲. 中国区域金融分析. 北京:中国经济出版社,1995.

[13]谈儒勇. 金融发展理论与中国金融发展. 北京:中国经济出版社,2000.

[14]韩廷春. 金融发展与经济增长——理论、实证与政策. 北京:清华大学出版社,2002.

[15]殷德生,肖顺喜. 体制转轨中的区域金融研究. 上海:学林出版社,2000.

[16]周立. 中国各地区金融发展与经济增长(1978—2000). 北京:清华大学出版社,2004.

[17]刘仁伍. 区域金融结构和金融发展:理论与实证研究. 北京:经济管理出版社,2003.

[18]陈金明. 金融发展与经济增长. 北京:中国社会科学出版社,2004.

[19]易丹辉. 数据分析与Eviews应用. 北京:中国统计出版社,2002.

[20]孙敬水. 计量经济学教程. 北京:清华大学出版社,2006.

[21]王桂松. 线性统计模型、线性回归与方差分析. 北京:高等教育出版社,1999.

[22]范祚军. 区域金融调控理论. 北京:人民出版社,2007.

[23]张志元. 区域金融可持续发展论——基于制度的视角. 北京:科学出版社,2009.

[24]庞浩. 计量经济学. 北京:科学出版社,2007.

[25]白仲林. 面板数据的计量经济分析. 天津:南开大学出版社,2008.

[26]罗美娟. 证券市场与产业成长. 北京:商务印书馆,2001.

[27]戴相龙. 领导干部金融知识读本. 北京:中国金融出版社,2001.

[28]赵其宏. 商业银行风险管理. 北京:经济管理出版社,2001.

[29]刘京生. 中国农村保险制度论纲. 北京:中国社会科学出版社,2000.

[30]周道许. 现代金融监管体制研究. 北京:中国金融出版社,2000.

[31]谭崇台. 发展经济学的新发展. 武汉:武汉大学出版社,1999.

[32]白钦先,曲昭光. 各国政策性金融机构比较. 北京:中国金融出版社,1993.

[33]高铁梅. 计量经济分析方法与建模:EViews 应用及实例. 北京:清华大学出版社,2006.

[34]王相品. 中外农业政策性金融理论与实务. 北京:中国金融出版社,1999.

[35]易纲. 中国的货币、银行和金融市场:(1984—1993). 上海:上海人民出版社,1996.

[36]伍成基. 中国农业银行史. 北京:经济科学出版社,2000.

[37]李建勇. 中国农村经济发展中的资金运行机制. 西安:陕西人民出版社,1990.

[38]梅兴保. 我国农村金融风险的防范与化解. 北京:中国金融出版社,2000.

[39]宋清华,冯春,张博. 湖北农村金融体系的重构与发展. 湖北经济学院学报,2004(4):31-38.

[40]高勇. 西部大开发与资本市场. 北京:中国金融出版社,2001.

[41]邹德文,张家峰,陈要军. 中国资本市场的多层次选择与创新. 北京:人民出版社,2006.

[42]谢丽霜. 西部开发中的金融支持与金融发展. 大连:东北财经大学出版社,2003.

[43]门洪亮,李舒. 资本流动对区域经济发展差距的影响分析. 南开经济研究,2004(2):71-74.

[44]郁配华,朱鹏飞. 新型工业化的发展与金融支持. 特区经济,2004(10):133-134.

[45]方光辉,余中东. 我国金融产业与工业化进程的互动及其发展战略. 金融经济,2008(6):129-130.

[46]胡怀邦,高晓红. 项目融资:西部大开发中一种高效的融资方式. 金融研

究,2001(5):98-102.

[47]范方志,张立军. 中国地区金融结构转变与产业结构升级研究. 金融研究,2003(11):36-47.

[48]何德旭,姚战琪. 政策性金融与西部大开发. 金融研究,2005(6):17-31.

[49]范祚军,洪菲. 统一货币政策框架下区域性金融调控机制构想 ——基于广西的实证分析. 经济科学,2005(1):29-39.

[50]田霖. 区域金融综合竞争力的差异比较与模糊曲线分析. 南开经济研究,2005(6):70-79.

[51]刘玄,王剑. 货币政策传导地区差异:实证检验及政策含义. 财经研究,2006(5):70-79.

[52]李敬,冉光和,万广华. 中国区域金融发展差异的解释——基于劳动分工理论与Shapley值分解方法. 经济研究,2007(5):42-53.

[53]阳佳余. 金融发展与对外贸易:基于省际面板数据的经验研究. 经济科学,2007(4):46-57.

[54]王晋斌. 金融控制政策下的金融发展与经济增长. 经济研究,2007(10):95-104.

[55]陈守东,杨东亮,赵晓力. 区域金融发展与区域经济增长——基于中国数据的实证分析. 财贸经济,2008(2):53-57.

[56]王爱俭,庞镭,林楠. 金融创新在区域经济发展中的动力传递研究——基于系统控制、演化与滨海金融视角的分析. 财贸经济,2008(1):94-100.

[57]丁晓松. 中国出口结构变革和经济增长的协整分析. 价值工程,2005(8):3-4.

[58]赵振全,薛丰慧. 金融发展对经济增长影响的实证分析. 金融研究,2004(8):94-100.

[59]冉光和,李敬,熊德平,温涛. 中国金融发展与经济增长关系的区域差异——基于东部和西部面板数据的检验和分析. 中国软科学,2006(2):102-110.

[60]陈仲常,张建升,徐云. 中国金融发展与经济增长的传导机制研究. 石家庄经济学院学报,2006(4):197-201.

[61]陈柳钦. 我国金融发展与经济增长关系的理论与实证研究. 金融论坛,2003(11):2-7.

[62]王亚娜. 我国金融发展与经济增长关系的区域差距研究. 镇江:江苏大学,2007.

[63]侯晓惠. 我国区域金融发展与区域经济增长关系的差异性分析. 长春:吉林大学,2007.

[64]马长有. 中国西部地区经济发展的金融支持研究. 成都:四川大学,2005.

[65]张蕾芳. 区域经济发展中的财政金融政策工具研究. 武汉:武汉理工大学,2006.

[66]周孟亮. 我国区域金融差异下货币政策传导机制效应研究. 广州:暨南大学,2006.

[67]李海侠. 我国稳健的区域财政政策研究. 长春:东北师范大学,2007.

[68]吕鹏博. 中国区域金融政策分析. 长春:东北师范大学,2004.

[69]蔡红艳,阎庆民. 产业结构调整与金融发展. 管理世界,2004(10):79-84.

[70]范方志,张立军. 中国地区金融结构转变与产业结构升级研究. 金融研究,2003(11):36-47.

[71]高静文. 金融发展促进东北地区产业结构调整内在机制研究. 现代财经,2005(7):22-25.

[72]韩廷春,夏金霞. 中国金融发展与经济增长经验分析. 经济与管理研究,2005(4):18-23.

[73]韩廷春. 金融发展与经济增长:经验模型与政策分析. 世界经济,2001(6):3-9.

[74]林毅夫,章奇,刘明兴. 金融结构与经济增长:以制造业为例. 世界经济,2003(1):3-22.

[75]马正兵. 中国金融发展与产业增长典型相关分析. 市场论坛,2004(8):47-49.

[76]马正兵. 山东产业增长与信贷投入典型相关分析. 中国海洋大学学报(社会科学版),2005(5):38-42.

[77]米建国,李建伟. 我国金融发展与经济增长关系的理论思考与实证分析. 管理世界,2002(4):23-31.

[78]沈坤荣,汪建. 实际利率水平与中国经济增长. 金融研究,2000(8):25-34.

[79]伍海华,张旭. 经济增长·产业结构·金融发展. 经济理论与经济,2002(5):11-16.

[80]杨琳,李建伟. 金融结构转变与实体经济结构升级. 财贸经济,2002(2):9-13.

[81]叶耀明,纪翠玲. 长三角城市群金融发展对产业结构变动的影响. 上海金融,2004(6):10-12.

[82]刘红,叶耀明. 金融集聚与区域经济增长:研究综述. 经济问题探索,2007(11):46-52.

[83]张旭,伍海华. 论产业结构调整中的金融因素机制. 当代财经,2002(1):52-56.

[84]王庆国. 金融发展非均衡性与工业化进程. 黑龙江金融,2008(1):20-21.

[85]黄健柏,刘维臻. 金融发展、资本深化与新型工业化道路. 金融研究,2008(2):61-74.

[86]李晨婕,温铁军. 宏观经济波动与我国集体林权制度改革——1980年代以来我国集体林区三次林权改革"分合"之路的制度变迁分析. 中国软科学,2009(6):33-42.

[87]林毅夫,章奇,刘明兴. 金融结构与经济增长:以制造业为例. 世界经济,2003(1):3-21.

[88]温涛,冉光和,熊德平. 中国金融发展与农民收入增长. 经济研究,2005(9):30-43.

[89]姚耀军. 金融发展与城乡收入差距的经验分析. 财经研究,2005(2):49-59.

[90]谢平. 中国农村信用社改革的争论. 金融研究,2001(1):1-13.

[91]章奇,米建伟,黄季. 收入流动性和收入分配:来自中国农村的经验证据.经济研究,2007(11):123-137.

[92]Jeremy Greenwood, Boyan Jovanovic. Financial Development, Growth, and the Distribution of Income. The Journal of Political Economy,1990(98):1076-1107.

[93]Williamson J. Markets and Hierarchies: Analysis and Antitrust Implications. New York: Freepress, 1975.

[94]Oded Galor, Joseph Zeira. Income Distribution and Macroeconomics. Review of Economic Studies,1993(60):35-52.

[95]Abhijit V. Banerjee, Andrew F. Newman. Occupational Choice and the Process of Development. The Journal of Political Economy,1993 (101):274-298.

[96]Nobel Maurer, Stephen Haber. Related Lending and Economics Performance: Evidence from Mexico. The Journal of Economic History,2007(61):551-581.

[97]George Clarke, Lixin Colin Xu, Heng-fu Zou. Finance and Income Inequality: Test of Alternative Theories. World Bank Policy Research Working Paper, 2003,No.2984.

后 记

实施西部大开发战略既是西部经济发展的重大历史机遇，也是一项世纪工程。自己作为一名西部商业银行的工作者，十年来能够参与西部地区的大开发，见证西部经济的大发展，感到荣幸和自豪。但是自己在工作实践中发现，作为经济发展重要推手的金融，其巨大的作用尚未充分发挥，与经济的关系还未完全理顺。尤其是明年1月是我国实施西部大开发战略十周年，国家正在研究制定新的深入推进西部大开发的政策。在这一关键时期，进一步加强对西部地区金融与经济发展的研究就显得十分必要。为此，自己萌生了进行专题探讨的想法，并进行了认真的研究。

作为一名初涉者，由于我国区域金融与经济发展的相关研究才刚刚起步，自己试图从新的视角对相关理论进行较为系统的整理分析，以求在实践过程中，有针对性地提出具有启发性的思路和创新性的观点，在全面促进西部金融与经济发展上做出积极的努力。本书的写作和出版，仅仅是漫漫学术之路上的一小步而已，还有很多的领域和问题需要不断的探索与论证。由于涉及内容广泛，政策理论与实践针对性较强，本书对一些问题把握得还不够准确，研究得还不够透彻，缺点和疏漏在所难免，敬请广大读者予以批评指正，并真诚欢迎致力于区域金融与经济研究的广大学者共同探讨，进一步推动西部大开发战略的深入实施，实现我国区域金融与经济的协调均衡发展。

在本书写作过程中，兰州大学经济学院高宏霞副教授给予了学术指导和修改建议，在此表示衷心的感谢！有关领导、同事和家人给予了我莫大的鼓励与积极的支持，在此一并表示深深的谢意！

2009年11月13日